谨以此书献给我亲爱的母亲顾毓琴女士。

"北京大学普惠金融与法律监管研究基地"系列丛书

中国普惠金融创新业务与监管初探

顾 雷 著

中国金融出版社

责任编辑：肖丽敏　赵晨子
责任校对：孙　蕊
责任印制：张也男

图书在版编目（CIP）数据

中国普惠金融创新业务与监管初探/顾雷著. —北京：中国金融出版社，2021.6
"北京大学普惠金融与法律监管研究基地"系列丛书
ISBN 978 - 7 - 5220 - 1147 - 9

Ⅰ. ①中…　Ⅱ. ①顾…　Ⅲ. ①金融体系—研究—中国　Ⅳ. ①F832.1

中国版本图书馆 CIP 数据核字（2021）第 095991 号

中国普惠金融创新业务与监管初探
ZHONGGUO PUHUI JINRONG CHUANGXIN YEWU YU JIANGUAN CHUTAN

出版
发行　**中国金融出版社**

社址　北京市丰台区益泽路 2 号
市场开发部　（010）66024766，63805472，63439533（传真）
网 上 书 店　www. cfph. cn
　　　　　　　（010）66024766，63372837（传真）
读者服务部　（010）66070833，62568380
邮编　100071
经销　新华书店
印刷　北京九州迅驰传媒文化有限公司
尺寸　169 毫米 ×239 毫米
印张　24.5
字数　325 千
版次　2021 年 6 月第 1 版
印次　2021 年 6 月第 1 次印刷
定价　89.00 元
ISBN 978 - 7 - 5220 - 1147 - 9
如出现印装错误本社负责调换　联系电话（010）63263947

总　序

2005 年我国引入普惠金融，聚焦欠发达和贫困地区，帮助低收入群体，加大金融资源倾斜力度，推动各类金融机构提升精准扶贫和服务乡村及小微企业，为我国服务小微实体经济和取得脱贫攻坚全面胜利贡献了值得称赞的力量。

普惠金融，主要是指立足机会平等和公平正义要求及商业可持续原则，以可负担的成本为遭到传统金融排斥的且有金融需求的社会各阶层的"长尾客户"提供适当有效的金融服务，小微企业、农民、城镇低收入人群等弱势群体成为重点服务对象。近年来，国家已将普惠金融摆到国家战略地位，但社会上对普惠金融的定位一直存在着它与扶贫、慈善孰优孰劣，以及与传统商业金融有何差异的争论，其核心之一就是对普惠金融利率高与低存在不同观点。

孟德斯鸠在两千年前就说过："有商业的地方，便有美德。"虽然我国传统社会自古以来都本能地痛恨商人，无论是《论语》还是《道德经》，认为商人基本都是唯利是图的，"无商不奸"的形象根深蒂固，似乎这样才符合传统社会对商人的印象。于是，就出现了这样的怪象，人们在享受发达商业社会所带来便利和体验着从未有过的富足安逸生活的同时，却经常轻视商业和责备商人。

今天，这种误解依然在普惠金融领域流传。人们对扶贫慈善似乎更能理解和接受，而对那些借钱给低收入人群收取一定利息的商人依然鄙视。但是，我们只要对普惠金融和公益慈善稍加对比分析，就不难发现两者各有其应有的功能和作用。扶贫慈善也存在缺陷，破除人们对普惠金融的误解，用利率趋低普惠金融服务社会低收入人群，为全社会提供及时、可得、有效和安全的金融服务是何等的必要。

有些人士认为，对于低收入人群更应该发放扶贫资金或者慈善款项，而不是施以具有一定利率的普惠金融信贷。要厘清这个问题，首先，需要搞清楚金融活动与扶贫慈善的本质区别。

从本质上讲，一切金融活动归根结底是以金融消费者为核心展开的，最终由金融消费者决定市场走向。作为以营利为目的的金融机构，必须满足金融市场的各种消费需求。因此，在商业模式下，金融机构会时时刻刻关注消费者各种各样、变化多端的金融需求，并据之调整业务模式和经营方式，提供相应的金融产品和金融服务。这时的金融消费者才真正受到重视。但是，社会民间的扶贫或公益慈善的情况正好相反。因为是免费提供的，从事扶贫或公益慈善更多的是为了满足自我道德需求，或者是为了实现既定的某种理想情怀，以此获得精神满足，其行动方式的设计通常是以道德标准为中心展开的。所以，两者价值观差异直接反映在对客户或者金融消费者的服务动机、理念的不同，并由此带来行为方式的差异。慈善行为无法做到真正的可持续发展，往往是在阶段中产生，在相持中消失，而金融行为可以长久坚持发展，真正做到持续存在，并在商业化发展中不断壮大。

其次，虽然慈善家或公益机构想帮助低收入人群，但人的需求是无限的，而满足无限需求的手段、资源都是有限的。这种矛盾和窘境是必然的，加上缺少定价这一至关重要的市场信号，不可避免地掺杂着很多人为的不确定因素，导致资金供给和市场需求脱节，服务对象和资金流向背离，所以，这种扶贫或者慈善帮助在一定程度上是效率低下和短暂的。

　　最后，由于缺乏市场渠道，金融消费者很难提出自己的真实资金要求。一方面，白白地得到了扶贫资金或者慈善款项，这在道德上已经不允许受惠人再提出更多要求；另一方面，由于受惠者无所失而有所得，不清楚自己更迫切的要求是什么，很难对自己免费得到的钱款有更多珍惜之情，发生挥霍和浪费也并不意外。比如你送他10万元，他很高兴地接受了，但他可能花费在普通消费上，而根本不知道该如何用10万元来摆脱困境，最糟糕的是心里认为这是理所应当的事情。因此，"有付出才会珍惜"，免费获得的东西更容易造成无谓的浪费，正可谓"授之以鱼，不如授之以渔"。如果免费发放的物质的实际成本高昂且数量稀缺，就更会导致慈善行为难以为继。

　　普惠金融较之纯粹的公益扶贫或慈善事业，最大优势在于普惠金融具有自动扩张资金资源的特点，更是公益扶贫或慈善事业无法比拟的。因为公益慈善不能为自身的扩展提供必要的资源。比如说，办一家公益性的扶贫机构，所需投放经费较少，但如果将这个扶贫机构推广到全国，需要投放资金将成十倍百倍地增加，庞大的资金来源可能无法解决。加之没有利润和价格优势，扶贫机构主要依靠精神凝聚力，缺乏自我扩张的能力，在更多情况下是处于不稳定状态的。

　　另外，也有不少业内人士有不同于扶贫或慈善的强烈商业化主张。他们认为，既然普惠金融的本质是金融，就必须按照市场化方式运作，无关善恶；既然是普惠金融，就应该供需双方随行就市确定利率，不论高低。我认为这样的观点并不全面。要搞明白这个问题，必须对利率趋低的普惠金融功能做一些分析。普惠金融应该贯彻实施的是保本微利、可持续发展的原则。这是它与传统商业金融的差别所在。

　　如果交易成本过于高昂，付出的边际成本过于庞大，不论如何使用收益，到最后都可能是负相的，难以确保金融消费者最有效率地使用这种稀缺资源。更为重要的是，金融机构提高利率虽然可以增加收益，但对金融消费者来说，成本高于收益，负担重于承受，很难获得生活最有价值的财富，尤其对低收入群体并不公平，非但不能远离贫困，相反只会陷入更深的贫困之中，不能真实地改善生活状态。

如何平衡两者的关系？我认为，利率趋低的普惠金融可以解决这一矛盾。利率趋低是指既区别于捐赠慈善的无偿性、区别于追求高利润为目标的商业金融，兼顾供求双方利益，以实现普惠金融的保本微利和可持续发展特征的一种利率。

只有利率趋低的普惠金融才能缓解上述矛盾。因为利率趋低的普惠金融是一种能够把资金效用最大化的资源配置方式，特别是在数字化时代，金融机构可以借助大数据、云计算，为金融消费者提供边际成本较低的金融产品，这极大地改善了消费者的整体福利，为小微企业、个体工商户和低收入人群提供廉价、快速、高效的金融服务，纾解小微企业融资难、融资贵的困局，使金融服务覆盖面逐步扩大，优质金融产品供给不断丰富，使民营企业、小微企业、个体工商户、"三农"机构、小作坊、"双创"组织等都能及时获得宝贵有效的资金支持，最关键的是，利率趋低的普惠金融在提供有偿服务的同时，能够获得适当的收益，能够积攒起自身的资源储备，让可持续地减缓和摆脱贫困与金融科技能力完美结合。如果换成高利率，这些机构和个人未必能承受得起高昂的利息负担，而且更容易产生二次借贷，借新债偿还旧贷款，从此进入"以贷养贷"的恶性循环。

我们不能忽视普惠金融服务的对象是一群低收入群体，这也是普惠金融与传统商业化金融的最大区别。因为普惠金融服务对象是一群特殊群体，这是一个不能忽视的重要特征，而传统金融只是针对普通社会群体和机构，不存在任何特殊照顾，商业规则当然是畅通无阻的。特惠金融和财政补贴由于有了政府特殊性的资金支持，并不属于普惠金融范畴，或者说只是"普惠"的文字表达，并不是金融学意义上的普惠金融。例如，近日中国银保监会、国家网信办、教育部、公安部、中国人民银行等五部门联合下发《关于进一步规范大学生互联网消费贷款监督管理工作的通知》，禁止小贷公司对大学生发放互联网消费贷款、非持牌机构对大学生放贷，不得针对大学生群体精准营销，不得向放贷机构推送引流大学生。这就是针对大学生这个特定对象提出的限制性法令。

由此可见，服务对象是十分重要的表征，也是普惠金融区别于传统金融、特惠金融和财政补贴的一个最大区别，决定了普惠金融利率的走向只能是趋低，不能向高。否则，资金就无法顺畅地流向这些特殊群体，金融促进实体经济就成了一句空话。

恰恰是利率趋低的普惠金融最合适社会低收入群体，因为他们拥有的资金很少，最需要有效率的普惠金融资源，既不是可能低效、均等的扶贫慈善，更不是利率畸高的高利贷投机。只有在利率趋低的普惠金融温暖下，社会低收入群体才不会陷入"扶贫扶贫，越扶越贫"的恶性循环，打通金融服务实体经济的"毛细血管"，真正实现支持小微客户发展、推动就业、提升税收收入、刺激消费的目标。这就是普惠金融应该遵循保本微利、可持续发展原则的意义所在。

总之，普惠金融拥有市场化、便利性高和灵活性强的特点，无论是在产品结构还是产品体验上均与传统的信贷产品有较大的区别。毫无疑问，普惠金融是我国信贷体系的重要工具之一，不仅是传统信贷体系的有益补充，也可以促进形成多层次、广覆盖、可持续和高质量的信贷体系，助力供给侧结构性改革。例如，对不同的金融服务对象，可以通过客户数据的不断积累，对个人信贷、小微企业、大中型企业提供不同利率的金融信贷。显然，这些不同层次的信贷体系需要不同的利率结构，如果金融市场中只有高利率，只存在一元结构，绝对无法满足不同经济结构人群、不同所有制形态企业的不同需求。

北京大学普惠金融与法律监管研究基地经过多年的潜心研究，秉持利率趋低普惠金融为学术理念，坚持普惠金融应该成为最好的可持续性公益金融的观点，提出普惠金融不是慈善，可以有利率，但普惠金融供给方不应该成为榨取社会低收入群体的高利贷，利率应该趋低而不能走高，有利于弱势群体、利率趋低的可持续发展应该成为中国普惠金融的标签。这是深刻剖析普惠金融在当今社会扮演的金融扶持弱势群体角色以后的一种体验。

今天，北京大学普惠金融与法律监管研究基地将近年来研究普惠金融和法律监管的学术成果编撰成册，形成"北京大学普惠金融与法律监管系列丛书"，尤其是在普惠金融监管方面，对近年来普惠金融领域涌现的联合贷款、助贷、小额信贷等创新业务进行了详细分析，还对社会大众普遍关心的非法集资行为"非法性"、非法放贷入刑尺度、小贷公司定罪反思以及网贷P2P查禁问题进行了深入解析，全面评估各种创新业务的风险所在，提出了监管依据、监管原则和监管建议，有利于我国金融机构、互金平台、金融科技公司以及金融中介防控风险，帮助监管部门更合理地开展金融监管，提高城镇市民阶层、农村农户以及社会大众识别违法犯罪行为能力。当然，系列丛书中的某些观点并不成熟，还需要在普惠金融市场中不断得到验证。作为一部学术著作，当然可以有争论、探究之处，但是，在普遍追捧效益第一、利益至上的数字经济时代，利率趋低的普惠金融是一个替社会低收入群体说话的金融理念，是一个兼顾经济效益和社会平等的公平观点，也是一份可取的学术爱心，值得肯定。

是为序。

中国社科院农村发展研究所研究员

中国小额信贷联盟理事长

杜晓山

2021 年 3 月 30 日

序

有业内人士认为，对于社会低收入群体应该发放财政补贴或者慈善捐助，这样就可以直接施惠于低收入人群，没有任何经济负担，并不需要附带利息的普惠金融。

真是这样简单吗？

财政补贴是政府资金的特别支持，资助人员肯定是有限的，所以财政补贴只能在小范围开展，不可能覆盖大范围的低收入人群，而慈善捐助金额也一定是小规模的，同样不可能对所有低收入人群给予资助，这是由财政补贴和慈善捐助的性质所决定的，加之无偿得到了财政或者慈善款项后，在道义上已经不允许受惠者再提出更多要求。更令人担忧的是，如果受惠者没有真正建立起自我价值目标，不清楚自己真正需要什么，就很难对自己免费得到的钱款有珍惜之情，发生挥霍和浪费也并不奇怪。自古以来，免费获得的东西就容易造成无谓浪费，更是难以为继。所以，虽然财政补贴和慈善捐助对象也是一群低收入群体和小微企业，都附有"普惠"意义，但从严格意义上说，财政补贴和慈善捐助不应该属于金融范畴，最多只是一种文字表达，并不是金融学意义上的信贷，无法解决保本微利和可持续发展的问题。

那么，传统金融是否可以解决这个问题呢？

传统金融不存在任何优惠条件或特殊群体，商业规则当然是畅通无阻的，但在商业利益驱动下，传统金融不断推出金融产品，利率变得越来越高，尤其对低收入群体来说，成本高于收益，非但不能远离贫困，相反只会陷入更深的贫困之中，不能真实地改善生活状态。

显然，在金融市场一元结构下绝对无法满足不同层次和不同经济状况群体的金融需求。对于社会低收入群体，传统金融并不能完全适用，因为传统金融对不同的金融服务对象却只能提供相同趋高利率的金融信贷，忽视了不同人群有着不同信贷需求和不同承受能力的事实，在某种程度上已经偏离普惠金融的初衷。

令人欣慰的是，普惠金融近年来异军突起，发展迅猛，以服务社会低收入群体、个体工商户以及小微企业为根本目的，与信息科技深度融合，以提升金融资源配置效率为根本方向，不断扩大金融服务覆盖面，越来越多的普惠金融机构、互联网金融平台与金融消费者顺畅对接，公开的交易模式逐渐占据普惠金融市场主导位置，低廉的利率机制更让越来越多的社会低收入群体享受到了可得、及时和能负担的金融服务。

显而易见，普惠金融借助大数据、云计算提供边际成本较低的金融产品，正在为小微企业、个体工商户和低收入人群提供廉价、快速、高效的金融服务，优质低利率金融产品供给不断丰富，纾解长期遭受传统金融排斥的社会低收入群体及时获得较为充足的资金支持，金融服务覆盖面逐步扩大，使民营企业、小微企业、个体工商户、"三农"机构、小作坊、"双创"组织缓解了"融资难融资贵"困局。如果换成高利率，这些低收入人群和小规模组织未必能承受得起高昂的利息负担，更容易产生二次借贷，借新债偿还旧贷款，从此进入"以贷养贷"的恶性循环。最关键的是，利率趋低的普惠金融在提供有偿服务的同时，坚持市场化和政策扶持相结合，注重为弱势群体提供尽可能多且针对性强的融资渠道，坚持商业可持续原则，加强对偏远地区的金融服务，让更多的低收入人群从中受益，过上脱离贫困的美好生活。

当然，由于普惠金融市场本身还没有发育成熟，正在逐渐完善当中，存在不少制度性缺陷，带来了市场垄断、网络安全、数据权属不清、消费者权益保护等方面问题，部分互联网平台、金融机构浑水摸鱼，甚至假借创新之名行套利之实，诸如P2P互金平台、众筹、高利贷、现金贷以及校园贷让信贷市场变得更加复杂。

在我看来，那些"伪创新"让普惠金融市场风险、治理缺陷、经营风险和道德风险越发凸显，市场乱象甚嚣尘上，严重影响市场公平和金融稳定。当今普惠金融最突出的风险就是假借金融创新从事不法行为，扰乱金融市场秩序，损害金融消费者合法权益。今天的普惠金融如果依然我行我素，片面强调颠覆和创新，一味拒绝融合法治元素，最后有可能与时代发展渐行渐远，甚至走上相反的道路，因为过度创新开拓，半步之后就可能是消亡和失败，其结局是不言而喻的。

为此，我们必须坚持底线思维，立足标本兼治，厘清金融风险防控关键环节，以防控金融风险为根本要求，金融创新不应该再有"跑马圈地"式的野蛮生长，既要防"黑天鹅"事件，又要防"灰犀牛"事件，全力以赴打好金融风险防范和化解攻坚战，建立国家统一的、全覆盖的金融监管体系，扩大宏观审慎监管的覆盖范围，制定好金融开放的"负面清单"，牢牢守住不发生系统性金融风险底线，完善现代金融监管体系，补齐监管制度短板，在审慎监管前提下有序推进金融创新，健全风险全覆盖监管框架，提高金融监管透明度和法治化水平。除此之外，别无他法。这不仅是普惠金融的合规尺度，也是互联网时代的金融铁律，亦如雨果曾经说过的箴言："科学到了最后阶段，一定会遇上法律。"

当然，法律监管也不能禁锢普惠金融的业务创新，抑制市场经济活动的老旧办法既不可取也不现实。未来，既不可能由财政补贴或慈善捐款决定普惠金融走向，也不应该是投机商贩网罗的高利率统治市场。

让我感到欣慰的是，今天中国的普惠金融已经为社会低收入人群提供了及时、可得和安全的金融服务，在市场创新和产品开发中愉快地共同前行，成就了越来越多低收入人群脱贫致富，实现了家庭生活最大边际收益，使其体验到从未有过的富足安逸生活，让利率趋低普惠金融推动中国金融市场持久、健康和可靠的发展。

顾雷博士多年来刻苦专研普惠金融前沿问题，尤其对国内外普惠金融监管政策和法律进行了深入研究，近年来笔耕不辍，学术成果颇丰。《中国普惠金融创新业务与监管初探》汇聚了顾雷博士从事普惠金融理论研究以来的思考与心得，破除人们对普惠金融创新的误解，帮助人们正确认识金融监管的可爱本质，折射出一个年轻学者对互联网时代的探索和思考。借此出版之际，我希望本书不仅能对中国普惠金融创新起到推动作用，探索出一条更有成效的业务创新之路，还能对普惠金融监管有所借鉴和参考，不再萧规曹随，安于现状，在金融创新和法律监管博弈中，既有冲突，又有融合，互利共赢，碰撞出法律规行矩步和业务开拓创新的火花，共同推动我国金融市场有序、健康发展，传递出互联网时代普惠金融与法律监管的激情之声。

是为序。

中国人民大学财政金融学院　赵锡军
2021 年 4 月 6 日明德主楼

前　言

普惠金融，作为数字经济快速发展时代下金融业务分工细化的产物，通过场景融合、数据信息、获客机制，实现流量与资金的优势互补、共同发展，演绎为金融创新和市场需求共同融合的一个金融结果，并成为世界金融体系的重要补充。

近年来，我国普惠金融发展迅猛，成为一项全社会不同群体都能享受、有效服务实体经济的国家战略。我国政府多次强调要支持发展普惠金融，为小微企业提供可得的金融服务。2015 年国务院就印发了《关于推进普惠金融发展规划（2016—2020 年）的通知》（国发〔2015〕74 号）文件明确指出：大力发展普惠金融，有利于促进金融业可持续均衡发展，推动大众创业、万众创新，助推经济发展方式转型升级，提高社会低收入群体分享金融的便利程度，增进社会公平和社会和谐。

首先，普惠金融为低收入人群提供工作岗位，增加经济收入和提高个人生存能力。

五年来，中国普惠金融在全面建成小康社会，促进金融回归本源，增强金融服务实体经济能力方面成绩斐然，普惠金融市场创新层出不穷，不仅促进了村镇经济稳步发展，带动了偏远地区和贫困地区的就业，普惠金融下沉机构和网贷建设也得到了长足发展，成效显著。中国人民大学劳动人事学院课题组发布《普惠金融赋能就业研究报告》显示：度小满金融开展"有钱花"信贷服务以来，已带动就业超 323.2 万人，其中"满期贷"教育分期业务带动就业 254.9 万人。

显然，普惠金融提供了更多的工作岗位，提高了穷人的经济收入。要知道，就业对于个人生活改善，稳定家庭结构，缓解市场就业压力也是至关重要的。同时，普惠金融对小微企业、个体工商户以及"双创"组织的发展也功不可没。

《普惠金融赋能就业研究报告》还显示：度小满"有钱花"用户中，小微企业主和兼职做小生意的"两栖青年"占比超 65%，度小满"有钱花"的小微融资服务，帮助这些"新时代个体户"，在小微企业的盈利能力和个人收入等维度上获得提升。获得贷款服务的"新时代个体户"，其中 48% 的人扩大了经营范围，个人税后年收入增长 4.2%。报告显示，自获得度小满"有钱花"服务以来，有 40% 的用户从兼职转向全职创业，为"两栖青年"提供了更为灵活、便捷的贷款服务。

由此可见，各行各业新的就业形态、就业机会层出不穷，学会用金融手段投资个人成长，提升个人就业"硬实力"，是未来就业者应对就业难题的新思路。正所谓授人以渔才是真正的脱贫致富之道，普惠金融就是通过资金渠道，帮助社会低收入人群提高个人生存能力，增加职业技能，最后增加个人经济收入。

其次，普惠金融有助于完善信贷供给，形成多层次的信贷体系。

小微企业在国民经济中的重要地位不言而喻，但是传统金融机构受限于风控技术、成本、信息不对称等因素制约，无法做到为中小微企业提供商业可持续的信贷服务。根据中国人民银行统计，小微企业平均在成立 4 年零 4 个月后第一次获得贷款，也就是说小微企业要熬过了平均 3 年的死亡期后，才有机会通过银行信贷的方式获得资金支持。这显然不符合生产经营逻辑，更不符合中小企业经营者、股东或社会投资者的预期。

但是，普惠金融可以通过金融科技的发展与数据的不断积累，对个人信贷、小微企业进行深入了解，加大对个体工商户、微型企业以及非营利机构的金融供给，还可以通过资金方与助贷机构（诸如小贷公司、互联网平台机构以及消费金融公司）的优势互补，进一步扩大信贷业务的深度与广度，尤其对消费金融和小微企业的信贷服务有一个较大提升，使资金方的资金可以较为顺畅地流向客户，支持小微客户发展、推动就业、提升税收收入、刺激消费，打通了金融服务实体经济的"毛细血管"，对实体经济有积极的促进作用。

与此同时，普惠金融拥有市场化、便利性高和灵活性强的特点，无论是在产品结构还是产品体验上均与传统的信贷产品有较大的区别。毫无疑问，我们可以将普惠金融视为我国信贷体系的重要工具之一，不仅是传统信贷体系的有益补充，也可以促进形成多层次、广覆盖和高质量的信贷体系，助力供给侧结构性改革，还与中央金融监管部门近期强调的"积极规范发展多层次资本市场"相一致。

再次，普惠金融还能够加大扶贫的边际效应。

在普惠金融开展过程中，金融机构的商业规模扩大，成本降低，金融创新不断涌现，金融消费者的体验不断得到更新和改善。于是，金融机构较之纯粹的公益扶贫或慈善事业，其最大优势在于金融机构具有自动扩张的能力，能为自身进一步的扩张提供资金资源，但公益扶贫或慈善事业无法实现。因为公益慈善不能为自身的扩展提供必要的资源。比如说，办一家公益性的扶贫机构，所需投放经费较少，但如果将这个扶贫机构推广到全国，需要投放的资金将成十倍百倍增加，而庞大的资金来源可能无法解决。同时，由于没有利润和价格的优势，扶贫机构主要依靠精神上的凝聚力，评价和激励其员工存在困难，无法要求其全心全意投入其中，也难以评估其工作成绩，以进行奖罚。显然，公益慈善缺乏自扩张的能力，缺少长期投入和积累，在更多情况下是处于不稳定的状态。

只有金融商业活动或类金融商业活动能缓解上述矛盾。因为普惠金融在提供有偿服务时，也可以提供无偿服务。因为金融消费者希望自己选择的银行是有"社会责任感"的"有良心"的金融商家，为了响应金融消费者的这种要求，许多成功的金融机构或银行家在这种免费金融活动中都十分踊跃。特别是伴随着科技的进步，资源的丰富，金融机构越来越多地提供边际成本较低的免费商品，以取悦金融消费者和潜在的金融消费者。最近几年，很多传统商业银行下设普惠金融部，在很多营业网点为金融消费者提供免费银行理财咨询、休息、餐饮、金融信息查询等服务，甚至包括诸如寄存物品、公用电话、免费上网、兑换零钱以及如厕等便利服务。其他的类金融商业机构也大体以免费为主，这极大地改善了消费者的整体福利。

最后，普惠金融可以有效避免免费公益的寻租行为。

当今世界，资源是稀缺的，而将这种稀缺的资源免费奉送，以满足人们无穷的欲望，显然是不可长久持续的，必然存在数量控制。只不过这种数量控制不是通过自愿市场交易行为自动产生，而是设定某种人为的"客观"标准，这就容易产生寻租。比如说，我们设定在全国选取十个贫困地区进行扶贫，但全国想要得到扶贫的地区可能数以倍计。这些报名者就会各显神通，在非生产性的领域进行竞争，比如动用舆论或政治资源，或是伪造数据，贿赂评委等。这种消耗对某个地区、某个人或某个机构而言有利可图，但对整个社会是无益的，成本高昂，甚至可能超过发放的免费资金总额。

普惠金融却可以通过市场利率机制，提供公开信息，给所有金融消费者提供均等的机会，对他们有所了解的资源加以权衡，为相距遥远、素不相识的个人提供服务，从而有效避免了免费公益的寻租行为。

在普惠金融发展过程中，必须提及互联网金融机构或平台，他们与普惠金融共同构成了互联网金融的发展体系。近年来，我国普惠金融发展过程中，互联网金融平台暴露出不少问题。2017年校园贷、现金贷陆续被揭露出来，严重侵害了年轻人的财产和人身安全，2018年P2P开始率先爆雷，引发社会热议和巨大经济损失，2019 年联合贷款、助贷和小贷公司不断暴露各种风险，集聚了不少金融和社会风险，2020 年金融科技公司违规操作行为也逐渐引发社会各界高度关注，特别是部分大型互联网平台打着普惠金融的旗号，大肆追踪与收集用户"数字足迹"，利用所谓"金融科技"提高金融产品的"可获得性"，却故意忽视"可负担性"，向一些资信脆弱人群灌输"超前消费""过度消费"观念，使其落入"无抵押消费贷"陷阱，导致太多的金融消费者背负起沉重的经济负担，金融风险随之累积。

一部分互联网金融平台更是偏离实体经济需要，恶意规避监管，以"创新"为名行"赢者通吃""数据垄断"违法之实，例如，利用助贷政策不明确、法律地位不清晰的漏洞，大量助贷机构鱼龙混杂、违规操作，不断推高贷款利率，不仅导致真正需要低息贷款的小微企业、低收入人群难以获得资金，也变相促使商业银行逐渐流失客户，抵御市场风险能力急剧下降。

为此，我们必须同时加强对互金平台的监管，加强对大型互联网机构的反垄断审查，提升监管能力和水平，优化监管框架，并特别提出金融活动要全部纳入金融监管。令人欣慰的是，近年来普惠金融领域不断出台监管法规，诸如网络小额贷款管理办法、互联网存款新规、非银行机构支付条例……一系列监管举措陆续出台，可见监管部门正有的放矢地出手，稳扎稳打地推进"金融活动要全部纳入金融监管"的要求。

2021 年是"十四五"开局之年、全面建设社会主义现代化国家新征程起步之年。我们必须加强对普惠金融创新业务的监管，持续推进金融严监管，健全金融科技监管基本规则和标准，强化金融科技创新活动的审慎监管，成为普惠金融市场变局中和开新局的重要抓手，不仅要让社会低收入群体能够及时获得可得的金融服务，还要促进平台经济健康发展，加速用工业互联网平台改造提升传统产业、发展先进制造业，支持消费领域平台企业挖掘市场潜力，增加优质产品和服务供给，让助贷、联合贷款、商业银行互联网贷款都得到健康成长，让各类创新业务参与主体能够在明确的监管政策指导下开展业务，明确规则，划清底线，加强监管，规范秩序，加强开放合作，构建有活力、有创新力的制度环境。

我们坚信，普惠金融在不断满足人民日益增长的美好生活需要上仍大有可为，为社会每一个成员都能过上高品质生活服务，在发展中规范、规范中发展，发展和规范齐头并进，强化反垄断和防止资本无序扩张，这应该成为我国普惠金融未来健康发展的方向。

目　录

第一章
商业银行互联网贷款业务创新与监管

互联网贷款业务具有高度依托大数据风险建模、全流程线上自动运作、极速审批放贷等特点，如果再与商业银行联袂放贷，更容易出现过度授信、多头共债、资金用途不合规等问题。为了有效防控互联网贷款业务风险，规范商业银行互联网贷款业务经营行为，促进互联网贷款业务平稳健康发展，2020 年 7 月中国银保监会印发《商业银行互联网贷款管理暂行办法》，界定了互联网贷款内涵，并就贷款风险、合作机构等方面提出了具体要求，初步建立了银行互联网制度框架。不过，《商业银行互联网贷款管理暂行办法》对联合贷款等业务模式预留了制度空间，未设出资比例限制等定量指标。仅仅半年之后，中国银保监会于 2021 年 2 月又发布《关于进一步规范商业银行互联网贷款业务的通知》（24 号文），对《商业银行互联网贷款管理暂行办法》进行细化和完善，规定了商业银行与合作机构共同出资发放贷款的出资比例、集中度、限额管理等监管标准。同时，明令禁止地方法人银行跨区域经营。显然，互联网贷款监管再度加码升级，不仅对中小银行带来较大影响，对互联网机构的冲击更大。

第一节　《商业银行互联网贷款 管理暂行办法》的内容与亮点

一、《商业银行互联网贷款管理暂行办法》的主要内容

（一）《商业银行互联网贷款管理暂行办法》出台的背景

早在 2020 年 5 月至 6 月间，中国银保监会就《商业银行互联网贷款管理暂行办法》向社会公开征求意见，金融机构、行业自律组织、专家学者和社会公众给予了广泛关注。银保监会对反馈意见逐条进行认真研究，认为各金

融机构执行效果和整改力度存在差异，特别是在独立实施核心风控环节、加强合作机构管理等方面，部分机构的互联网贷款业务行为与监管要求仍有一定差距，存在风险隐患。暴力催收在全国各地屡禁不止，时有发生，严重威胁金融消费者的合法权益。同时，合作机构打着普惠金融的旗号，大肆收取借款人的费用，有些费用的利率与高利贷相差无几。

为进一步贯彻落实中央关于规范金融科技发展的部署和要求，监管部门在听取多方意见的基础上，结合实际情况充分研究论证，认为有必要颁布商业银行互联网贷款方面的法规，进一步细化审慎监管要求、统一监管标准。一方面，进一步强化独立风控要求，督促商业银行落实风险控制主体责任，自主完成对贷款风险评估和风险控制具有重要影响的风控环节，严禁将关键环节外包；另一方面，对商业银行与合作机构共同出资发放贷款的出资比例、集中度、跨地域开展业务等事项，细化提出监管标准，引导商业银行进一步规范互联网贷款行为，促进业务健康发展。

（二）重点规范的内容

《商业银行互联网贷款管理暂行办法》共七章七十条，分别为总则、风险管理体系、风险数据和风险模型管理、信息科技风险管理、贷款合作管理、监督管理和附则。《商业银行互联网贷款管理暂行办法》将互联网贷款定义为商业银行运用互联网和移动通信等信息通信技术，基于风险数据和风险模型进行交叉验证和风险管理，线上自动受理贷款申请及开展风险评估，并完成授信审批、合同签订、贷款支付、贷后管理等核心业务环节操作，为符合条件的借款人提供的用于消费、日常生产经营周转等的个人贷款和流动资金贷款。

重点规范以下几个方面：一是明确互联网贷款小额、短期的原则，对消费类个人信用贷款授信设定限额，防范居民个人杠杆率快速上升风险。二是加强统一授信管理，防止过度授信。商业银行应当全面了解借款人信用状况，并通过风险监测预警模型持续性进行监测和评估，发现预警触发条件的，应及时预警。三是加强贷款支付和资金用途管理。商业银行对符合相应条件的贷款应采取受托支付方式，并精细化受托支付限额管理。贷款资金用途应当明确、合法，不得用于房产、股票、债券、期货、金融衍生品和资产管理产品投资等。如发现贷款用途违法违规或未按照约定用途使用的，可以采取措施提前收回贷款。四是对风险数据、风险模型管理和信息科技风险管理提出全流程、全方位要求，压实商业银行的风险管理主体责任。五是强化事中事后监管。监管机构对商业银行互联网贷款情况实施监督检查，建立数据统计与监测机制，并可根据商业银行的经营管理情况、风险水平等因素提出审慎性监管要求，严守风险底线。

《商业银行互联网贷款管理暂行办法》还规定以下贷款不属于商业银行互联网贷款范畴，仍应适用现有授信、贷款等相关监管规制：一是线上线下结合，贷款授信核心判断仍来源于线下的贷款。例如，目前大多数所谓的线上企业流动资金贷款、供应链融资等，商业银行贷款调查、风险评估和预授信等实质风险评估环节均在线下完成，出于便利借款人和提高效率考虑将贷款申请及后续操作环节于线上完成。二是部分抵（质）押贷款。例如以房屋等资产为抵押物发放的贷款，押品的评估登记等手续需要在线下完成。三是固定资产贷款。因固定资产贷款涉及较多线下审查内容，不属于该《商业银行互联网贷款管理暂行办法》定义范围内的互联网贷款。

《商业银行互联网贷款管理暂行办法》合理界定互联网贷款内涵及范围，明确互联网贷款应遵循小额、短期、高效和风险可控原则，商业银行应当针对互联网贷款业务建立全面风险管理体系，在贷前、贷中、贷后全流程进行风险控制，加强风险数据和风险模型管理，防范和管控信息科技风险，建立健全合作机构准入和退出机制，在内控制度、准入前评估、协议签署、信息披露、持续管理等方面加强管理、压实责任。特别是对与合作机构共同出资发放贷款的，《商业银行互联网贷款管理暂行办法》对区域、贷款金额比例以及各自法律责任等方面都提出了明确要求，对合作机构提交互联网贷款业务情况报告、自评估、重大事项报告也提出了监管要求。

二、《商业银行互联网贷款管理暂行办法》的亮点

（一）明确了互联网贷款法律地位

《商业银行互联网贷款管理暂行办法》第一次对商业银行互联网贷款作出定义，但凡线上自动受理贷款申请及开展风险评估，并完成授信审批、合同签订、贷款支付、贷后管理等核心业务环节操作，为符合条件的借款人提供用于消费、日常生产经营周转等的个人贷款和流动资金贷款活动，都称为互联网贷款。

（二）重视内外风险联防机制

在风险管理方面，考虑到商业银行互联网贷款多维度、多要素判断借款人信用状况特征，采纳相关机构反馈意见，将《商业银行互联网贷款管理暂行办法》第二十条"税务、社会保险基金、住房公积金信息"不作为强制性信用状况判断要素。在放款控制方面，在明确商业银行放款环节加强风控的前提下，允许其根据自身风控模式和手段，自主选择是否再次进行征信查询；在担保增信方面，增加"商业银行不得因引入担保增信放松对贷款质量管控"要求，强化商业银行主体责任，防止商业银行风险管理"空心化"。

从风险管理上看，《商业银行互联网贷款管理暂行办法》删除了征求意见稿中在"总行层面"和"集中运营"字眼，第三十一条增加了"内部审计体系"，这与第三十八条、第四十条风险管理体系增加的内审环节前后呼应，系统性地加强了风险防范，还强调监管机构有权根据商业银行跨区业务规模、风险水平提出审慎性监管要求，对商业银行提交的报告是否符合独立掌握授信审批、合同签订等核心风控环节的要求重点评估，独立进行风险评估和授

信审核，避免对合作机构的过度依赖，完善了对商业银行的日常性监管。

（三）突出互联网贷款普惠特征

由于互联网贷款业务具有高度依托大数据风险建模、全流程线上自动运作、极速审批放贷特点，容易出现过度授信、多头共债、资金用途不合规等问题，强化了互联网贷款的"小额、短期、高效和风险可控"原则，对消费类个人信用贷款授信设定限额，既覆盖了传统金融机构难以触及的客户群体，又防范了居民个人杠杆率快速上升风险，普惠金融特性得到了较好体现，尤其在新冠肺炎疫情期间，对我国中小微企业复工复产具有特别重要的意义。

（四）加强对金融消费者知情权保护

《商业银行互联网贷款管理暂行办法》以互联网消费者保护的难点为监管重点，针对互联网贷款信息披露不充分、数据保护不到位、清收管理不规范问题，在多个条款中提出了保护金融消费者措施。例如，商业银行应当建立互联网借款人权益保护机制，将消费者保护嵌入互联网贷款业务全流程管理，做到"卖者尽责，买者自担"，特别对金融消费者知情权做了详细规定，这也是征求意见稿所没有过的。例如规定："商业银行自身或通过合作机构向目标客户推介互联网贷款产品时，……保障客户的知情权和自主选择权，不得采取默认勾选、强制捆绑销售等方式剥夺消费者意愿表达的权利。"显然，在平衡金融服务便捷和安全性方面超过以往的征求意见稿，彰显了监管层对金融消费者权益保护的重视程度，提高了金融信息完整性，强化互联网信贷消费者的知情权和自主选择权。

（五）增加了小贷公司作为合作机构

征求意见稿对合作机构进行了分类，主要包括银行业金融机构、保险公司等金融机构和融资担保公司、电子商务公司、大数据公司、信息科技公司、贷款催收公司以及其他相关合作机构等非金融机构，但没有涉及"小额贷款公司"。后来，中国人民大学中国普惠金融研究院（CAFI）多次书面建议，要求将小贷公司纳入互联网贷款合作机构。因为小贷公司是经过政府批准设立的，也是接受地方金融办（地方金融监督管理局）监管的非存款类放贷机构，长期辅佐地方金融机构开展营销获客、联合贷款、风险分担、信息科技等工作，支持着中小微企业和地方经济发展。显然，把小贷公司排除在互联网贷款合作机构之外是不合适的。为此，监管层采取了此项建议，在《商业银行互联网贷款管理暂行办法》第四条增加了"小额贷款公司"，使小贷公司与融资担保公司、电子商务公司、大数据公司、信息科技公司、贷款催收公司共同成为互联网贷款合作机构。我们认为，监管机构把小贷公司纳入互联网贷款合作机构是正确的，不仅是尊重小贷行业的一种表现，更是我国互联网金融立法上的一个进步。

（六）跨区域限制范围缩小

限制对象仅限于地方法人银行，没有扩大到所有的商业银行，放宽了对商业银行异地线上放贷限制，某种意义上给予一定程度的监管松绑。从立法原意上理解，对于大型国有商业银行而言，基本上开放了异地放款的监管限制，可以自由开展异地放款业务，相应取消了原先"立足当地、服务当地、不跨区域"政策限制，直接取消了具体比例（20%）限制，改用提示性语言，概括性描述地方商业银行开展异地贷款的条件，没有对地方法人银行开展跨区互联网贷款设置统一的定量指标进行限制。

当前，我国人口流动和企业经营范围变化很大，金融科技发展和数字化风控解决方案也有较大进步，完全限定地方性银行不能跨区域发放互联网贷款既缺乏合理性，也存在较大的现实困难。因此，《商业银行互联网贷款管理暂行办法》第九条有条件地限制异地放贷业务，并没有完全禁止跨地区互联网贷款业务。地方法人银行只要加强自身风控能力，确保有效识别和监测跨区互联网贷款业务开展情况，可以审慎开展异地放贷业务。第九条新规为今后各地商业银行开展互联网贷款业务预留了想象空间。

（七）取消面签和面谈流程

只是要求商业银行将互联网贷款业务纳入全面风险管理体系，建立健全适应互联网贷款业务特点的风险治理架构、风险管理程序、内部控制和审计体系，有效识别、评估和控制互联网贷款风险，确保互联网贷款业务发展与自身风险偏好、风险管理能力相适应，要求商业银行在授信审批、合同签订等核心风控环节应当由商业银行独立开展。

（八）删除"联合贷款"字样

从立法技巧上看，在平衡金融服务便捷和安全性方面超过征求意见稿，《商业银行互联网贷款管理暂行办法》语言更加简练，删除了业务规划中与外部机构合作的相关描述，在篇章布局、条款衔接上显得更加流畅，条款之间逻辑性也有较大提升。其中最吸引业内人士的就是《商业银行互联网贷款管理暂行办法》删除了"联合贷款"字样，取而代之的是"共同出资发放贷款"表述。"联合贷款"与"共同出资发放贷款"虽然并没有本质区别，但不同的表述折射出监管视角的不同。前者是站在双方合作形式上，后者则是从资金发放角度表述的。从立法技巧上看，"共同出资发放贷款"更能准确表达出商业银行与合作机构在信贷关系上的合作，更能传达出双方在资金上共同意愿，是一种动态的合作关系，而"联合贷款"多是描述两者在贷款上的静态合作，强调的是双方一种联合状态，并没有聚焦在商业信贷上的资金合作。显然，这些前后描述变化说明监管部门放弃了互联网贷款合作模式偏重形式的监管方式，突出双方资金合作在互联网贷款的重要性，让商业银行和合作机构更流畅地表达出在互联网贷款上的合作意愿，彰显了监管层对互联网贷款监管的精准度。

（九）设置新老划断"过渡期"

为尽可能地保证现有互联网贷款业务的连续性和保护客户权益，《商业银行互联网贷款管理暂行办法》按照"新老划断"的原则，设置了2年过渡期。过渡期内，不符合规定的业务应在控制整体规模基础上逐步有序压降，同时按照规定，在风险治理架构、风险模型管理等方面进行规范或整改。过渡期结束后，商业银行所有存续互联网贷款业务均应遵守本规定。也就是说，《商业银行互联网贷款管理暂行办法》规定实施之日起1个月内，商业银行应当将业务规划、风险管控措施、存量业务、金融消费者权益保护等情况报告监管机构。监管机构在对上述报告进行评估时发现不符合要求的，应当要求商业银行进行整改。商业银行存量业务需要整改的，应对照《商业银行互联网贷款管理暂行办法》制订相应的过渡期整改计划与上述报告同步报告监管机构，由监管机构监督其有序实施，并视情况采取监管措施。

（十）强调借款人权益保护

以互联网贷款消费者保护的痛点、难点为出发点和落脚点，《商业银行互联网贷款管理暂行办法》针对互联网贷款存在的信息披露不充分、数据保护不到位、清收管理不规范等损害金融消费者权益的问题，在多个章节强调了消费者权益保护。

一是商业银行应当建立互联网借款人权益保护机制，对借款人数据来源、使用、保管等问题提出明确要求。二是要求商业银行加强信息披露，不得委托有违法违规记录的合作机构进行清收，将消费者保护嵌入互联网贷款业务全流程管理，做到卖者尽责。三是要求商业银行落实向借款人的充分信息披露义务，应充分披露贷款主体、实际年利率、年化综合资金成本、还本付息安排、逾期清收、咨询投诉等信息，切实保障客户的知情权和自主选择权。四是严格禁止商业银行与有违规收集和使用个人信息、暴力催收等违法违规记录的第三方机构合作。例如，《商业银行互联网贷款管理暂行办法》第九条、第十六条、第三十条、第三十一条多强调金融消费者权益保护，特别对金融消费者知情权做了详细规定，这也是《商业银行互联网贷款管理暂行办法》（征求意见稿）所没有过的。例如，《商业银行互联网贷款管理暂行办法》第十六条规定："商业银行自身或通过合作机构向目标客户推介互联网贷款产品时，……保证客户的知情权和自主选择权，不得采取默认勾选、捆绑销售等方式剥夺消费者意思表示的权利。"显然，《商业银行互联网贷款管理暂行办法》更加重视借款人自主选择权，在平衡金融服务便捷和安全性方面超过《商业银行互联网贷款管理暂行办法》（征求意见稿）。

三、《商业银行互联网贷款管理暂行办法》的主要不足

（一）跨机构合作意识相对保守

我国数字经济的发展近年来走在世界前列，实践中对机构合作和数据开放需求越来越强烈，但部分市场主体的理念还是相对保守，部分机构将数据融合误解为主动交出市场和客户控制权，尚未充分意识到开放合作所带来的多方共赢的结果，行业创新力度和发展规模相对海外市场也有所滞后。

（二）数据共享机制不成熟

国内外实践经验均显示，不同类型数据的融合和充分利用有助于金融市场的业务创新和效率提高，更好地服务实体经济。然而，我国目前数据融合发展处于起步阶段。尽管助贷和联合贷款业务在我国早已发展起来，但是合作机构双方的数据共享机制还有待进一步完善，数据共享的深度和维度也有待进一步拓展。例如，出于各自数据安全和个人隐私的考虑，目前互联网平台的行为数据和银行的强金融数据就很难进行融合和共享，数据价值没有得

到充分发挥。未来还需要通过技术创新和配套法规来推动数据价值的深度融合。

与互联网贷款发展较好的国家相比，我国相对薄弱的征信体系在一定程度上制约了数据要素市场和信贷业务的发展。例如，前文中提到的 Credit Karma 公司，其成功最重要的因素之一是美国充分市场化的征信体系为征信数据的买卖与商业营销提供了可能性，使数据价值得到充分发挥。而我国现阶段数据要素市场发展并不完善，且数据大都分散在不同的政府部门和商业机构，信息孤岛问题尤为严重。

（三）参与机构良莠不齐

市场中存在部分中小银行对合作机构的识别能力不足，也存在部分互联网平台提供不合规的联合贷款业务的情况，违规提供联合贷款业务的乱象依然存在。首先，并非所有的商业银行都有能力充分评估合作机构的信息系统服务能力、可靠性和安全性以及敏感数据的安全保护能力。很多中小银行本身风控管理就比较差，一无系统，二无模型，三无策略，在盲目扩张规模过程中过度依赖合作机构，"独立风控"没有落到实处。其次，部分向银行推荐客户的合作机构，自身风控技术能力不强，甚至商业、金融的场景和数据也比较缺乏，却违规向银行提供直接或隐形的风险"兜底"。当银行与不合格的助贷机构进行合作时，容易在助贷机构和银行两个层面引发不良率攀升，造成一定程度的金融风险。

（四）数字化监管科技相对滞后

相比于欧美国家，我国监管科技起步相对较晚，发展相对滞后。首先，目前我国监管科技发展不均衡，监管科技在监管领域的发展明显滞后于合规领域的发展，主要表现在金融监管滞后于金融创新，金融监管能力不足。其次，数据孤岛问题导致部分监管科技难以真正发挥作用。在金融监管机构没有对数据上报提出明确要求、没有解决数据共享动机的情况下，依靠监管科技依然无法打破目前的数据垄断和数据孤岛难题，这会使部分基于大数据技术的监管科技应用缺乏公信力和可比性。

（五）没有补齐新型风险短板

互联网贷款业务暴露出风险管理不审慎、金融消费者保护不充分、资金用途监测不到位等问题和风险隐患，且商业银行互联网贷款对客户进行线上认证，实际上已突破了面谈面签和实地调查等规定，但如何在没有面签的情况下保证合同真实有效没有进一步规定。《商业银行互联网贷款管理暂行办法》没有完全覆盖上述问题，有必要尽快补齐制度短板，促进商业银行互联网贷款业务规范发展。

第二节　互联网贷款风险类型与风险管控

一、风险类型

互联网贷款未改变信贷的本质，其基于互联网等技术，将原来在线下进行的信贷业务迁移到线上，风险也呈现出一些新的特点和趋势，尤其是助贷和联合贷款这两种相对复杂的合作模式，需要予以重点关注并加以控制。

（一）常规业务风险

互联网贷款的常规业务风险贯穿于贷前、贷中、贷后的业务全流程。贷前阶段，比较容易暴露风险的业务环节包括营销、客户引流。营销环节的风险包括虚假宣传、信息披露不足等；客户引流环节的风险则体现为未充分尊重客户的知情权与自主选择权。贷中阶段，比较容易暴露风险的业务环节包括风控与授信、担保增信的合作、电子签约、贷款发放等。风控与授信环节的风险包括风控模型不过关、风控流程不严谨等；担保增信环节的风险主要是担保机构资质不过关；电子签约环节的风险在于电子签约流程或合同细节不规范；贷款发放环节的风险在于资金流向不清晰、贷款用途监测不到位，以及委托不具备资质的机构开展贷款拨付业务等。贷后阶段，比较容易暴露风险的业务环节包括违约风险监测与预警、贷款清收、收费、客户投诉与处理等。风险监测与预警环节的风险主要体现为监测与预警机制不灵敏；贷款清收环节的风险主要是非法催收；收费环节的风险主要表现为违规定价；客户投诉与处理环节的风险主要是投诉处理不及时或不规范而引发的纠纷。

（二）数据风险

互联网贷款业务是依托金融科技的新型金融服务，而金融科技天然具有强大的数据"基因"，数据是获取、归集、分析、处理及应用互联网贷款全过程的基本灵魂，直接影响贷款业务的效率，其风险主要体现在系统安全、网络安全、客户端安全等方面数据是否进行真实可靠、是否有效管控，以及是否有效配套符合如上各类安全要求的科技手段。

数据风险成为金融科技发展的核心风险，有效识别和规制数据风险也就成为推动金融科技有序发展的关键和基础。正因为数据是开展互联网贷款业务的重要要素，与核心风控环节密切相关，其风险主要包括数据来源不合法、数据使用不合规、数据保管不安全、数据校验不充分等，所以在消费者越来越关注个人隐私保护的背景下，监管部门对数据保护的要求必然越来越高，数据风险管控的合规门槛也随之提高。

对于类似于互联网贷款等新型金融服务，国外监管部门或政策制定者也将数据风险单列出来，表示对此类风险的重视。例如欧盟议会早在 2016 年通过了《通用数据保护规则》，其提出的数据处理原则包括：①以合法、公正、透明的方式进行数据处理；②出于特定的、明确的、合法的目的收集数据；

③以适当、相关且不超过为满足个人数据处理为目的所必要的方式进行数据处理；④确保数据准确，必要时及时更新；⑤在存储期限不超过处理个人数据目的所必须时间的前提下，允许以数据主体可识别的形式进行存储；⑥以确保个人数据适度安全的方式进行数据处理。英国标准协会也紧跟其后在2018年发布了《支持金融科技公司与金融机构合作——指南》（PAS201：2018）标准，将"信息安全和数据保护"单列为九大内容之一，要求金融机构重点关注信息安全、支付安全、物理设备安全、访问权限控制、用户数据安全、备份与存档管理等方面的风险控制。

（三）流动性风险

流动性风险是指商业银行等金融服务供应商无法提供足额资金来应付资产增加需求，或履行到期债务的相关风险，也是商业银行经营与管理过程中最基本的风险种类，通常由资产和负债的差额及期限的不匹配所引起（廖岷、杨元元，2008）。《巴塞尔协议Ⅲ》指出，流动性对于任何银行的持续经营都是非常重要的。商业银行的资本会影响到本行的流动性，在发生危机时尤其如此。每家商业银行都必须建立能够有效计量、监测和控制流动性风险的系统，根据其流动性资产状况和所处市场的流动性来评估本行的资本充足率。

在互联网贷款业务中，以商业银行为代表的金融服务供应商同样要做好自身流动性风险监管和监测指标的管理。相关指标包括流动性覆盖率、净稳定融资比例、流动性比例、存贷比、核心负债依存度、流动性缺口率、客户存款集中度、同业负债集中度等。

（四）合作风险

从整体趋势来看，商业银行与互联网公司的合作业务将占据一定的市场份额。从这个意义上来说，合作风险将不同于金融服务供应商对自身流动性风险、信用风险、操作风险等传统风险的管控，更强调金融服务供应商对合作机构的风险与资质的审查。合作风险主要存在于助贷和联合贷款模式。合作方在合作磋商阶段比较容易暴露风险的业务环节包括合作机构选择、合作方式约定与合作协议签订、贷款产品合作设计等。合作机构选择环节的风险主要体现在合作机构甄选标准、程序、评估流程、退出机制是否规范；合作方式约定与合作协议签订环节的风险主要在于风险分摊机制是否合理、合作机构的道德风险；贷款产品合作设计环节的风险主要表现为产品是否符合需求方的需求，以及是否适合供给方的能力。

目前，国际上对合作风险的管控基本上采用合作资质审查的办法，即由金融机构拟定合作机构筛选流程，确定风险指标或要素，开展尽职调查，最终确定合作形式。例如，英国颁布的《支持金融科技公司与金融机构合作——指南》就十分重视合作风险的管控，对合作筛选流程和合作筛选总体要求做了细致规定。在合作筛选流程方面，标准提出，在确定与金融科技公司开展合作之前，金融机构应当对潜在的金融科技公司进行合适性的尽职调查，重点关注的风险指标包括用户与股东声誉、技术的稳定性与弹性、收入与成本、数据管理、内部控制、欺诈与金融犯罪、第三方供应商、网络安全、商业模式与团队、信息安全与数据保护、技术等内容。

为此，英国财政部牵头成立开放银行工作组，并于 2016 年 3 月发布了《开放银行标准》（*The Open Banking Standard*），提出了"三大标准一个治理模式"，即数据标准、API 标准、安全标准，以及底层治理模式。2016 年 9 月，英国竞争与市场监管当局发布的《零售银行市场调查报告》中指出，英国零售银行业务竞争不充分。为了提升客户的参与度以及使客户更容易找到更好的服务，英国竞争与市场监管当局提出"开放银行"改革方案，要求 RBSG、LBG、Barclays、HSBCG、Nationwide、Santander、Danske、BoI 和 AIBG 等 9 家银行采用并维护 API 标准，与其供应商和第三方服务商进行数据共享。

（五）信用风险

信用风险又称违约风险，是指借款人、证券发行人或交易双方因种种原因，不愿或无力履行合同条件而构成违约，指使银行、投资者或交易对方遭受损失的可能性（张玲、张佳林，2000；施锡铨、邹新月，2001）。巴塞尔银行监管委员会早在 2004 年的《巴塞尔协议Ⅱ》中就推荐使用内部评级法（Inner ratings‑based approach，IRB）来进行信用风险测量。内部评级法提出了 4 个主要的参数，包括违约概率、违约损失率、违约暴露和期限。为了规避银行资本套利空间，提高内部评级法和标准法之间的可比性（徐鹤龙，2019），《巴塞尔协议Ⅲ》调整了内部评级法计算风险加权资产公式中的相关系数（章彰，2011）。

在国际上，最具影响力的信用风险模型有 KMV 公司的 KMV 模型、J. P. 摩根的 Credit Metrics 模型、瑞士信贷银行金融产品部的 Credit Risk 模型和麦肯锡公司的 Credit Portfolio View 模型（曹道胜、何明升，2006）。这些模型的一些重要思想与方法被写入了《巴塞尔协议Ⅱ》，突出了这些模型对国际银行业信用风险度量与管理的重要性（朱小宗、张宗益、耿华丹，2004）。

在我国互联网贷款业务中，纯线上风控理念被广泛接受。此外，数据是线上风控的基础，假如没有健全的信用体系作支撑，金融服务供应商的风控能力也会受限。例如，中国光大银行、上海浦发银行、江苏银行、南京银行等多家银行根据客户、产品等特征来训练更适合的风控模型，客户结构、贷款结构更趋合理，其互联网贷款的风控理念、能力以及客户经营水平提升显著。

中国光大银行通过与蚂蚁集团联合放贷，逐步掌握了互联网客群的风险特征，成立了数字金融部门并建立了针对数字金融贷款的智能风控中心，涵盖云计算平台、数据工厂、模型工厂、智能决策等功能，形成过亿客户数据集市，探索建立了本行全部客户的多维数据分析能力。在与蚂蚁集团合作提升网贷风控能力的基础上，又与京东、美团、腾讯、小米、百度等其他头部平台合作，建立了适合各自平台客群特色的互联网信贷合作模式，大数据处理应用和数字智能风险管理能力不断延伸。江苏银行通过与蚂蚁集团的信贷联营，打造出"专家经验＋大数据"的新型风控体系。一方面，江苏银行通过蚂蚁集团开放的 Apollo 标准化数据产品，丰富了风控指标涉及的数据维度，提高了量化风控的效率；另一方面，通过和蚂蚁集团联合建模，实现多主体、多数据源、多维特征的数据联动，其贷前风险模型风险区分度提升 50% 以上，有效扩大了信贷服务人群。

（六）操作风险

操作风险是指由于内部程序、人员、系统的不完善或失误，或外部事件造成直接或间接损失的风险（英国银行家协会，1999；《巴塞尔协议Ⅲ》）。在互联网贷款业务中，由于贷款申请、风险评估、贷款发放、贷款回收等业务环节全部实现线上化，对于内部欺诈、外部欺诈、业务中断、系统错误等操作风险事件的防控，除了常规的操作风险管理架构与管理流程之外，更强调贷款流程的标准化，以及要求尽量减少人工干预。

此外，如果按照系统错误的风险归类来看，系统安全、网络安全、客户端安全等信息科技风险也属于操作风险类别。需要强调的是，由于互联网贷款等新型金融服务对信息科技的依赖程度越来越高，而且信息科技直接影响业务的效率与成效，这就要求互联网贷款服务供应商从根源上做好信息科技风险的独立管控。

二、风险管控

我国监管部门依据金融业务本质将商业银行与互联网机构业务合作纳入现行监管框架，主要是为了确保互联网贷款市场健康有序的发展，共同努力维护金融系统的稳定和市场的繁荣发展。

（一）监管部门

2015 年 7 月，为进一步推动普惠金融的发展，中国人民银行等十部委联合发布《关于促进互联网金融健康发展的指导意见》，依托互联网技术，支持有条件的金融机构积极开发基于互联网技术的新产品和新服务，开展网络银行、网络消费金融等业务。由此衍生了多种新兴产品，也促进了银行互联网贷款业务的快速发展。

然而，随着互联网贷款业务规模的迅速增长，部分银行对互联网贷款风险管理的不足以及通过线上平台突破区域经营限制等诸多问题也逐步暴露。因此，监管部门自 2017 年末下发了一系列有针对性的通知、意见，以规范互联网贷款业务的开展，这一系列文件成为银行开展互联网贷款业务的重要合规基础（见表 1 - 1）。

表 1 - 1　互联网贷款监管政策梳理①

时间	发布机构	监管条例	要点
2015 年 7 月	中国人民银行等十部委	《关于促进互联网金融健康发展的指导意见》	鼓励银行等金融机构依托互联网技术，支持有条件的金融机构积极开发基于互联网技术的新产品和新服务，开展网络银行、网络消费金融等业务
2017 年 12 月	互联网金融风险专项整治工作领导小组办公室	《关于规范整顿"现金贷"业务的通知》	首次提及助贷并明确助贷的业务边界，消除现金贷业务出现的灰色地带，强调金融机构不得将授信审查、风险控制等核心业务进行外包
2018 年 4 月	中国银监会上海监管局	《上海银监局关于规范在沪银行业金融机构与第三方机构合作贷款业务的通知》	限定金融机构与第三方机构的业务合作范围，明确金融机构在贷前、贷中、贷后应承担的主体责任

① 注：嘉木制表。

时间	发布机构	监管条例	要点
2018 年 12 月	互联网金融风险专项整治工作领导小组办公室	《关于做好网贷机构分类处置和风险防范工作的意见》	监管更加重视风控合规，引导部分合规性欠佳平台良性退出
2019 年 1 月	浙江银保监局	《关于加强互联网助贷和联合贷款风险防控监管提示的函》	除要求银行明确核心业务的边界外，着重提出助贷的边界，明确设立"立足当地、不跨区域"的原则
2020 年 5 月	银保监会	《商业银行互联网贷款管理办法（征求意见稿）》	对互联网贷款业务生态和管理流程进行了详细的政策规定
2020 年 7 月	银保监会	《商业银行互联网贷款管理暂行办法》	作为商业银行互联网贷款业务的"基本法"，正式确立互联网贷款的地位

过去几年，互联网金融行业整治和规范让互联网贷款市场经历了一轮"大洗牌"。2020 年 7 月 17 日，中国银保监会正式发布《商业银行互联网贷款管理暂行办法》（以下简称《办法》），规范了商业银行互联网贷款业务经营行为，明确了所有的参与主体，包括监管部门、金融服务商和消费者对于风险管控的责任和义务，将互联网贷款业务纳入全面风险管理体系，在完善监管的同时鼓励创新，体现了监管对互联网贷款业务包容的态度。

首先，《办法》抓住了互联网贷款的本质和风险要害，强调了银行在风控等方面的主体作用，对银行在从风险管理体系、风险数据和风险模型管理、信息科技风险管理、贷款合作管理、监督管理等方面提出明确要求，真正落实了银行端独立风控的要求。

其次，《办法》强化了消费者知情权和隐私权，对金融消费者保护提出了具体的要求，将消费者保护嵌入互联网贷款业务全流程管理，进一步完善了互联网贷款领域的风险治理。

最后，《办法》不仅针对合作机构的准入、合作协议、信息披露等方面进行了较为细致的规定，还要求商业银行不得与无资质的合作机构合作、充分考虑合作机构的增信能力与集中度风险、不得因引入担保增信放松对贷款质量管控，对与合作机构共同出资发放贷款的情况作出了比较详细的规定。

（二）金融服务供应商

《商业银行互联网贷款管理暂行办法》明确互联网合作放贷的监管路径是"监管部门→商业银行→合作机构"，商业银行是互联网贷款业务的监管重点，监管方式是建立报送机制，即商业银行需向监管部门提交首次开展互联网贷款业务的书面报告、年度评估报告、重大调整的书面报告等材料，便于监管部门全面评估与监测各类风险。

因此，依照《办法》的规定，以商业银行为主的金融服务供应商有责任从治理条线、业务条线、风控条线、内审条线四个层面来全面管控风险。在治理条线层面，金融服务供应商有必要建立互联网贷款的风险治理架构，明确董事会和高级管理层的职责，并建立考核和问责机制。在业务条线层面，金融服务供应商的风险管理制度应当涵盖贷前、贷中、贷后的业务全流程。在风控条线层面，金融服务供应商应当针对独立风控、数据风险、信息科技风险设置明确与细致的内部规定。在内审条线层面，金融服务供应商应当配备完善的内部审计体系。

（三）金融消费者

在享受互联网贷款服务的同时，金融消费者有必要并有责任识别并防范金融风险给自身带来的影响。最重要的是，金融消费者在进行数据收集授权之前，应当做好数据保护的工作，依照"最小、可用"原则，仔细阅读相关条款，主动了解金融服务供应商对数据范围、种类、使用频率、使用期限、存储、失效条件等内容的规定。

第三节　商业银行互联网贷款主要业务模式

商业银行互联网贷款基本模式

（一）商业银行自营模式

商业银行自营模式，即银行自主品牌经营的互联网信贷产品，在营销获客、风险评估、授信审批、合同签订、放款支付、贷后管理等关键环节没有第三方参与，完全由银行独立运营。市场上常见的产品包括各类银行的公积金贷款、各类税务贷，以及各类银行主导的场景贷款等。

从战略上看，多数商业银行已经开始布局普惠金融业务，这既是响应国家普惠金融战略政策的要求，也是应对金融和经济新形势的转型需要。尤其是新冠肺炎疫情暴露出线下金融服务的诸多弱点，凸显出线上服务的优点，迫使银行向线上转型，例如，中国建设银行、中国工商银行、中国邮政储蓄银行、部分地区的农村商业银行和城市商业银行纷纷开发自身的互联网贷款系统，提升自身线上风控能力。

商业银行贷款服务线上化的一个重要出发点，就是不再依靠银行原有的线下网点获客。商业银行获客渠道主要有两种：一是转化存量的无贷客户。商业银行通过运用内外部大数据，对自有存量客户的历史行为、信用度、资产负债和外接的公积金、社保信息等进行数据挖掘，明确目标客户，筛选预授信白名单，引入电子渠道营销通知客户，客户线上发起提款申请，银行完成线上身份核实，系统自动审批放款，贷后客户线上自助还款。二是自建获客渠道开展自营线上贷款。商业银行通过自建金融服务生态圈，打造获客渠道。例如有些商业银行推出自有电商平台的线上消费贷款，客户通过登录银行的线上申请渠道进行自助申请，商业银行自主进行自动化审核审批和贷后管理。

基于内部长期积累的大量老客户的信贷记录，加之引入外部纳税、公积金、社保等征信数据，商业银行可以开发出有效的风控机制和模型，实现自主风控，大幅度降低信贷成本，线上风控能力成为开展互联网贷款的重要能力。例如，中国建设银行在 2018 年将普惠金融确立为全行发展战略。建行科技子公司在原有的科技系统基础上用近六年打造了新一代核心系统作为支撑，结合数据连接和挖掘能力构建了建行普惠金融"五化"模式：批量化获客、精准化画像、自动化审批、智能化控检和综合化服务。运用互联网和大数据技术，通过组合工商、税务、电力等多维度信息交叉验证，对小微企业进行立体式全息画像，同时收集各类信息，建立负面清单，对不在负面清单中的小微企业批贷放款。2020 年 3 月，中国建设银行成为全国首家普惠型小微企业贷款余额突破万亿元的商业银行，不良率控制在 1% 以内，成为市场认可的"大象也能跳舞"的典型案例。

（二）助贷模式

助贷可以理解为商业银行与合作机构"在营销获客、支付结算、风险分担、信息科技、逾期清收"等方面开展合作，合作机构"包括但不限于银行业金融机构、保险公司等金融机构和小额贷款公司、融资担保公司、电子商务公司、第三方支付机构、信息科技公司等非金融机构"。

从本质上看，助贷是信贷机构借助第三方的数据、技术或者平台提升获客、信贷决策、风控以及贷后管理等信贷链条上各个环节的效率。这种业务模式符合市场规律的"多方共赢"特点。对银行来说，通过与其他机构合作扩展了数据的维度，拓展了客户渠道，降低了信息获取成本，提升了风控效率；助贷机构则实现了更高的业务规模，更稳定的上下游供应链；长尾小微企业和消费者则获得了更好的消费体验、更低的信贷门槛和贷款利率。

助贷模式在国内外的应用都非常广泛。与大型零售商、电信公司、航空公司等消费场景合作发放联名信用卡，与产业链上的大型核心企业合作开展供应链金融，与房地产、汽车销售机构合作开展房贷、车贷业务等都是广义的助贷合作。例如，在国外，高盛和苹果公司合作推出数字信用卡 Apple Card，苹果的硬件、软件和用户数据与高盛的金融服务无缝连接，共同为素未谋面的海量用户提供全新体验的移动互联网消费金融服务；金融科技公司 GreenSky 对接 Home Depot 等商户与 SunTrust 等 15 家银行合作为家庭装修提供资金；加拿大销售终端（POS）贷款供应商 Financeit 与众多家庭装修、美容医疗等零售行业的中小企业合作，为企业的消费者提供信贷服务。在国内，网商银行和中和农信以数字技术合作探索农村金融新模式，建立小微企业线上服务管理中心，开展手机移动贷款业务。

从合规的角度看，国内市场上助贷目前主要有两种模式：增信模式和分润模式。增信模式，即除银行和助贷机构外，还引入增信机构参与的有增信措施的助贷模式。增信机构以保险公司和融资担保公司为主，这两类公司的特点是具备增信资质、具备开展增信业务的能力。2017 年国家互联网金融整治办及网贷整治办联合发布的《关于规范整顿"现金贷"业务的通知》（整治办函〔2017〕141 号）要求银行业金融机构"不得接受无担保资质的第三方机构提供增信服务以及兜底承诺等变相增信服务"，为保险公司和融资担保公司参与互联网贷款业务提供了政策基础。在银行与小贷公司合作的过程中，银行往往要求保险公司而非担保公司来担保，事实上只有极少数保险公司愿意提供信贷担保保险。没有保险公司的支持，绝大多数银行不愿意接受民营融资担保公司的担保，而国有融资担保公司基本上专注于大额贷款担保业务，也缺乏从事个体工商户经营性贷款相关资信审核的系统经验，故不具备提供保险或担保的专业能力，限制了其为个体工商户经营性贷款提供担保或保险增信的意愿。

分润模式，即银行承担风控与放贷审核职责，助贷机构提供获客导流、辅助风控等服务，双方按照事先约定的利润分成，对助贷业务利润进行分配，同时承担相应比例的风险。这种模式一方面避免了助贷机构因"兜底"或"变相兜底"所引入的风险，另一方面也对银行和助贷机构的信贷技术都提出了更高的要求：银行本身要能够做到独立风控；助贷平台必须拥有丰富场景布局、强大获客导流能力以及完善的辅助风控体系以协助银行进一步压低坏账率，做好更精准的风险定价与风控防范措施。分润模式助贷模式更有效地遵守监管规定，有助于助贷业务的良性发展，未来或将得到进一步发展。

目前，许多金融机构都认为以开放合作方式为主的场景金融和助贷是银行未来发展的大趋势。随着数字技术的不断发展，银行业务由完全自营逐步走向以"嵌入式金融"以及场景金融为趋势的开放式金融服务，通过与外部渠道生态连接，以客户为中心，推动数字化金融服务与群众衣食住行、日常生活、医疗教育和社会公共服务等各种场景相融合，构建各有特色的金融服务平台和生态圈。例如，中国建设银行与133个省市搭建了智慧政务服务平台，其"智慧社区管理平台""建融智医""裕农通""建融慧学""建融撮合""安心养老"平台实现互联互通，为客户提供快捷高效的便民服务。

（三）联合贷款模式

互联网联合贷款是指两家或两家以上持牌放贷机构，基于共同的贷款条件和统一的借款合同，按照约定比例出资，联合向符合条件的借款人发放的互联网贷款。商业银行与其他有贷款资质的机构共同出资发放互联网贷款的，应当建立相应的内部管理制度，明确本行与合作机构共同出资发放贷款的管理机制，并在合作协议中明确各方的权利义务关系。商业银行应当独立对所出资的贷款进行风险评估和授信审批，并对贷后管理承担主体责任。商业银行不得以任何形式为无放贷业务资质的合作机构提供资金用于发放贷款，不得与无放贷业务资质的合作机构共同出资发放贷款。相比较于助贷，互联网联合贷款强调合作双方均需具备放贷资质和相关业务能力。

互联网联合贷款的实质在于合多家机构之力，优势互补，降低成本，为长尾客户和小微企业提供融资解决方案，也助力金融机构数字化转型。互联网联合贷款产品普遍具有门槛低、期限灵活、额度灵活、方便快捷等特点。

互联网联合贷款合作双方均需具备放贷资质，因此可以从事互联网联合贷款业务的机构包括：传统商业银行、民营银行、消费金融公司、信托公司以及小额贷款公司。不同机构具有不同的优势和劣势，而互联网联合贷款的业务逻辑就是合作机构间基于专业分工和比较优势进行深度协同、优势互补。

第四节　商业银行互联网贷款监管框架和建议

一、互联网贷款业务监管思路与框架

近年来，商业银行互联网贷款业务快速发展，各类商业银行均以不同方式不同程度地开展互联网贷款业务。与传统线下贷款模式相比，互联网贷款具有依托大数据和模型进行风险评估、全流程线上自动运作、无人工或极少人工干预、极速审批放贷等特点，在提高贷款效率、创新风险评估手段、拓宽金融客户覆盖面等方面发挥了积极作用，但随之而来的风险也不可小觑。

为此，2015年7月中国人民银行、中国银监会等十部委联合发布《关于促进互联网金融健康发展的指导意见》（以下简称《指导意见》），对我国互联网金融监管进行了基本规划，鼓励创新和加强监管并举，提出"鼓励创新、防范风险、趋利避害、健康发展"的总体要求，也明确了"依法监管、适度监管、分类监管、协同监管、创新监管"的监管原则，形成了以持牌金融机构为抓手、机构监管与业务监管相结合的监管思路。

商业银行互联网贷款监管遵循的基本思路：一是坚持立足当前与着眼长远相结合。商业银行互联网贷款业务已有数年发展历程，行业也积累了很多实践经验，《商业银行互联网贷款管理暂行办法》（以下简称《办法》）将现有互联网贷款业务纳入规范化轨道，促进新业态的健康发展。同时，适应金融科技发展的趋势，摒弃"一刀切"的简单监管思路，原则导向为主，预留监管政策空间。二是坚持服务实体经济与防控金融风险相结合。《办法》支持商业银行通过互联网贷款业务践行普惠金融，满足居民和小微企业的融资需求，提高金融便利度和普惠覆盖面。与此同时，坚持问题导向，注重防控金融风险，传导合规审慎开展互联网贷款的理念，防止各类风险积聚。三是坚持鼓励创新与加强监管相结合。坚持审慎包容的监管态度，鼓励商业银行稳步探索产品和服务创新，加强事中事后监管，不断提高自主风险管控能力，压实商业银行风险管理的主体责任。

（一）机构监管

如前文所述，互联网贷款业务有三种模式（见表 1 - 2），即自营模式、联合贷款模式、助贷模式。在自营模式中，商业银行等有放贷资质的金融服务供应商对其独立发放的互联网贷款承担百分之百的责任；在联合贷款模式中，商业银行及其他有放贷资质的金融服务供应商按照约定的出资比例对互联网贷款承担相应的责任；在助贷模式中，商业银行等有放贷资质的金融服务供应商对互联网贷款承担百分之百的责任。

可见，在三类互联网贷款业务模式中，以商业银行为代表的有放贷资质的金融服务供应商对互联网贷款承担百分之百的责任。其中，在联合贷款模式中，商业银行需要对其发放的更大比例贷款承担更大比例的责任。从这个意义上来说，有放贷资质的金融服务供应商是互联网贷款风险责任主体。《办法》确定的监管路径是"监管部门→商业银行→合作机构"。通过建立报送机制，要求商业银行需向监管部门提交首次开展互联网贷款业务的书面报告、年度评估报告、重大调整的书面报告等材料，便于监管部门全面评估与监测各类风险。

表1-2 互联网贷款的风险责任主体

业务模式	贷款发放主体	风险责任确认
自营模式	商业银行的手机银行、互联网银行、网络小贷等有放贷资质的金融服务供应商独立发放的贷款	有放贷资质的金融服务供应商对其独立发放的互联网贷款承担百分之百的责任
联合贷款模式	商业银行与其他互联网银行、消费金融公司、信托公司、小额贷款公司等有放贷资质的金融服务供应商合作发放的贷款，通常商业银行发放的贷款资金比例占大头	商业银行与其他有放贷资质的金融服务供应商按照约定出资比例对互联网贷款承担相应的责任
助贷模式	与有一定专业技术能力的机构合作，由商业银行等有放贷资质的金融服务供应商发放百分之百的贷款资金	商业银行等有放贷资质的金融服务供应商对互联网贷款承担百分之百的责任

如表1-3所示，我国监管部门分别针对商业银行、村镇银行、消费金融公司、信托公司、小额贷款公司等有放贷资质的金融服务供应商设置了严格的准入和放贷条件，与《商业银行法》《村镇银行管理暂行规定》《消费金融公司试点管理办法》《信托公司管理办法》以及《关于小额贷款公司试点的指导意见》规定的原则和具体条款保持一致，对银行业金融机构的流动性风险、信用风险、操作风险等进行量化监管，并根据业态发展进行动态调整。可见，商业银行、村镇银行、消费金融公司、信托公司、小额贷款公司等有放贷资质的金融服务供应商在市场上提供互联网贷款服务，首先必须获得相关牌照或业务许可。

表1-3 各类有放贷资质金融服务供应商法律法规

颁布日期	文件名称	监管对象
1995年5月10日	《中华人民共和国商业银行法》	商业银行
2005年12月31日	《商业银行风险监管核心指标（试行）》	
2011年4月22日	《银监会关于中国银行业实施新监管标准的指导意见》	
2018年5月23日	《商业银行流动性风险管理办法》	
2007年1月23日	《村镇银行管理暂行规定》	村镇银行
2013年11月14日	《消费金融公司试点管理办法》	消费金融公司
2001年4月28日	《中华人民共和国信托法》	信托公司
2006年12月28日	《信托公司管理办法》	
2008年5月4日	《关于小额贷款公司试点的指导意见》	小额贷款公司

（二）业务监管

如前文所述，《办法》包含总则、风险管理体系、风险数据和风险模型管理、信息科技风险管理、贷款合作管理、监督管理、附则七个方面，体现了监管部门对互联网贷款的业务逻辑与业务风险的充分认识，尤其对于互联网贷款业务独特的信息科技风险、数据风险、合作风险予以高度重视，专门列出了风险数据和风险模型管理、信息科技风险管理、贷款合作管理三个部分内容，对相应风险点做了比较明确而细致的规定。

从整体来看，通过"机构监管"和"业务监管"相结合的监管方式，我国监管部门基本形成了"金融监管网"的监管理念，既强调法人机构间的风险隔离，又兼顾金融创新的需求与市场机制的作用。

（三）科技监管

我国监管科技探索主要有两方面：一是探索构建中国版"监管沙盒"；二是创新监管工具，以监管规则为核心，以数字化监管为手段，采用自然语言处理、知识图谱、深度学习等人工智能手段实现监管规则数字化和程序化，构建穿透式监管。

国家对监管科技发展给予政策层面的大力支持。2017年5月，中国人民银行成立金融科技委员会，提出强化监管科技应用实践作为丰富金融监管的重要手段。2017年6月，《中国金融业信息技术"十三五"发展规划》提出，加强金融科技（FinTech）和监管科技（RegTech）研究与应用。2018年8月，中国证监会正式印发《中国证监会监管科技总体建设方案》，提出了监管科技的三个建设阶段：1.0阶段主要是通过研制成熟高效的软硬件工具或设施，满足会内部门和派出机构基本办公和特定工作的信息化需求；2.0阶段则是通过不断丰富、完善中央监管信息平台功能，实现跨部门监管业务的全流程在线运转；3.0阶段要建设一个运转高效的监管大数据平台，综合运用电子预警、统计分析、数据挖掘技术，围绕资本市场的主要业务活动，进行实时监控和历史分析调查。

目前，我国监管科技发展尚处于探索阶段。我国金融监管机构在实践过程中不断探索监管科技的应用。例如，中国人民银行反洗钱监测中心通过建设反洗钱监测分析二代系统大数据综合分析平台；中国银保监会将分布式架构运用于 EAST 数据仓库，将现场检查方案与大数据相结合，运用大数据分析提升客户数据分析处理精准度，更好地获取客户来源。

二、防控互联网贷款风险的监管建议

（一）因地制宜灵活监管

监管部门应当定期根据评估结果动态调整监管的范围、方式和强度，实行分类监管，评估不同互联网贷款产品和供给机构对经济社会的影响程度和风险水平。对于风险低、严格合规操作、真正服务于实体经济的主体，可以采取市场自律、注册等监管方式，鼓励其发展；对于风险高、恶意违规操作的主体，则必须对其进行严格限制，纳入监管范围，实行审慎监管，从而构建灵活的、富有针对性的与有效性的互联网贷款监管体系。在跨机构合作方面，应鼓励有场景、数据和风控能力的平台与有独立风控能力的银行合作，共同提升服务小微和长尾个人用户的能力。对于无场景和数据能力的平台，以及没有独立风控能力的银行，要限制其参与信贷合作，从而有效控制风险。

（二）打通数据孤岛

根据我国目前市场上的数据使用现状看，要建立完善的数据要素市场，打通信息孤岛，充分发挥数据价值，需要解决以下两个问题：一是如何明确不同机构的角色和作用；二是如何确保合理有效地利用政府数据。我国政府各部门掌握了庞大的政府数据，而且是市场中其他数据无法替代的。但是目前主要是传统银行使用政府数据开展业务，而其他的新兴金融机构没有权限直接获得政府数据。市场上其他机构目前使用政府数据的主要途径是通过与传统银行合作间接使用政府数据，这种方式效率不高，极大地限制了新型金融机构的业务发展。政府数据作为一项公共资源，应公平地对全市场开放。在国际上，新加坡政府在引导银行开放数据时也主动向市场开放了政府数据，营造了良好的市场环境。我国的金融生态与国际情况虽然存在一定差异，但我国在建立数据共享平台时，可以鼓励领先的科技企业专注自身特色，通过实践将优质的技术用于探索共享数据领域的解决方案，以试点的方式鼓励支持机构探索新型数据共享机制，思考如何实现政府数据公平、有效地向全市场开放，充分发挥政府数据的价值。例如，对于目前机构正在探索利用多方安全计算、联合建模等新型技术在数据不出域的情况下实现数据价值的流动和共享，可以通过建立试点的方式来评估其效果。

政府除了主动开放相关政务数据外，还应该通过政策支持和引导鼓励各类参与主体积极参与征信体系的建设中，加强对各类资源的整合，优化现有的信息基础设施，规范各类接口，丰富数据要素市场的机构类型和数量，丰富征信系统中的数据类型和数据容量，让更多沉睡的数据得到利用，将市场中数据的价值最大化，减少重复建设。

（三）"牌照监管" + "功能监管"相结合

目前，我国监管部门针对互联网贷款的监管正向"牌照监管"与"功能监管"相结合的"金融监管网"方向迈进。互联网贷款业务本身并没有改变现有的监管格局和监管体系的有效性。监管部门始终以持牌机构为抓手，明确持牌放贷机构的主体责任以及与外部机构合作中应尽的义务。持牌机构有动机和责任对第三方合作机构的资质进行甄别，并通过合作协议的具体条款降低合作中潜在的道德风险，强化市场机制的约束作用。

在互联网贷款生态中，信贷业务集合了众多的参与主体，分别在不同的节点上发挥作用。随着更多不同类型的金融机构参与到互联网贷款中，参与主体中不仅持牌机构的类型更加多元化，也有更多的非持牌机构参与其中，设计的互联网贷款的产品和服务形式更要多元化。在这种情况下，对某一类或几类持牌机构的监管，均难以对整个业务链条形成完全的覆盖，"牌照监管"难以充分监管市场中的互联网贷款业务。于是，监管部门还要重视"功能监管"的作用，根据互联网贷款业务的本质特征和风险点，将互联网贷款业务纳入功能监管范围，监管发展路径呈现出"行业自律先行——政府监管跟上"的特征，在未来跨机构合作和产业链细化的大趋势下，进一步"牌照监管"＋"功能监管"相结合的路径，加大对互联网贷款业务的综合监管，更加有效地防范金融风险。

（四）鼓励跨机构创新合作

国内外实践都证明，商业银行与科技公司通过优势互补，以互联网贷款的形式，确实能够有效触达更多普惠金融群体，在一定程度上缓解了普惠金融群体的"融资难"问题。未来要响应我国普惠金融的战略发展方向、保持我国在数字经济和数字金融领域的竞争力，市场参与者与制度设计者一方面应守住充分保护消费者的利益、防范重大金融风险的底线，另一方面也应该认识到，机构之间合作共赢、利用大数据和金融科技降低融资成本、共同提升消费者体验和信贷供给是符合金融服务实体经济、支持薄弱环节的政策导向的，应该以更加开放的态度，积极探索机构合作和数据开放领域的创新模式与机制，允许多元主体在不同的市场定位下充分发挥其作用。

（五）个人信贷额度需要细分

建议对于单户个人经营贷授信额度适当上调至 50 万元，更加贴近市场和为小微企业、个体工商户接受。

（六）信贷期限应区别对待

建议适当延长信用贷款期限，给小微企业、个体工商户更充裕的还贷时间，也能更好地缓解现金流压力。更重要的是，针对不同个人贷款种类实行不同的贷款期限，和信用贷款金额对应起来，总体上提高法条完整性。

（七）增强对暴力催收的处罚

暴力催收对催收者与被催收者都会造成伤害，情节严重者甚至危害生命，所以必须有相应执法进行约束。

（八）发展数字化监管工具

在行业数字化加速的大背景下，监管科技为加强对互联网贷款风险的识别、监测、计量和控制提供了有效手段，其应用对于维护金融体系的安全与稳定、保护公众利益和提高金融体系效率具有重要作用。为此，监管机构应在完善数据信息使用、数据安全、信息披露等方面的法律法规的基础之上，积极建立新型信息化监管体系，推进行业标准建设，基于行业良好实践，统筹规划监管体系框架、技术标准、保障措施等顶层设计。

具体而言，监管部门可以采用先进的互联网信息科技，完善和改进金融监管框架，丰富监管工具和方法，提高监管的自动化程度。例如，利用大数据、云计算、自动化程序、区块链、分布式账本开发实时数据集成系统和自动化监管报告系统，或评估金融机构报送数据的真实性和准确性；在宏观审慎分析的前提下，运用技术创新，改进风险动态监测、风险预警系统等，及时掌握金融体系的风险关联性和集中度变化。

（九）细化隐私保护规范

个人信息的使用是互联网贷款最基本的前提条件，而个人信息滥用将带来风险隐患和不良后果。近年来，我国利用公众隐私数据进行金融诈骗造成消费者巨大损失的案件时有发生。我国政府和金融机构应加强引导消费者厘清互联网贷款业务与传统贷款业务的区别，提高公众抗击金融风险意识。在此基础上，通过制定具体的消费者隐私保护、信息安全等方面的规范或者指引，对机构合作中的数据共享通道的选择、数据使用权限、数据保存时限等操作中会造成数据泄露和滥用的环节作出明确规定，防止因数据跨机构共享而对消费者带来额外的风险。

具体而言，我们建议一是根据互联网贷款的特点，进一步完善金融消费者权益保护的法律、法规；二是强化行为监管，加大对违规行为的处罚力度。对于扰乱市场秩序或侵害金融消费者权益的市场乱象，加大处罚力度，确保金融机构经营行为守法合规，营造公平有序的金融市场环境并保护金融消费者合法权益。

三、商业银行互联网监管新规

2021 年 2 月 20 日，中国银保监会下发的《关于进一步规范商业银行互联网贷款业务的通知》（银保监办发〔2021〕24 号，以下简称 24 号文），是对《商业银行互联网贷款管理暂行办法》的监管修正。

（一）重新调整了核心条款的背景

自《商业银行互联网贷款管理暂行办法》颁布以来，各商业银行对上述规定的理解和把握存在差异，仍然存在个别互联网合作机构违规放款的现象，依然存在侵犯长尾客户和小微企业的违法活动，个别商业银行还存在过度依赖单一合作机构的风险集中度过高问题。为了进一步树立审慎经营导向，24 号文坚持金融创新必须在审慎监管下进行，对商业银行互联网贷款活动中较容易出现的问题进行了调整，提升了商业银行与合作机构信贷管理和风险防控能力，重新评价了互联网贷款的普惠金融价值。

（二）商业银行独立风控趋严

自《商业银行互联网贷款管理暂行办法》发布以来，在促进商业银行风险管理能力方面起到了积极作用。但监管部门也发现各机构执行效果和整改力度存在差异，特别是在独立实施核心风控方面与《商业银行互联网贷款管理暂行办法》要求仍存在较大差距，存在外包风险巨大隐患。为此，24 号文强化商业银行独立风控要求，细化审慎监管要求、统一监管标准，要求商业银行必须承担风险控制主体责任，自主完成对贷款风险评估和风险控制环节，严禁将贷前、贷中、贷后管理关键环节外包。

毫无疑问，24 号文再次重申商业银行对所放贷款承担无可推卸的法律责任，督导商业银行自主完成对贷款风险评估和风险控制具有重要影响的风控环节，严禁关键环节外包，最大限度地避免第三方外包机构的操作风险和道德风险，有利于互联网贷款良性创新和稳步发展。

（三）重新收紧出资比例限制

对于联合贷款，24 号文重新规定放贷银行、信托和消费金融公司的合作放贷主体单笔贷款合作方出资比例不得低于 30%，这实际上是恢复了《商业银行互联网贷款管理暂行办法》征求意见稿对联合放贷双方出资比例和行内比例的数额限制。因为不少互联网金融平台或第三方支付机构假借商业银行资金，大肆收取借款客户的手续费，干着空手套白狼的勾当，损害了商业银行的正当利益。只要是有放贷资质的公司，不管是网络小贷、消费金融、汽车金融还是信托，在与商业银行进行联合贷款业务时，必须符合最低出资限额的规定。显然，这条新规不仅改变了互联网合作机构利用商业银行资金扩大自身商业版图的可能，也减轻了商业银行产生不良信贷资产的可能。

显然，固定出资比例数额给某些大型头部互联网金融平台和第三方支付机构业务扩展产生极大限制。因为此前有些互联网金融平台在联合贷款中通过小贷公司出资比例较低，有的出资比例甚至低至 1% 上下。根据外媒报道，某知名线上借贷产品将把自己的资产平移到消费金融公司，某线上知名借贷产品此前多与银行进行联合贷款业务，出资比例远远低于 24 号文中要求的比例。① 那么，如果整体的借贷资产平移到消费金融公司，消费金融等具备贷款资质的公司并不受到最低出资比例的限制，很容易造成因业务带来的平移、拆分、交叉从而形成监管套利。在联合贷款中，合作机构具备数据、风控模型和客户资源，可通过较少出资比例，赚取贷款收益中的较高部分，而商业银行不仅需要提供绝大多数资金、承担资金损失后的风险，所赚取的收益也相对较低。显然，业务收益与承担风险在联合贷款两家主体间并不对称。所以，个别互联网金融平台、第三方支付机构和中小型银行对 24 号文有不同看法是可以理解的。重新回归到对互联网联合放贷模式偏重形式监管也不是毫无益处，至少有利于遏制"借鸡生蛋"的投机行为。

互联网贷款是涉及助贷、联合贷款业务，在监管部门提供的大框架内，可以由市场决定互联网贷款比例，互联网贷款主体应该拥有一定的自主决策权。商业银行和合作机构是互联网贷款的商业伙伴，不是合作机构吃掉商业银行，也不是商业银行吞并合作机构，所有的出资比例应该充分展示双方对互联网信贷积极合作态度，更能表达出监管层推进互联网贷款良性创新的信心。

（四）对风险集中度和限额管控从严

为进一步树立审慎经营导向，不断提升信贷管理和风险防控能力，24 号文明确了集中度风险管理和限额管理量化标准，商业银行与合作机构共同出资发放贷款，与单一合作方发放的本行贷款余额不得超过本行一级资本净额

---

① 肥皂大叔：《皂论：互联网贷款"补丁升级"，联合贷如履薄冰，助贷能否再迎曙光》，摘自《皂话金融》，2021 年 2 月 24 日。

的25%。同时，商业银行与合作机构共同出资发放的互联网贷款余额，不得超过本行全部贷款余额的50%。

虽然在合作机构集中度上从紧从严，不超过25%本行一级资本净额的比例限制，对于中小银行来说将降低其对单一合作方的依赖，寻求更广泛的合作渠道，进而实现风险分散。对于合作方而言，单家银行主体面临约束背景下，市场将不再是少数巨头赢家通吃的局面，而是更为充分、友好的竞争环境，有助于优化合作机构生态，有效避免了过度依赖单一合作机构的集中度风险。但是，集中度管理、限额管理以及风险集中度在不同地区、不同时期也确实应该有一定的差异，例如，贫困地区合作机构与富裕地区合作机构在资金总量和贷款总量存在一定的差异，不同商业银行对合作机构集中度的承受能力也有所不同。如果考虑到这些不同之处，区别对待，是不是可以更好地体现出差异化监管的优势？

（五）禁止跨地域经营互联网贷款

在跨地域经营业务过程中，确实存在个别地方商业银行利用互联网技术拓展外省市业务，无序扩张，严重偏离定位的问题，由此带来较大市场风险。同时，还有业内人士指出，异地存款大多是互联网存款，且多为二类用户，稳定性较差，导致中小银行对异地存款的把控能力较弱，若中小银行对其较为依赖，引发流动性匹配率、优质流动性资产充足率、核心负债率等流动性指标高估，导致存贷比等指标出现低估，容易产生流动性风险。[1]

《商业银行互联网贷款管理暂行办法》暂未对地方商业银行开展跨区互联网贷款业务设置限制，只是规定地方法人银行应结合自身风控能力审慎开展此类业务。从法条上理解，就是风险能力足以达到能够审慎开展域外互联网贷款业务的，没有完全堵死商业银行互联网贷款跨地域经营的路径。

---

[1]　汪子旭：《互联网贷款监管"补丁升级"中小银行发展承压》，载《经济参考网》，2021年2月25日。

但是，24 号文明确规定了地方法人银行不得离开所属注册地开展互联网贷款业务。这就意味着，除了国有大型商业银行、股份制商业银行、信托公司和消费金融公司外，几乎所有地方商业银行的跨省互联网贷款全部被叫停，产生的经济后果目前尚无法得知，需要以后才能评估，但对一些中小型合作机构生存将立刻产生巨大影响。

虽然监管机构有权重新调整地方商业银行跨地域经营规则，但如何界定"当地客户"就是一个监管难题，是按照客户居住地，还是贷款发生地、贷款使用地，抑或按照客户工作地、户籍地还是按照社保缴纳地或其他标准来界定，在互联网贷款实践中不好把握。《商业银行互联网贷款管理暂行办法》使用提示性语言，概括性描述地方商业银行开展异地贷款条件，取消征求意见稿"立足当地、服务当地、不跨区域"限制也是有道理的，符合互联网贷款特点。地方监管机构按照全流程线上办理、自动授信审批和极速放款特点有条件地指导异地放款业务，"审慎开展跨注册地辖区业务"可能更能给予地方商业银行异地放贷业务较大发展空间，更加符合互联网天生具有开放性，也符合当前人员流动较大的社会特征。

第五节　商业银行互联网贷款前景分析

一、全球开放银行发展趋势

（一）欧洲发展概况

随着金融科技的不断发展，开放的银行服务在全球逐渐兴起，其背后的金融数据共享更是足以引发金融行业的大变革。欧洲是开放银行实践较早也较为成熟的地区，政府在其中发挥了重要作用。在开放银行发展之前，欧洲金融业主要是由部分大中型银行垄断。在这一过程中，传统金融机构在激烈的市场竞争中经历了大洗牌。一些效率低下、难以适应市场变化的金融机构在危机中倒下。

为了扭转颓势，激励创新，提高客户体验，欧盟开始尝试开放银行，试图通过网络电子交易、金融产品创新等方式应对市场环境变化带来的冲击，并通过立法等强制性措施倒逼金融业进行转型与创新。2015 年，欧洲议会和欧盟理事会正式发布新的支付服务指令（PSD2），制定了账户开放规则，为开放银行奠定了立法基础。2016 年，欧盟议会通过《通用数据保护条例》（GDPR）统一各成员国个人数据保护规则。同年，英国财政部开放银行工作组发布《开放银行标准框架》（*The Open Banking Standard*），详细制定了开放银行的框架与标准。欧洲其他国家也相继制定法律法规，规范开放银行的发展，制定了开放银行相关的法律法规，形成了全方位、多层次的法律监管欧盟与欧洲其他国家制定的规定与标准已经成为引领全球开放银行发展的准则。

西班牙对外银行（BBVA）是西班牙第二大商业银行，也是欧洲第一家开放 API 的传统大银行。西班牙对外银行（BBVA）拥有大量客户群及客户数据，通过数据分类与聚合挖掘银行数据的价值，实现了金融科技、金融银行和数据保护的协调统一，成为开放银行的领头羊。

（二）亚洲发展情况

在英国和欧盟的带动下，日本、韩国和新加坡也纷纷加快了开放银行建设。例如，日本议会在 2017 年 5 月通过了《日本银行法案修正案》，重点鼓励金融公司和金融科技公司通过公开 API 共享数据，让用户能够通过规范的 API 共享数据渠道，全面地管理跨机构账户信息。新加坡的金融管理局 MAS（the Monetary Authority of Singapore）专门成立金融数据 API 注册中心，推动各金融机构积极加入数据共享，花旗银行、新加坡华侨银行和渣打银行就是该中心的数据共享银行。

（三）美国发展历程

美国是互联网金融发展的先驱。20世纪70年代，美国开始启动金融自由化改革进程。1980年以后，美国的传统商业银行先后经历了金融脱媒和利率市场化的冲击。新自由主义政策的兴起和电子信息技术的发展为金融自由化提供了契机。1990年末，美国就形成了较为成熟的互联网金融模式和相对完整的产业链。1999年美国国会通过《金融现代化服务法案》，标志着美国金融自由化改革基本结束。美国金融自由化改革主要表现在利率自由化、金融服务贸易自由化、金融机构混业化等方面。

次贷危机前，互联网金融全面发展，传统银行大力开展数字化转型。随着移动互联网及智能手机的普及以及移动社交平台的爆炸式增长，加之已有的相对完善的网络基础设施和信用体系，网络银行、网络保险、网络证券、网络理财以及新兴的网络融资等互联网金融模式在美国率先出现并蓬勃发展。1995年，美国安全第一网络银行（SFNB）成立，不仅成为全球第一家网络银行，也预示了互联网金融的深化和拓展。1998年，大型电子商务公司Ebay成立了互联网支付子公司PayPal，并于1999年完成了电子支付与货币市场基金的对接。自2005年以来，Prosper、Lending、Club等P2P借贷平台以及Kickstarter等众筹平台相继建立。

面对互联网金融模式迅速发展所带来的日益加剧的金融脱媒压力，美国的大型商业银行纷纷加大对网络设施的投资和布局，通过主动进行信息网络升级、有针对性地推出网络金融服务、开展灵活多样的金融创新以及直接并购新兴的网络银行等多种途径，有效地化解了互联网金融模式对自身的冲击，逐渐成为金融行业新的变革，引领着商业银行未来的转型之路。

次贷危机以后，传统银行与金融科技公司形成了开放、融合的基本格局。在客户对金融服务要求越来越高、科技界巨头跨界竞争越来越激烈、社会和监管对开放数据的呼声越来越强烈的背景下，金融机构之间以及金融机构和非金融机构之间合作开展金融业务在美国逐渐成为常态。

2008 年国际金融危机后出台的《多德—弗兰克法案》是 20 世纪 30 年代以来美国一项最全面的金融监管改革法案，在其长达 1 033 条的内容中明确规定用户或者用户授权的机构，有权获取该用户在金融机构的金融交易数据。虽然该法案没有规定如何共享用户数据，但明确表示新成立的消费者金融保护局（Consumer Financial Proectection Bureau，CFPB）有保护用户共享数据的权力。消费者金融保护局（CFPB）2016 年 11 月就金融数据共享广泛征求社会意见。在经过一年的研究后，消费者金融保护局（CFPB）于 2017 年 10 月 18 日发布金融数据共享的 9 条指导意见。这些规定为美国金融数据共享奠定了法律基础。

▶▶▶ 【案例】

CBW 是美国社区银行转型升级的成功案例。CBW（Citizen Bank of Weir）是一家坐落于美国中部堪萨斯州小镇的社区银行。金融危机后，CBW 银行把高效的数字化手段运用在银行内部运营上，且对外开发出 500 多个 API 接口方便合作伙伴使用 CBW 的服务和数据，全力把 CBW 打造成为服务金融科技公司的全新数位银行平台，成为美国本土第一家实现开放银行的社区银行，也成为众多金融科技公司的合作对象。

早在 2008 年，美国 Mint 个人财务综合管理公司就实现了金融数据共享的商业模型，通过与金融机构数据共享，实时管理几乎全美所有的金融账户，包括储蓄、房贷、车贷、信用卡、学生贷、退休金和股票等账户，给用户提供了极大的便利。目前，该公司已经和美国 99% 的金融机构签订数据合作共享协议。

实际上，金融数据开放共享的商业模式最初在美国也受到了多方质疑。美国消费者金融保护局收到的社会意见中，银行和银行协会的代表各自提出了担忧和疑虑：金融科技公司享受大多数据共享的好处，银行为何需要承担与之相关的费用；有些银行规模小，预算有限，而且 IT 系统老旧，根本无力承担数据共享的负担。一些银行认为数据共享等于主动交出市场和客户控制权，本身对银行来说就极不公平。目前没有统一法规，加上基于用户隐私安全考虑，很多银行认为不应该贸然推进金融数据共享变革。

尽管上述问题并没有完全得到解决，但是美国激烈的竞争市场仍不断推动传统银行与金融科技公司之间开放合作，银行和金融科技公司在市场中均衡博弈，互利共赢。事实证明，积极拥抱新模式、主动开放接口的银行，逐步转型成为金融服务基础平台；而闭关自守的银行，逐渐失去了构筑平台生态圈的机会，很难为客户提供更加多元的产品和服务，可能被市场淘汰。通过数据共享，平台型银行的产品更加丰富，数据价值更高，客户黏性更高。凭借金融服务平台的品牌、影响力和金融牌照优势，转型后银行的主要收入来源也变得更加多元，除了传统的金融服务收费外，平台服务也有可能成为利润增长点。

花旗银行是国际大银行中积极拥抱金融数据共享的典范。2016 年 11 月，花旗银行在全球推出 Citi 开发者中心，开发出包括用户账户、授权、转账、信用卡、花旗点数等七大类 API。开发者既能方便快捷地用花旗银行的 API 模块"拼凑"出想要的金融应用程序，还能使用花旗银行海量的数据。2017 年花旗银行与在线支付公司 PayPal 签订战略合作，让花旗银行和 PayPal 的用户可以相互使用对方网络，实现强强联合。

二、国内互联网贷款发展前景分析

（一）对银行传统业务影响有限

2018 年以来，由于受到共债风险等因素影响，商业银行消费类贷款和信用卡贷款不良率明显上升，用于个人消费的贷款额度也进一步收紧。《商业银行互联网贷款管理暂行办法》对消费贷规定更加严格，将单户用于消费的个人信用贷款授信额度上限下调至 20 万元，超额消费场景将不再适用，而对个人经营贷款则授予银行自主掌控权，这些监管规定为个人消费贷设定了边界，不同类型贷款区别对待，产品走向趋于分化，对消费信贷的影响不会太大。加之互联网贷款范围较窄，对大中型商业银行传统业务影响有限。监管主要目的是规范"纯线上"产品，以及银行与合作机构共同发放的贷款类型。现实中，银行大多数主流产品一般采用"线下"和"线上＋线下"方式，绝大多数客户都是在线下介入接触，核心环节在线下的贷款和抵质押贷款等均未被纳入互联网贷款范畴内，对目前商业银行现有主流贷款业务影响或较小。

（二）放贷模式出现选择性差异

在联合贷款和自营贷款模式选择上，大型国有银行、全国性股份制商业银行凭借在贷款合作话语权，在合作机构选择上更有优势。它们大都是自有渠道成熟、自主风控强大，将自营贷款模式作为未来业务发展的重点方向，并不会受到合作机构的太大影响。当然，地方性中小银行或乡镇银行以及农商银行如果继续深耕区域客群，受到合作机构的影响就相对比较大了，将在合作机构空间内探索联合贷款业务模式，无法在短时间内化解贷款的客户或地域集中度风险。

（三）精细化管理提出更高要求

在互联网贷款生态体系中，多元化参与主体通过专业分工打开合作空间，机构合作在一定程度上有利于各类机构之间优势互补，也带来了很多不确定的风险因素。因此，商业银行对合作机构的选择将更趋审慎，在实际操作中，商业银行运用金融科技手段优化客户评价模型和信贷流程，在加强银行各个业务环节中核心风控能力的要求下，授信审查、风险控制、贷款发放、支付管理和贷后管理等核心业务环节不能假手于人，根据合作内容，对客户的影响范围和程度，对银行财务稳健性影响程度等对合作机构实施分层分类管理，从"单一的总行层级审批"到按照层级和类别确定审批权限，避免了意见稿中"合作机构准入、合作类产品和具体合作模式应当在总行层级履行审批程序"的要求，给予商业银行更多主动性，有利于提升商业银行与不同第三方机构合作的管理效率和积极性，对银行精细化管理能力提出了更高要求，确保互联网信贷业务的风险最小化。

（四）大中型银行需要结构性调整

24 号文对不同的机构影响不一，大型国有商业银行、股份制银行联合贷款业务占其自身贷款比重相对较低，受到的影响有限。对于中小型银行或村镇银行、农信社带来的冲击较大，部分中小型银行或村镇银行、农信社依托联合贷款业务进行了较大规模的资产扩张，业务范围突破了"属地经营"限制，调整联合贷款的风控模式，探索"属地经营"要求下的其他业务拓展，提高精细管理和精准服务水平，抓住机遇，在发展自营业务的同时向大中型银行输出风控工具和技术，按照整改要求，调整业务模式，在新监管规则下寻找新机会。

（五）村镇银行需要多元化经营

对村镇银行、农信社而言，立足本地，面向客户端，提升精细管理和精准服务水平，坚定建设本土生活场景平台。这样可以帮助中小银行或村镇银行、农信社摆脱对互联网平台聚人气的依赖。要通过出行、餐饮、旅馆等便民服务，形成面向客户端用户的持久黏性，帮助聚集小型企业端商户生态。例如，中国光大银行支持 220 个缴费项目的云缴费 APP，招行聚焦影票饭票和购车的掌上生活 APP，常熟农村商业银行聚焦农产品直播电商的浓农生活 APP，都是本土生活场景平台的优秀代表。同时，中小型银行或村镇银行、农信社应面向企业终端，开发非贷款综合金融服务，诸如财富管理、托管等业务，增加非息差收入，促进自身不完全依赖于生息资产，实现轻型化发展，对冲贷款业务风险。

总之，商业银行互联网贷款模式是建立在"比较优势理论"基础上的一种市场实践，符合市场发展和金融演进的规律，因为市场存在大量"小、散、零、碎"的金融需求，互联网贷款模式可以缓解小微企业、个体工商户和贫困人群融资难题，还为小额贷款公司、融资担保公司、电子商务公司、非银行支付机构、信息科技公司等非金融机构实现"增量、扩容、提质、降本"提供新思路，利用线上化、数字化、标准化的消费信贷，从整体上摆脱线下作业的局限性，成为非金融机构场景、大数据技术与银行资金融合发展的新生产物，成为金融数字化改革大趋势的重要组成部分。总之，商业银行互联网贷款模式成为互联网贷款基本信贷标准，明确了互联网信贷行业的发展前景，有助于破解我国普惠金融发展的现实困境，方兴未艾，前景可期。

第二章
联合贷款业务创新与监管

联合贷款作为数字经济时代金融细分的产物，特别在银行业零售转型、消费金融不断增长形势下，通过场景融合、数据信息、获客机制，依托大数据、云计算等技术的金融科技公司、小贷公司或互联网金融平台却拥有大量有交易场景的数据，实现流量与资金的优势互补，可以对个人消费金融这一领域的客群进行风险评估。于是，传统银行与金融科技就开始聚焦个人消费金融领域，联合贷款模式便应运而生，演化为金融创新和市场需求相互融通的一种信贷合作形式。

第一节 联合贷款社会意义和现实作用

一、助推普惠金融"最后一公里"实现

传统金融机构存在对长尾人群的触达和风险判别上的局限性，形成普惠金融人群信贷供给"最后一公里"之难。联合贷款可以凭借场景、数据、金融科技的独特优势，缩短商业银行放贷过程中诸多环节的时间损耗，提高服务效率，降低时间成本、服务流程、识别周期、资金周转速度的机会成本，有助于我国普惠金融的发展。

在客群触达方面，联合贷款机构能够以更立体的角度服务更广泛的客户，获得商业银行长期未能完成的小微群体的触达渠道。举例来说，小贷公司、融资担保公司、电子商务公司、大数据公司、信息科技公司等联合贷款机构与小微群体有着频率更高、触角更广的商业交互。商业银行通过与联合贷款机构的合作，可以有效提升触达能力，提高信贷产品的可得性。

从授信逻辑上看，商业银行信贷业务不仅需要借款人具备良好的征信和稳定流水，还需要借款人提供房车等抵押物或担保保证，这就将很大一部分人群排斥在金融服务的外面，逐渐形成了金融排斥。联合贷款机构通过引入

沉淀在体系内部的新型数据作为授信依据，让非传统银行客群也同样获得金融服务辐射。举例来说，互联网科技公司、网贷机构通过对自身电商、社交数据的挖掘，能够更精准地刻画线上活跃群体画像，凭借其收集的场景和数据，分析出客户信用情况，解决传统商业银行客户覆盖面不全的劣势，有助于挖掘符合要求的更广泛的普罗百姓，助力金融普惠的实现。

二、形成多层次信贷供给体系

目前，小微企业在国民经济中的地位不言而喻，几乎占据半壁江山。但是，传统金融机构受限于风控技术、成本、信息不对称等因素的制约，无法做到为小微企业提供商业可持续的信贷服务。根据中国人民银行统计：小微企业平均在成立 4 年零 4 个月后第一次获得贷款。也就是说，小微企业要熬过理论上平均 3 年死亡期后，才能通过银行信贷的方式获得资金支持。由此可见，对小微企业信贷支持依然缺乏力度。但是，通过联合贷款模式可以发挥优势互补作用，利用金融科技发展与数据积累，进一步向小微企业倾斜，逐渐流向"三农"机构、个体工商户和贫困人群。无论是在产品结构还是产品体验上，比传统信贷产品有更强大的场景黏度，提高了场景客户的留存率，并介入信贷评价、风险防范领域。

实际上，联合贷款合作机构从事线下、线上小微企业、个体工商户经营性贷款，起到了我国金融体系"毛细血管"功能，助力供给侧结构性改革，与国家强调的"积极规范发展多层次资本市场"保持一致，利用市场化、便利性高和灵活性强特点，进一步丰富了我国信贷体系，尤其是对小微企业的信贷服务得到了较大提升，成为传统信贷体系的有益补充，促进形成多层次、广覆盖和高质量的信贷体系。

三、提高社会弱势群体融资能力

传统商业银行优势是服务于大型企业和优质客户，但短板是不善于为小微企业、个体客户提供服务，因为开发小额信贷产品的成本过高，提升效率所需时间成本和科技成本较大。联合贷款机构往往拥有大量小微企业和个人客户的数据积累，并拥有相对有效的小额贷款风控模型，可以分担传统商业银行进行客户筛选及评估，进一步扩大信贷业务的深度与广度，提升小额信贷服务的工作效率，解决普惠金融业务中信息不对称问题。

总之，联合贷款模式提高了社会中弱势群体获取资金的可能性。如果没有联合贷款机构的帮助，诸如个体工商户、贫困人群、残疾人士、家庭小作坊、小业主以及个体创业组织基本上无法通过正常渠道及时从商业银行获取资金。因此，联合贷款模式是资金方和联合贷款机构优势互补的合作方式，其本质是在资金与流量不匹配、金融牌照与展业能力不匹配情况下产生的商业化信贷模式，填补了银行业金融服务不能满足融资需求的空白领域，承担了金融微循环的底层功能，补足了传统银行类金融机构的触达短板。

四、纾解融资难融资贵困局

联合贷款业务发展离不开联合贷款机构自身数据的积累，离不开基于大数据分析、人工智能驱动的金融科技的使用。金融科技快速发展使联合贷款机构在获客、初筛、初步风控环节大大降低了人工成本，提高了贷款发放效率和服务便利度。中国人民银行公布的《金融科技（FinTech）发展规划（2019—2021年）》明确未来金融科技发展的目标就是通过金融科技使金融服务覆盖面逐步扩大，使金融服务民营企业、小微企业等实体经济水平取得新突破。显然，联合贷款正是利用联合贷款机构金融科技能力与资金方自身优势结合，为小微企业、个体工商户和个人客户提供快速、便捷、高效的小额信贷服务，优质金融产品供给不断丰富，以促进经济转型升级和新旧动能转换，纾解企业融资难、融资贵的困局。

五、提高传统银行化解金融风险能力

联合贷款的本质是互联网金融平台、金融科技公司向商业银行开放场景

和用户，通过互联网联合贷款的"鲇鱼效应"促进商业银行转型，运用智能技术和数据分析能力提升银行服务水平，解决商业银行授信区域和行业单一问题，改善其业务规模集中问题，构建与互联网市场发展相匹配的风险管理模式，更好地帮助商业银行甄别风险，促进传统商业银行提高自身风控系统的稳定性和安全性，形成了一套服务实体经济的内在逻辑，重塑金融机构业务流程，再造组织结构体系，推送的客户的风控模型和数据分析都趋于完善，提升了化解金融风险能力，成为帮助商业银行零售转型的有效工具，进一步实现了前台场景化、中台智能化和后台上云化，实现商业银行的转型升级，改善了其风险集中度和流动性问题。

六、有助于人员就业和社会稳定

联合贷款服务对象主要是社会贫困人群、小微企业和个体工商户，大多是从事和民众日常生活密切相关行业的人群。从这个角度看，联合贷款就直接关系到个人就业、地方经济发展及社会稳定问题，完成传统金融机构难以覆盖的融资服务人群，将普惠金融落到金字塔矩阵最底层的、最为庞大的小微企业和个体工商户群体上。毫无疑问，联合贷款有利于帮助小微企业和个体工商户渡过疫情难关，推动中央政府提出的"六稳"之首的稳就业，落实各级政府金融政策着力点，推动零就业家庭动态清零，刺激地方经济增长，维护社会稳定。

总之，从比较优势理论看，传统商业银行优势在于强大的资金支持，劣势在于难以实现客群快速覆盖、长尾人群的识别和触达、降低贷款成本等方面。联合贷款业务可以利用大数据金融科技帮助传统金融机构解决贷款业务中的信息不对称问题，有效帮助银行等金融机构进行客户筛选及评估，实现贷款的快速匹配和精准投放，解决普惠金融的"最后一公里"问题，也符合金融供给侧结构性改革的发展方向。

第二节　联合贷款国际实践及经验

一、世界银团贷款概况

（一）世界银团构成

当今世界，按贷款客户信用等级，又可将银团贷款分为投资级和杠杆银团贷款。按种类分，除公司银团贷款、并购银团贷款、过桥银团贷款等外，还有机构银团贷款、绿色银团贷款、LBO 银团贷款，以及伊斯兰融资（Islamic Financing）等，其中大行在国际银团贷款市场上扮演重要角色，更多以开放银行的角色出现，联合合作机构对金融消费者进行贷款。可以说，国际银团贷款市场是全球资本市场的重要组成部分。2020 年全球银团贷款总金额达到4.9 万亿美元，主要涉及的行业包括金融、非必需消费品、工业、能源及科技等。虽然国际银团与我国联合贷款还存在差异，但从信贷结构上看，两者依然是有不少共通之处。从某种意义上讲，我国联合贷款就是参照国际银团的成功经验，结合本国金融市场实际情况逐步演化而来的。

实际上，联合贷款在传统银行的业务中早已得到应用。银团贷款（Syndicated loan），也称辛迪加贷款，就是一种联合贷款模式，它由获准经营贷款业务的一家或数家银行牵头，多家银行与非银行金融机构参加而组成的银行集团采用同一贷款协议、按商定的期限和条件向同一借款人提供融资的贷款方式。产品服务对象为有巨额资金需求的大中型企业、企业集团和国家重点建设项目。当借款者寻求的资金数额太大，以至于任何一个单一的银行都无法承受该借款者的信用风险时就产生对银行团体的需求。

银团贷款的诞生是为了合多家银行之力更好地为大型企业和重大项目提

供融资服务，促进企业集团壮大和规模经济的发展，分散和防范贷款风险。银团贷款模式中，有牵头行、参与行和代理行之别，在"信息共享、独立审批、自主决策、风险自担"四原则下，各方权责分工各异。牵头行负责贷前调查、确定贷款条件并组建银团，代理行代表大家进行贷款发放、收回和统一管理，其他参与者统称为参与行。显然，银团贷款并不完全是《商业银行互联网贷款管理暂行办法》所要规范的联合贷款，但也有相似之处。

（二）世界银团分布

世界银团的主要发布在美国、欧洲和亚洲发达国家。从地域看，2019 年美国、欧非及中东、亚太（除日本）三大市场银团贷款总额分别为 2.4 万亿美元、9 371 亿欧元和 5 771 亿美元，笔数分别为 3 762 笔、1 821 笔和 1 794 笔。[①] 其中，美国市场是全球银团贷款的主力，其次为欧非及中东市场（EMEA）和亚太市场。

二、欧洲主要国家开放银行实践

（一）欧盟

欧洲是开放银行实践较早也较为成熟的地区，政府发挥了重要作用。在开放银行发展之前，欧洲金融业主要是由大型私人银行构成，但随着这些私人银行的不断发展，实力越来越强大，涉足的经济领域也越来越多，于是私人银行的垄断出现了。为了更好地服务促进金融领域的竞争，更好地为大多数用户提供金融服务，激励创新，提高客户体验，欧盟开始实践开放银行，选择一种用户无须提供密钥即可与其账户所在机构之外第三方分享和掌控自身金融数据的新方式，即基于数据的安全共享，用户可以在一个界面上管理

---

① 《国际银团贷款市场的规则、实务与启示：抗风险提效率》，摘自《搜狐网》，2020 年 7 月 30 日。

不同的账户，根据自身需要比较、选择产品以及更好地管理资产，并通过立法手段强制性措施倒逼金融业进行转型与创新，推动数据共享的行动就以开放银行为切入点如火如荼地展开。

欧盟开放银行肇始于银行传统的支付业务，其于 2015 年 11 月发布《新支付指令》（*Payment Service Directive*2，PSD2），该法案纳入两类新兴第三方支付服务提供商，并制定支付账户开放规则，规则要求银行必须把用户账户、交易数据开放给客户授权的第三方机构。2015 年，欧洲议会和欧盟理事会正式发布第二代"支付服务指令"（PSD2），并于 2016 年生效，制定了账户开放规则，为开放银行奠定了立法基础，旨在打造支付领域的全欧盟单一市场，其中要求银行向第三方机构开放支付接口。①

2016 年，欧盟退出《通用数据保护条例》（*General Data Protection Regulation*，GDPR），统一各成员国个人数据保护规则。通过赋予欧盟居民对个人数据的更多控制权，对包括银行在内的网络安全、数字经济提出严格监管和禁区，同时对违反条例行为规定巨额处罚机制。为欧盟开放银行的规范有序发展和欧盟个人数据保护提供保障。随后，欧洲其他国家也相继制定法律规范开放银行的发展，逐渐形成了全方位、多层次的法律监管。欧盟与欧洲其他国家制定的标准也成为引领其他国家开放银行发展的准则。

（二）英国

英国是全球践行开放银行的"先行者"。英国财政部于 2015 年 9 月成立开放银行工作组，随后发布了开放银行标准框架。2016 年英国财政部开放银行工作组发布《开放银行标准框架》（*The Open Banking Standard*），详细制定了开放银行的框架与标准，API 划分更加细致，各方当事人地位也规定得更加明确。

---

① 第二代"支付服务令"PSD2 要求欧洲经济区各国必须在 2018 年 1 月之前将 PSD2 转化为法律，这为欧盟的开放银行提供了立法基础。

2017 年，包括汇丰银行在内的 9 家英国银行率先探索向第三方合作机构提供银行营业网点地理位置信息的 API 接口，全面推广联合放贷业务，并于 2018 年 1 月 13 日起共享彼此数据，使英国成为首个落地实施开放银行理念的国家。2018 年 1 月 1 日，英国在全国范围内推行《开放银行标准》（*Open Banking Standard*），要求商业银行扩大数据共享和开放范围。截至 2019 年底，英国共有 10 家银行正式开放 API 接口，59 家第三方合作机构加入开放银行计划。

（三）荷兰、西班牙

荷兰国际集团（ING）下属的荷兰国际直销银行（ING DIBA）在开放银行的探索中创新地提出了账户整合的应用软件，拓展了客户资源，保护了客户数据，提高了数据应用和管理的效率，成为以金融科技为载体、发展出多元的功能的开放银行样板。

西班牙对外银行（BBVA）被视为全球开放银行的典型实践者。对外银行（BBVA）是西班牙第二大银行，也是欧洲第一家开放 API 的传统大银行，专注于数据能力的提升，除投资美国小企业销售及市场数据提供商 Radius、西班牙数据处理公司 Madiva Solutiones 外，对外银行（BBVA）于 2014 年正式成立大数据公司 BBVA Data & Analytics，从交易数据深度挖掘金融行为和人类社会活动的关系。BBVA 在数据能力的投入为其从传统银行向开放式银行的转变提供了至关重要的支持。对外银行（BBVA）拥有大量客户群及客户数据，通过数据分类与聚合挖掘银行数据的价值，实现了金融科技、金融银行和数据保护的协调统一，成为开放银行的"领头羊"。

2016 年，对于对外银行（BBVA）来说，确实是大丰收的一年。通过前期数据积累和沉淀，对外银行（BBVA）宣布上线了 Open API 平台，为金融科技公司提供其 API 接口，打造开放式银行，将在美国开展业务的 BBVA Compass 与 2014 年收购的美国纯数字银行 Simple 整合。然后在年底宣布与

Amazon Web Services 合作，以获得处理每天 5.42 亿笔交易的云计算能力，还与 CRM 领域巨头 Salesforce 合作，在西班牙完美实现全手机开户，对西班牙本国客户正式开放的 API Market（API 开放市场）极大地方便本国用户的借贷行为。

根据对外银行（BBVA）官网数据，截至 2019 年底，对外银行（BBVA）的 API 开放市场在西班牙、墨西哥、美国 3 个国家共计开放 12 类 API 接口，主要基于零售客群数据、企业客群数据、多渠道数据整合和支付贷款授权。

互联网联合贷款实际上是我国银行与金融科技企业顺应全球开放银行趋势的代表性实践。虽然开放银行是未来我国金融业发展的趋势，但国内开放银行的模式与国外不同，作为国际上率先推进开放银行发展的国家和地区，英国、欧盟通过立法、颁布标准规范等形式由政府牵头推动数据开放共享；而我国开放银行的发展是通过市场机制自发推动。行业机构普遍认为，目前我国发展开放银行的难点主要有以下几点：（1）现阶段缺乏数据管理机制来保证数据信息安全；（2）传统银行的文化不够开放；（3）多家合作方，可能会出现难以把控的风险点；（4）监管的标准难以把控。鉴于此，我国可借鉴英国监管沙盒的监管方式采取临时性监管来管控风险，在沙盒内针对部分机构试点不同类型的数据共享，在数据保护和共享之间做好平衡，从而不断完善数据共享机制。

三、美国开发银行实践

美国拥有强大且成熟的金融系统，在没有强势监管层介入的情况下，开放银行自发驱动并发展起来。美国金融机构与科技公司合作的方式主要是金融业与场景方基于市场需求而进行的融合。例如，高盛和苹果公司合作推出数字信用卡 Apple Card，苹果的硬件、软件和用户数据，与高盛的金融服务无缝连接，共同为双方素未谋面的海量用户提供全新体验的移动互联网消费金融服务。

（一）三大"基石"形成

美国开放银行三个层次构成了美国开放银行的基石：（1）在平台层，可以提供电子商务、支付、数字银行、财务信用管理、税务等一系列服务。在技术层，以数据聚合、支付支持、云服务和 API 接口的创新和发展为根基，为开放银行提供了强大的技术支持。平台层如 Mint，客户通过授权可在 Mint 网站上管理金融账户储蓄、抵押贷款、汽车贷款、信用卡、学生贷款、养老金和股票等。Mint 还提供增值服务，如消费者财务分析、财务规划和账单支付，为客户带来了极大便利，为客户增值创造了机会。（2）在账户层，形成了基金、银行、券商等多个金融领域并存的局面。（3）技术层扮演着金融机构与第三方平台之间的桥梁作用。账户层诸如花旗银行，将开放数据融入金融业务与服务中，提升了客户体验。2016 年 11 月美国花旗银行推出全球 API 开发者中心，其自建 API 平台能给予开发者便捷的应用体验，较为全面的关键数据支持，专注于风险控制能力的提升和数字服务的打造。截至 2019 年底，美国花旗银行通过开发者中心平台，来自全球的开发者可接入 11 个类别的 API，包括账户管理、资金转账、点对点支付、投资产品购买等。用户不仅可以使用花旗银行海量的数据，还可以利用 API 模块搭建自己的金融服务程序。平台使用者推动各类金融服务融入生活场景、行业场景，给消费者和企业持续创造价值，既强化银行内部底层 API 技术，同时推动基于银行业务的金融应用创新，被视为全球开放银行的典型实践者。

（二）推动 API 平台建设

美国虽然对传统银行实行强监管，但是对新兴的金融科技平台采取审慎宽松的监管政策，对开放银行的监管同样采取因时制宜、灵活监管的原则，鼓励金融科技创新，维护金融科技健康发展，其完善的征信系统也成为金融科技发展的重要保障。具体来说，美国通过颁布指导性政策意见赋予其自我调节的权力，规范金融数据的共享与整合。制定多部法案规范开放银行领域的发展，形成了相对成熟的保护金融市场消费者的监管模式。2010 年通过的《多德—弗兰克法案》对美国开放银行的监管起到了导向性的作用，特别是在用户数据库建立和保护方面发挥了重要作用。美国消费者金融保护局（CFPB）2017 年 10 月发布金融数据共享九条指导意见，保障向第三方共享数据时的用户安全。2017 年美国还发布了《财务数据共享指南》，进一步推动了消费者授权下的金融数据共享，鼓励金融创新，引导消费者更好地控制金融行为。2018 年，美国财政部建议消费者金融保护局能够根据《多德—弗兰克法案》，让消费者授权的第三方访问金融账户和交易数据。

四、印度互联网联合贷款实践

在印度，国有银行占据绝对主流地位，国有银行资产占整个国家银行业总资产逾三分之二，国有银行的服务对象主要是大型财团以及政府主导的基建项目，但绝大多数印度居民仍无法获得正规的银行金融服务。为此，印度储备银行（RBI）在 20 世纪 70 年代出台规定，要求所有商业银行，包括国有商业银行及私有商业银行，必须将总贷款额度的一部分提供给难以从正式渠道获得金融资金支持的部门，即优先部门（Priority Sector）专项贷款。专项贷款针对具有高风险、边缘化、盈利不稳定性的贫困人群和机构，具体包括农业小微企业、个体经济组织、贫困农户。

2013 年，印度非银行金融公司（NBFC）正式成立，并根据 1934 年《储备银行法》获得注册证（Certificate of Registration），专门经营业务是金融性质的公司，为在印度开展专门的业务做准备。2018 年，印度储备银行（RBI）制定了由银行和非银行金融公司（NBFC）共同提供专项贷款的框架，为印度传统国有银行与金融科技公司开展互联网联合贷款提供了法律支持。印度储备银行（RBI）规定所有指定的商业银行（不包括区域性农村银行和小型金融银行）都可与系统性重要的非银行金融公司（NBFC – ND – Systemicaly Important）共同对优先部门（Priority Sector），即农业、小微企业等弱势群体发起贷款，双方按不同比例出资，共担风险与收益。

商业银行与非银行金融公司互联网联合贷款是印度储备银行在非银行金融公司 NBFC 发生流动性危机之后引入的一种新系统，目的是增强向普惠金融群体的信贷流动。相比传统银行，非银行金融公司更注重用户体验，且成本低、覆盖面广、风控管理能力强。监管要求国有银行与非银行金融公司互联网联合贷款时，必须遵循的原则包括以下几点：

（1）共担风险与收益：非银行金融公司的风险敞口应不低于 20%，其余风险由银行承担。非银行金融公司应向国有银行承诺，其贷款金额没有向合作银行或合作银行的任何其他集团公司借款。

（2）了解您的客户（Know Your Customer）：共同发起的贷款人应遵守由银行监管部门（Department of Banking Regulation）及非银行监管部门（Department of Non – Banking Regulation）发起的 KYC/AML 指引。

（3）利率：双方可根据固定利率和浮动利率定价。非银行金融公司可灵活定价，而银行根据其风险偏好以及印度储备银行发布的规定，以合适的方式对其部分敞口进行定价。

（4）共同账户：国有银行和非银行金融公司开立一个第三方托管类型的共同账户，用于储存各自的贷款供款、支付以及贷款偿还。

（5）贷款批准：非银行金融公司应向银行推荐与互联网联合贷款相关的建议书。贷款方有权独立评估申请人的风险和要求。贷款协议将是三方性质，其中国有银行和非银行金融公司应作为借款人与客户签订贷款协议。[1]

---

① 参见：中国人民大学中国普惠金融研究院《"包容、审慎与前瞻"：联合贷款研究课题报告》（2020 年）。

第三节 联合贷款面临的行业风险与监管瓶颈

一、联合贷款行业风险

（一）违规风险

近年来，我国实体经济下行压力增大、信用风险上升，企业有效信贷需求不足与银行风险偏好降低，导致一定程度的资产荒。传统银行虽然资金充裕，但缺乏相应的场景数据支撑，更缺乏大量的客户群体。从客户需求和机构成长角度看，联合贷款模式无疑在推动传统金融机构转型升级、拓展获客能力、改善风控能力等方面发展发挥了很大的作用。但是，不少联合贷款模式逐渐走样，偏离其本源，各种业务"越界"、场景"异化"以及风控"甩手"问题也随之而来，使联合贷款业务滑向违规的边缘，滋生行业乱象。

虽然我国监管机构多次发文明确要求金融机构不得将授信审查、风险控制等核心环节外包，不能异化为单纯的放贷资金提供方，不得接受无担保资质的合作机构提供增信服务以及逾期资产代偿、兜底承诺等变相增信服务等，[①] 但是，在联合贷款业务中，金融机构与联合贷款机构签署"抽屉"协议、要求联合贷款机构风险兜底已经成为行业"潜规则"。因为在兜底条款下，银行机构可以比较安全地获得较高的固定收益，往往降低了对联合贷款机构的要求，甚至将风控等核心业务外包，对于联合贷款机构资金去向、风

[①] 2017 年 12 月 1 日，互联网金融风险专项整治工作领导小组办公室、P2P 网贷风险专项整治工作领导小组办公室，《关于规范整顿"现金贷"业务的通知》；2019 年 1 月 9 日，中国银保监会浙江监管局，《关于加强互联网联合贷款和联合贷款风险防控监管提示的函》；2019 年 4 月 2 日，北京市互联网金融行业协会，《关于联合贷款机构加强业务规范和风险防控的提示》。

控等方面也不做过多干涉。① 因此，在利润驱动下，商业银行和联合贷款机构都有可能合谋，突破上述监管规定，铤而走险。

（二）违约风险

借贷客户的违约风险是不可能完全规避的，资金方、联合贷款机构、增信机构合作联合贷款业务时，并不能完全避免违法合同风险，只能尽可能降低不良。由于借贷资金是由资金方百分之百发放的，这也是资金方不能将授信审查、风险控制等核心业务外包给联合贷款机构的主要原因。

虽然表面上联合贷款机构做第一道风控，银行、信托等金融机构做二次风控，但实际上银行往往会将核心风控交由第三方联合贷款机构来做，银行等资金提供方通常会要求联合贷款机构提供担保，这就有可能造成联合贷款机构出现风控工作审查不严，导致逾期、坏账增多，进而将风险向银行等资金提供方传导、扩散，自身风控流于形式，最后银行业金融机构只是充当了联合贷款机构的"钱袋子"，将系统性风险隐患留给了金融系统。

（三）监管风险

目前，虽然《商业银行互联网贷款管理暂行办法》没有明确联合贷款，但从金融市场实际情况看，目前全国各地开展联合贷款的机构依然不少。这些群体的借贷需求小额、分散，最少有借 500 元的，平均额度为 2 万 ~ 3 万元，很好地服务了社会中长尾客户，让资金流到实体经济，有效保证了疫情期间数以万计的小微企业、个体工商户的正常经营，保证了社会就业的稳定。

但是，地方监管部门对联合贷款模式并没有正式承认，依然存在担心和疑虑。于是，在金融市场实践中，监管机构大多表现为对联合贷款业务不鼓励，对开展联合贷款的商业银行、互联网金融平台不支持，目前暂时处于没有追究状态。显然，从法律监管上说，目前联合贷款业务在法律上依据不足，

---

① 李庚南：《对联合贷款的监管更待何时？》，载《新浪财经》，2018 年 10 月 21 日。

监管查处却有根有据。毫无疑问，这对开展联合贷款的互联网金融平台、商业银行、合作机构都存在较大的监管风险。

（四）法律风险

在直接联合贷款中，信托贷款与银行贷款两者具有独立性。如果联合贷款的担保方式为抵押，则信托公司和银行均应与抵押人签署抵押合同，并且信托贷款存续期间的抵押权人应为信托公司，银行贷款存续期间的抵押权人应为银行。但在实际操作中，为了简化手续，信托公司基本采取授权委托银行办理抵押担保手续的方式。银行在《联合贷款合同》中约定，联合贷款项下的抵押担保由银行一方办理并将抵押权人登记在银行名下，前期的抵押担保权益由信托公司和银行共同享有，后期的抵押担保权益由银行单独享有。这种约定在法律上是否有效，信托公司和银行的抵押担保权益最终能否得到法律保障存在不确定性。

在间接联合贷款中，由于借款合同和担保合同均为银行与借款人、担保人在信托公司未介入之前就已签署设定，当时并未预见将来会发生银信联合贷款，所签的借款合同和担保合同均没有将银信联合贷款业务种类纳入担保范围。由此将使整个联合贷款的抵押担保效力存在被担保人提起抗辩的风险。

间接联合贷款借款凭证不规范，债权存在划款证据不足的风险。在间接联合贷款中，银行扮演着代理人的角色，不论是信托贷款还是自营贷款，都是通过银行内部账户划付至借款人账户，借款凭证也都是以银行的名义向借款人提供，并且信托贷款与银行贷款两个阶段只有一张借款凭证。这种操作方式容易引起银信联合贷款是否已经发放的争议和担保人的抗辩。

由于商业银行仅在信托贷款发放时向借款人出具一张借款凭证，借款凭证上也未能反映信托贷款及自营贷款各自的期限，因此银行向借款人提供的借款凭证容易被误以为仅仅是信托贷款而没有银行的自营贷款，致使银行面临发放贷款证据不足之嫌，不利于商业银行主张贷款债权。

商业银行丧失可以不发放后续自营贷款的抗辩权利。一般情况下，在签署借款合同以后未发放贷款之前，如果借款人发生经营状况恶化、涉及重大违约等影响债权情形的，商业银行可以行使不安抗辩权而不发放贷款。但是在银信联合贷款中，如果借款人在信托贷款期间发生以上风险，银行却丧失可以不发放后续自营贷款的抗辩权利，此时无论借款人是否发生经营风险，银行都必须发放自营贷款用于置换信托贷款，否则信托贷款将发生逾期，导致无法按时返还投资人的到期收益，引起一系列的不良后果。

（五）道德风险

联合贷款机构的道德风险体现在与借贷客户串通，套取资金方的贷款资金，或者联合贷款机构为追求更高的服务费，故意降低推送给资金方的资产质量要求，盲目扩大贷款规模。因为资金方和联合贷款机构合作开展联合贷款业务过程中，商务合同并不能完全约束联合贷款机构的行为，所以，道德风险依然是联合贷款模式中一个重要的风险点。

（六）暴力催收风险

虽然我国监管层多次发文要求清理整顿现金贷和网络小贷的高利借贷、暴力催收、砍头息等问题，但从目前情况看，不少联合贷款机构其实就是在做现金贷业务，并无场景依托，这也就意味着存在砍头息、暴力催收等现金贷通病。例如，在21CN聚投诉上就可以看到不少借款人对联合贷款机构产品的投诉，其中不乏知名联合贷款的合作机构。这从侧面反映出，个别联合贷款机构存在暴力催收、砍头息、高利贷、高逾期费等问题必须要引起监管层重视，着手解决。

二、联合贷款监管瓶颈

（一）立法处于空白状态

目前，我国没有任何一部法律法规是调整联合贷款业务的。从现行法律来看，《商业银行法》只是调整商业银行业务规范的，并不单独针对联合贷款业务，对有商业银行参与的联合贷款业务也就无从监管。正因为联合贷款业务立法规范长期处于空白状态，联合贷款机构更容易被视为另类企业，不利于对联合贷款参与主体合法权益的保护，也不利于对联合贷款业务的监督和管理。例如，当前监管规定，各类机构以利率和各种费用形式对借款人收取的综合资金成本应符合最高人民法院关于民间借贷利率的规定。[①] 但问题是，联合贷款不同于民间借贷，两者并不能相互替代，共用一个法规，只会导致张冠李戴，把联合贷款与民间借贷或高利贷混为一谈，造成社会公众对联合贷款认知混乱，给联合贷款业务发展带来负面影响。

（二）存在"多头监管"问题

在联合贷款模式中，对资金方监管才是最主要的，监管机构应该针对商业银行进行重点监管，坚决管住资金的最后放款出口，起到提纲挈领的重要作用。否则，东也管，西也管，缺乏监管重点，抓不住联合贷款监管的主要矛盾，就会出现多头监管的问题。

（三）区域经营限制

现行监管体制注重属地化监管，如银行有全国性银行和区域性银行之分，区域性商业银行资金基本不会出省放贷。小贷公司则有普通小贷公司和网络小贷公司之分，普通小贷公司资金一般也不得跨区域。例如，原来监管规定城市商业银行或农村商业银行为代表的资金方都必须坚守"立足当地、服务当地、不跨区域"的行业定位，严格管控异地授信或跨区经营。[②] 2021年2月20日，中国银保监会下发《关于进一步规范商业银行互联网贷款业务的通

---

① 2019年4月2日，北京市互联网金融行业协会，《关于助贷机构加强业务规范和风险防控的提示》。

② 参见：北京市互联网金融行业协会《关于助贷机构加强业务规范和风险防控的提示》，2019年4月2日。

知》，进一步限制了异地开展联合贷款业务，地方法人银行开展互联网贷款业务的，应服务于当地客户，不得跨注册地辖区开展互联网贷款业务，严控跨地域经营。

因为互联网信贷交易很难做到不跨区域，不可能真正做到仅在本地区开展联合贷款业务，只会提高联合贷款机构经营成本，提高小微企业的融资难度。另外，这一新规主要是限制地方法人银行，诸如农信社、农村商业银行和村镇银行等，但依托联合贷款，对于互联网金融平台的限制作用就微乎其微了。诸如360数科等头部玩家的合作机构是多样化的，包括股份制银行、互联网银行、外资银行、直销银行、信托与消费金融等非银机构等均为其合作伙伴，《关于进一步规范商业银行互联网贷款业务的通知》所提及的地方法人银行受限因素带来的负面影响较小，并不会因为异地问题而陷入无法生存的境地。真正受到限制的反而只能是农信社、农村商业银行和村镇银行，它们受地域影响最大。问题是，这些农信社、农村商业银行和村镇银行才是真正解决农村经济组织资金问题的机构，限制这些合作机构并不利于缓解农村经济组织和农户的融资难、融资贵问题。

（四）模糊金融牌照问题

在新的生态模式下，金融分工细化、再细化，到了一定程度，就消解了金融牌照边界。比如说，风险审批属于持牌经营环节，金融机构不得将其外包，但风险审批也可细化为数十个步骤，每个步骤都涉及一堆合作方，这些合作方算不算涉足核心金融环节？金融牌照的模糊现象是否涉嫌无证经营？这些监管问题在2017年以来一直没有得到很好解决，无法真正缓解金融创新与现行监管之间的冲突。

这些监管瓶颈不过是新模式与现行制度不可避免的摩擦冲突，属于普惠金融发展中必然要面对的问题。

第四节　联合贷款主要模式与风险分析

一、联合贷款起源与特点

（一）联合贷款起源

早在 2007 年，阿里巴巴与中国建设银行、中国工商银行合作推出面向中小电商企业的贷款产品，是最早的联合贷款雏形。2015 年，微众银行与多家银行合作，正式以联合贷款的模式上线互联网小额信贷产品"微粒贷"。基于微众银行在互联网平台流量和技术上的优势，传统银行的微小客户触达难、单笔业务运营成本高等主要痛点得到有效缓解，金融服务的包容性显著增加。由此开启了一种数字化的普惠金融商业模式。

联合贷款是为普惠金融而生。一方面，我国目前经济发展阶段有很多长尾客户，传统银行在服务这部分客户的过程中往往面临客户触达难、运营成本高、信贷风险高等痛点，加上客户自身的原因，长尾客户很难获得传统银行的金融服务。而传统银行业在金融科技公司的冲击下，内外部竞争加剧，不得不开始注重通过改善客户体验，利用各种场景将业务向长尾客户拓展。另一方面，拥有金融科技公司加持的非银行金融机构在金融科技研发、产品创新方面探索精神更强，在金融科技的发展中走在传统银行前面，特别是在信贷中最主要的风控方面拥有较大优势。但是非银行业金融机构普遍受到资本金的限制、缺少传统银行搭建的基础服务设施、不掌握关键客户的强金融信息且面临不确定性的监管。金融科技的创新性和拥有的大数据没有得到充分发挥。

金融科技已经成为连接银行业务和服务长尾客户之间最有效的桥梁，联合贷款应运而生，成为传统金融机构与金融科技合作的重要形式，联合贷款具有非常广阔的市场和重要的普惠金融意义。

按照《商业银行互联网贷款管理暂行办法》的定义，互联网贷款是指"商业银行运用互联网和移动通信等信息通信技术，基于风险数据和风险模型进行交叉验证和风险管理，线上自动受理贷款申请及开展风险评估，并完成授信审批、合同签订、放款支付、贷后管理等核心业务环节操作，为符合条件的借款人提供的用于消费、日常生产经营周转等的个人贷款和流动资金贷款"。《商业银行互联网贷款管理暂行办法》允许商业银行与合作机构在营销获客、共同出资发放贷款、支付结算、风险分担、信息科技、逾期清收等方面开展合作，合作机构"包括但不限于银行业金融机构、保险公司等金融机构和小额贷款公司、融资担保公司、电子商务公司、第三方支付机构、信息科技公司等非金融机构"。按照《商业银行互联网贷款管理暂行办法》的规定，互联网贷款可以有商业银行自营、商业银行与合作机构共同出资的互联网联合贷、商业银行出资加合作机构助贷三种模式。

（二）联合贷款特点

在数字经济条件下，联合贷款是指两家或两家以上持牌放贷机构，双方基于共同的贷款条件和统一的借款合同，按照约定比例出资，联合向符合条件的借款人发放的互联网贷款。不同于助贷，联合贷款合作双方均需具备放贷资质和相关业务能力，因此不能单纯地认为助贷业务是联合贷款的一种极端模式。

类似于银团贷款的模式和原则，联合贷款合作双方也要遵循"信息共享、独立审批、自主决策、风险自担"等基本原则。不同于银团贷款，首先，在贷款主体上，银团贷款主要为项目贷款，因此在风险防控上对抵（质）押标的依赖度较高。而联合贷款以个人信用贷款为主，很少涉及抵（质）押担保等风控措施。其次，在作业方式上，银团贷款采取线下作业方式，而联合贷款采取线上作业方式，这导致两者在跨区经营、资金用途等方面的监管要求存在差异。最后，银团贷款主要由一家机构负责获客、贷前初审、贷款管理和回收，其他持牌机构在独立审批、独立决策并与借款人独立签署合同的基础上参与进来，而联合贷款合作双方在"独立风控、自主决策"的基础上，根据双方协议划分不同环节的信贷职责，双方可以同时进行营销获客、贷款管理和回收等操作，联合贷款本质上还是为客户提供一笔贷款，合作机构不必都与借款人签署合同，一方出面与客户沟通即可。

联合贷款的核心在于合多家机构之力，优势互补，降低成本，为长尾客户和小微企业提供融资解决方案，也助力金融机构数字化转型。联合贷款产品普遍具有门槛低、期限、额度灵活、方便快捷等特点。目前，大多数联合贷款产品为有场景的消费贷或是为电商平台上的个人经营者提供的贷款。由于小微企业的风险较难识别，目前针对小微企业的经营性联合贷款较少（见表2-1）。

表2-1　联合贷款特点

联合贷款机构	是否需要抵押	放款效率	借款期限	贷款额度	申请资格
针对小微经营者的经营性贷款					
蚂蚁金服—网商贷	否	最快3分钟	最高2年	最高100万元	支付宝个人经营者
针对小微企业的经营性贷款					
微众银行—微业贷	否	最快1分钟	最高3年	最高300万元	中小微企业法人
针对个人的消费贷					
度小满—有钱花	否	最快3分钟	循环贷	最高20万元	高成长个人客户

资料来源：网商银行官网、微众银行官网、度小满官网。

二、联合贷款的业务模式分析

（一）联合贷款机构及其优劣势

联合贷款合作双方均需具备放贷资质，因此可以从事联合贷款业务的机构包括：传统商业银行、民营银行、消费金融公司、信托公司以及小额贷款公司。不同机构具有不同的优势和劣势，而联合贷款的业务逻辑就是合作机构间基于专业分工和比较优势进行深度协同、优势互补。

传统商业银行是联合贷款的主体之一，其最主要的优势就是资金成本低，商业信誉好，规范审慎，风险管理理念好。而不同类型的传统银行在服务普惠金融群体时，却面临着不同挑战。对于大型国有控股商业银行来说，普惠经营性贷款的定价受到严格限制。2020年，面对国内外严峻的疫情形势，从国家层面要求国有商业银行小微企业贷款增速升至40%，并且强制性地规定综合贷款利率降下来，开展保本微利做普惠金融业务而不是以市场化利率的高利率业务。除此之外，监管要求合作方不能单独收取息费，在这种情况下，国有商业银行与市场化的机构联合针对小微企业贷款具有一定的困难。长期以来，小微企业贷款由于信用风险高、单笔收益低，国有商业银行的开拓力度有限。而在监管的要求下，国有商业银行将不断提升自身金融科技能力，通过大数据、人工智能等金融科技，实现批量化、自动化的授信审批。如果希望国有商业银行也能够通过联合贷款的方式服务更多的小微企业，则需要放松国有商业银行对普惠型贷款的利率管制。由于消费贷不纳入银保监会普惠贷款口径，因此消费贷利率并没有受到限制，目前国有商业银行参与的联合贷款产品主要为消费贷（见表2－2）。

表2－2　不同类型联合贷款主体的优势与劣势

联合贷款主体	优势	劣势
传统商业银行		
大型国有控股商业银行	资金成本低，品牌可信度高，规范审慎，风险管理能力强，金融科技水平高，议价能力强	普惠经营性贷款的定价受政策限制
全国性股份制银行	资金成本低，规范审慎，风险管理能力强，品牌可信度高	普惠性客户触达能力较弱
城市商业银行与农村商业银行	资金成本低，规范审慎，品牌可信度高	经营区域以本地为主，经营范围受限，部分中小行金融科技能力差

续表

联合贷款主体	优势	劣势
互联网银行	有互联网平台加持，场景和行为数据丰富，触达客户能力和金融科技能力强	资金成本较高，缺乏客户的收入流水、资产负债、信用历史等强金融数据
消费金融公司	数据分析、客户运营、风控、流量获客等方面能力强	资金成本比大行高，但是与中小银行（民营银行，村镇银行）差不多，强金融数据不足
信托公司	可以在全国范围内开展业务。相比较于传统银行，有更多处置不良资产的手段，对利率不是很敏感可以服务更加下沉的客户；在服务小微企业时，产品额度更大，放款周期更长（最长可达 10 年）	资金成本较高，缺乏客户的收入流水、资产负债、信用历史等强金融数据
小额贷款公司		
有场景加持的小贷公司	线上获客能力强，前端灵活度高	行业印象相对较差，合作过程中议价能力弱，杠杆受限程度高
无场景加持的小贷公司	获客能力强，线下风控经验丰富	没有强大的场景加持，拓展业务难度大，成本高

相比于国有商业银行，全国性股份制银行在科技创新方面滞后，缺乏丰富的场景，客户触达能力不足。而区域性城市商业银行与农村商业银行不仅存在上述与股份制银行相同的挑战，其经营业务范围还受到地域的限制。因此，股份制银行、城市商业银行和农村商业银行更加需要借助与金融科技平台合作进行联合贷款的机会进行弯道超车，在拓展业务范围的同时对自身进行数字化升级。

商业银行与互联网银行联合发放贷款是最常见的业务模式。互联网银行属于民营银行，受限于自身吸储能力，其资本成本相对于传统银行来说较高。但是，目前我国互联网银行背后都有互联网平台加持，可受益于平台的场景、流量和海量的行为数据，在客户触达、大数据和人工智能的运用等方面具有绝对优势。这种传统银行与互联网银行的组合可以充分发挥大银行和小银行的各自优势。

除了与互联网银行合作外，传统银行与持牌的消费金融公司联合发放消费贷款也比较普遍。在这一合作模式中，银行作为资金主体和授信主体，消金公司作为获客渠道，并提供技术支持，二者的合作可以形成优势互补。消费金融公司的主要优势体现为数据分析能力、风控能力、客户运营能力以及流量获客能力都较强。而消费金融公司面临的挑战是监管对杠杆率的限制。根据《消费金融公司试点管理办法》相关规定，持牌消费金融公司"资本充足率不低于10%"，且 ABS 不得出表，并表后由于杠杆率的限制，行业整体放贷规模受限。而通过联合放贷业务，持牌消费金融公司可以在保证合规的前提下，继续做大放贷规模，有效地解决了监管对于杠杆率的要求。

小贷公司在与银行联合贷款的过程中，其优势主要体现在获客和前端灵活度上。但是小贷公司杠杆受到严格限制，没有充足的资本金，联合贷款业务的体量也相对较小。对有互联网平台加持的头部小贷机构来说，在品牌和技术上更容易得到银行的认可，且获客成本较低，拓展业务能力强。而对传统线下小贷公司来说，背后缺乏强大的场景，拓展业务难度大，同样的合作场景，无互联网场景加持的小贷公司需要付出的成本和时间远高于其他机构。

在金融实践中，不同机构在筛选合作伙伴时大都遵循的第一原则是合作方必须是持牌机构，有放贷资质。此外，在选择合作方时会甄别对方的能力以及合作是否符合自身发展战略。目前，行业头部效应明显，大银行与具有互联网头部平台加持的互联网银行分别具有资金端和资产端的优势，在与其他机构合作过程中，更加具有话语权；而中小银行、没有互联网平台加持的民营银行和小贷公司则在合作过程处于相对弱势地位。

（二）联合贷款业务流程剖析

如图 2-1 所示，线上联合贷款合作流程主要包括贷前的外部平台获客环节、贷中的风控与授信、电子面签、贷款资金拨付以及贷后管理和贷款本息偿还五个环节。

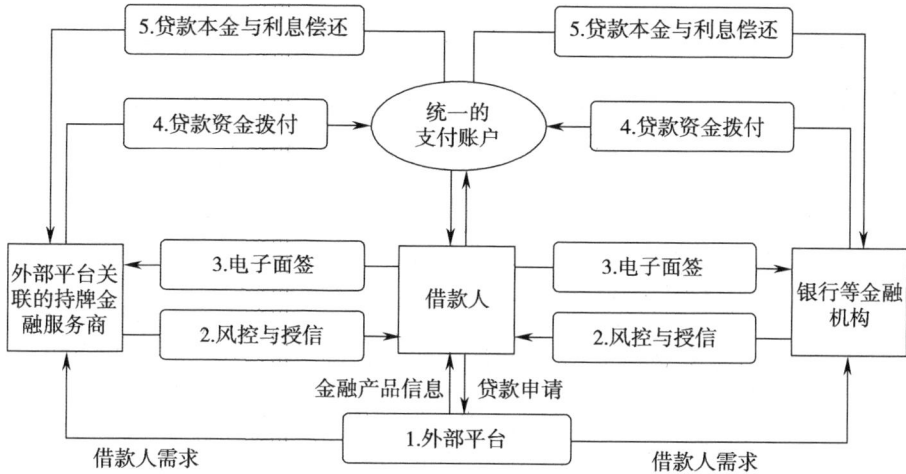

图 2 - 1　联合贷款业务的合作流程

1. 营销获客

在贷前合作环节，合作双方可以同时进行营销获客，具体哪一方主要负责获客，双方需要根据实际情况商议决定。但在金融实践中，拥有互联网平台场景的一方，如依靠腾讯场景的微众银行和依靠阿里场景的网商银行等，这些联合贷款合作机构在获客方面更加具有优势。依托其各自股东生态中的商业场景、客户流量、数据沉淀，并通过大数据和人工智能等手段，这些机构能够相对容易地触达有贷款需求且信贷资质良好的潜在客户，并将这些客户推送给商业银行进行评估，分享申请者授权过的申请信息、基本资料及相关风险评估结果。而商业银行往往会将征信数据分享给联合贷款合作机构。合作双方根据自身风险偏好、准入标准以及政策规则分别独立对客户的信用状况、偿债能力、风险等级方面进行评估，各自作出独立信贷决策，最终对双方都审批通过的客户给予联合授信。

在多层联合贷款业务中，也可以通过第三方平台进行获客。在实践中，不具有放贷资质但是具有场景和流量的平台将优质客户推荐给具有放贷资质的联合贷款合作机构，合作双方同时对平台推荐的客户进行风控和授信。以商业银行与信托公司在汽车消费金融领域进行联合贷款业务为例（见图2－2），外部平台扮演助贷角色，将客户推荐给商业银行与信托公司，商业银行与信托公司作为联合出资的双方，分别对客户进行独立风控和受托支付。此种模式中，客户需要将车辆抵押给资金方。尽管需要在线下进行车辆抵押登记，但是核心风控环节都是通过线上完成。这是最大的贷款特征。

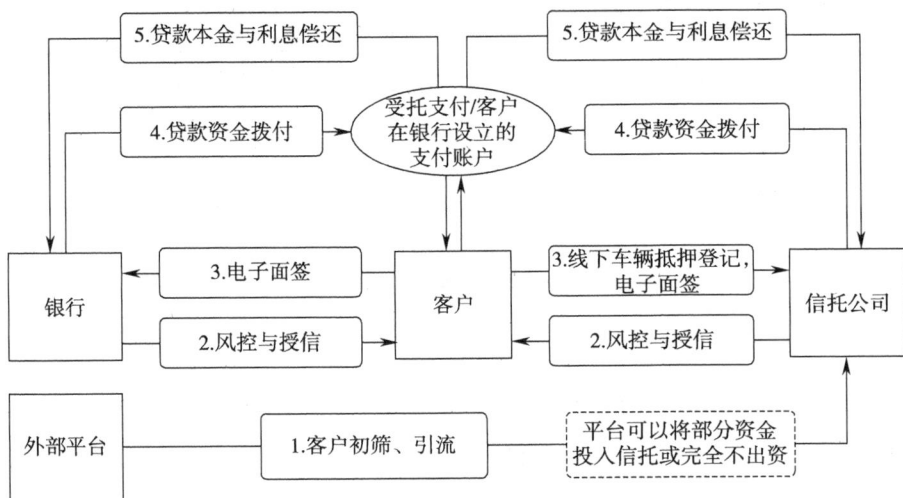

图2－2 汽车消费金融联合贷款模式

在营销获客环节，合作双方都会在相应产品中，向客户充分披露贷款信息，包括贷款条件、贷款主体、实际年利率、年化综合资金成本、还本付息安排、逾期清收、咨询投诉渠道和违约责任等基本信息。合作双方定期调整风控模型，对客户标准有了较为一致和清晰的认识，客户的审核通过率会不断升高，避免客户总在信用审核过程中，一方面联合放款的成功率降低，另一方面也是对客户的侵扰，客观上会对客户征信造成损失。因为如果合作双方对客户的匹配度不高，客户就会被多个金融机构进行征信查询，提升了客户日后在银行贷款的难度。因此，限制有些商业银行对查询次数有要求，防止借款人的查询次数太多，会被商业银行认为是负债压力大，影响信贷通过率。比如某款贷款可能要求最近一个月内最高查询次数不得超过4次。

2. 出资比例

在出资比例方面，联合贷款合作双方会就实际情况进行协商。一般情况下，传统银行由于具有资金优势出资比例较高；而联合贷款合作机构由于受到自身资本金的限制，出资比例较低。商业银行如果信任平台或对资产的渴求的程度高，出资比例往往比较高；如果商业银行认为合作的风险比较大，则会要求合作机构的出资比例相对高一些。

就出资比例方式而言，市场上既有固定出资比例也有浮动出资比例。固定出资比例即对于每一笔授信，合作双方都按照协议中协商好的比例进行自己拨付。而浮动出资比例则是对不同的客户都按照风控结果和各自风险承受能力来安排出资比例。如果银行的评估结果认为客户风险很低，则出资比例会高一些；如果评估结果显示客户为高风险，银行出资比例会少一些。从这个角度看，互联网联合贷的出资比例实际上也是风控的一种措施。

目前，银团贷款对牵头行的出资比例进行了约束。银团贷款单家银行担任牵头行时，其承贷份额原则上不得少于银团融资总金额的20%。而监管对联合贷款合作双方的出资比例并没有进行限制，允许合作机构按市场具体情况商议决定。部分机构认为具体双方比例的划分应该通过市场机制去自动调整，监管对出资比例不应该加以限制。另一部分机构认为应该对出资比例区间进行管理，监管应该对合作双方制定最低出资比例要求。

3. 风控机制：信息共享、独立风控、自主决策、风险自担

联合贷款的主要优势之一就是合作机构双方通过信息共享来更好地进行风控，在经过客户授权、保护客户隐私前提下进行必要的数据共享。银行拥有客户的强金融数据（如客户的收入流水、资产负债、信用历史等数据），联合贷款机构则大多拥有客户在互联网平台上的行为数据，合作双方的数据辅之以人民银行的征信数据，第三方数据（如税务、法务、工商、医保）或过往留存下来的数据，则能够从相对全面的维度对普惠金融客户的风险进行评估。

在实践过程中，不同的合作主体数据的开放程度不同。有些银行不会分享任何数据给联合贷款合作机构，只会向其说明客户审核未通过的原因；合作机构也不会将客户在平台上的交易结算数据直接分享给银行，而是为银行提供申请、贷款信息以及风险评估结果。有的合作机构之间数据开放程度可能相对高一些，双方甚至可以联合建模。尽管出资机构可以利用合作方的数据进行辅助风控，但是合作机构具有独立决策权和独立的风控体系。出资方按出资比例承担相应风险，不要求其他机构进行兜底或者担保。在贷款发放前，合作双方均可通过移动互联网大数据手段监控用户的账户风险、信用风险和交易风险，对存在风险的客户选择拒绝发放贷款。[①]

4. 清算账户的运用与利润分配比例

审核通过的客户可进行电子面签，为了顾及用户体验，客户只需在联合贷款合作双方中的一方进行电子面签，但是合同上会充分披露合作机构信息并强制客户阅读。面签后，客户可在核准的额度内在线支用贷款。每笔贷款均由合作机构与金融机构按照约定比例分别出资、统一发放。贷款发放账户既可能是客户在银行或合作机构的账户，也可能是通过第三方支付账户在获得联合贷款合作双方的贷款后统一发给客户。无论是哪种账户，客户感知上都只是收到一笔贷款。

客户进行本息偿还的账户既可能是发放贷款的账户，也可能是另外一个独立账户，即收支两条线。在利润分配的过程中，分润按照双方的出资比例以及在贷款环节中承担的成本进行分配。例如，如果联合贷款合作机构在营销获客和贷后管理方面承担主要的角色，付出了更多的成本，在利润分配过程中不仅可以获得相应的贷款利息，还会获得一定的技术服务费。

5. 贷后管理

在贷后管理环节，联合贷款合作双方通过建立风险监测预警模型以及自

---

① 参见中国人民大学中国普惠金融研究院《"包容、审慎与前瞻"：联合贷款研究课题报告》（2020 年）。

身风险管控策略进行动态监测管理，对客户违约可能性进行实时预警，并引入必要的人工核查的干预。及时与合作金融机构交换高风险客户等信息，对高风险客户实时采取降额、清退等方式进行管控。针对催收策略，双方共同商议决定，既可以同时进行催收，也可以委托更加了解客户的一方首先开展催收，并将催收信息、结果及时同步合作金融机构。双方定期对催款回收效果及策略进行回顾，动态调整催收策略。对于催收无效的贷款，双方共同商议不良资产处置办法。调研发现，目前银行的零售业务处置起来比较困难，互联网资产难以转让，缺乏健全的核销机制以及不良资产流转的机制。

（三）无增信措施模式与有增信措施模式

根据联合贷款业务流程中是否有增信机构参与，联合贷款业务的模式可以分为无增信措施模式与有增信措施模式，参与主体以保险公司和融资担保公司为主。这两类公司的特点是具备增信资质、具备开展增信业务的能力。

2017 年国家互联网金融整治办及网贷整治办联合发布的《关于规范整顿"现金贷"业务的通知》（141 号文）文件要求银行业金融机构"不得接受无担保资质的第三方机构提供增信服务以及兜底承诺等变相增信服务"，为保险公司、融资公司和担保公司参与互联网贷款业务提供了政策基础。在银行与小贷公司合作的过程中，银行会要求保险公司而非担保公司来担保，而事实上只有极少数保险公司愿意提供信贷担保保险。没有保险公司支持，绝大多数商业银行不愿意接受民营融资担保公司的担保，而国有融资担保公司则专注于大额贷款担保业务。目前保险公司及担保公司并无从事个体工商户经营性贷款相关资信审核的系统经验，故不具备提供保险或担保的专业能力，进而限制了其为个体工商户经营性贷款提供担保或保险增信的意愿。

（四）联合贷款业务商业逻辑判断

从商业逻辑来看，联合贷款业务的营收源自于借贷客户的借贷利息，利息收入能够使合作双方的营收均有所增加。联合贷款提供了一种互利共赢的市场机制，传统商业银行的资金渠道多，资金成本低，但长尾用户数据少，数字风控能力相对不强；互联网平台或金融科技机构则相反，拥有触达长尾客户的丰富场景，还有互联网生态下的海量行为数据，以及大数据风控技术，唯独资金规模不足。以蚂蚁金服产品为例，花呗和借呗服务的客群中，分别有65%和50%左右没有银行信用卡；网商银行服务的小微企业客户中，80%以上未在传统银行获得过经营性贷款。但通过后期与商业银行合作放贷，使100%的客户都可以轻松得到信贷资金。

显而易见，通过双方的合作，优势互补，可实现真正意义上的普惠金融。通过与互联网平台合作让信贷服务与下沉场景对接，对商业银行来说，可以大幅降低获客成本；对合作机构来说，可以显著增加服务客户的规模。所以，商业银行、互联网银行、消费金融公司以及小额贷款公司等机构与互联网合作机构的联合贷款业务符合商业逻辑，确实可以让更多小微企业和长尾消费者获得信贷服务。

三、联合贷款风险控制

联合贷款合作方开展联合贷款业务的流程主要包括合作前协商、贷前合作、贷中合作、贷后合作四个阶段。每个阶段都有比较容易暴露业务风险的薄弱环节，需要予以重点关注并加以控制。

（一）合作前协商阶段

（1）对于合作机构选择环节的业务风险，可以事先建立合作机构准入名单管理制度，明确合作机构的甄选标准，制定评估流程，减少不符合标准的"合作机构"浑水摸鱼的可能。（2）对于合作协议签订环节的业务风险，可在合同中从风险与收益相配的角度约定联合放贷合作双方的权利与义务，避免在联合放款过程中遇见不必要的纠纷，保证联合放贷的顺利。（3）对于联合贷款产品环节的业务风险，约定合适的产品设计原则，使产品适合供给方的能力和符合需求方的需求。（4）对于市场运营与管理环节的业务风险，必须严格按照监管部门对金融机构杠杆率、集中度风险、地方法人机构跨区业务、单个合作机构依存度四个方面的要求，遵循市场规则，不能超越监管红线。

（二）贷前合作阶段

联合贷款合作方的一方或双方，分别与二级合作机构、三级合作机构，甚至更多层级的合作机构开展合作的，如"助贷＋联合贷款"模式，其业务环节远比仅有两方的合作模式更为复杂，因而业务风险也会叠加呈现。这就要求联合贷款合作方需要清楚了解并严格把控多层级合作模式的各类风险。此外，如风控能力、资本条件等相对较弱的金融机构参与到联合贷款的合作中，则需要重点关注此类金融机构对合作方的选择，尽可能避免因逆向选择而形成"弱弱联合"的情形。[1]

表2-3　联合贷款的业务风险[2]

业务流程	业务环节	业务风险	风险管理方法
合作前协商阶段	合作机构的选择	联合贷款合作方并未建立合作机构的甄选机制，没有明确的标准或程序，没有执行相关的评估流程，不具备合作机构的甄选能力	合作机构准入与名单制管理
	多层级合作机构的管理	联合贷款涉及多层级合作机构的，主要合作方之间并未建立双方多层级合作机构的管理机制，且未严格区分有无放贷资质的多层级合作机构的合作边界	延伸性名单管理

---

① 参见：中国人民大学中国普惠金融研究院《"包容、审慎与前瞻"：联合贷款研究课题报告》（2020年）。

② 注：王硕制表。

业务流程	业务环节	业务风险	风险管理方法
合作前协商阶段	合作方式的约定、合作协议的签订	联合贷款合作方对合作方式、协议内容等的商讨更多屈从于双方市场地位，而非从风险与收益相匹配的角度出发	合作协议必要条款管理
	贷款产品的设计	联合贷款合作方对贷款产品的设计，包括额度、期限、息费等，未遵循负责任的原则	合适的产品设计原则
	重要风险的管理	集中度风险、金融机构杠杆率、地方法人机构跨区业务、单个合作机构依存度、反欺诈、反洗钱等	重要风险合理区间或表单管理
	其他违规操作的管理	联合贷款合作方需严格规避的违规操作，包括为合作机构自身或关联方直接或变相融资、变相兜底、非法催收等	重点违规操作表单管理
贷前合作阶段	营销	联合贷款合作方出现通过非法渠道和方式进行营销，虚假宣传，未充分做好信息披露，未遵循风险数据授权与收集的要求等营销问题	合规营销管理
	客户引流	联合贷款合作方并未充分尊重和保障贷款客户的知情权和自主选择权	客户保护原则
贷中合作阶段	风控数据与信息科技的管理	联合贷款合作双方，或其他多层级合作机构，未做好风险数据来源、使用、保管、校验等的管理，以及未全面把控系统安全、网络安全、客户端安全、数据安全等风险	风控数据与信息科技的管理
	风控与授信	联合贷款合作方未建立完整而清晰的风控流程，或将贷款核心风控环节委托给没有放贷资质的多层级合作机构，或其风控模型未经历市场或经济周期的检验等	独立风控原则，风险模型管理，贷款核心与关键业务环节管理
	担保增信的合作	联合贷款合作方与无担保资质和不符合信用保险和保证保险经营资质监管要求的合作机构合作，接受其提供的直接或变相增信服务	担保增信资质的查验

业务流程	业务环节	业务风险	风险管理方法
贷中合作阶段	电子签约	联合贷款合作方需在我国现存法律框架下与贷款客户开展贷款合同的签订,如《中华人民共和国合同法》《中华人民共和国电子签名法》等法律法规	贷款核心与关键业务环节管理
	贷款发放	联合贷款合作方未建立标准化的贷款资金拨付流程,或与多层级合作机构合作过程中,将资金发放工作委托给无放贷资质的合作方,以及未建立清晰的资金流向或贷款用途的监测或管理机制	贷款核心与关键业务环节管理
贷后合作阶段	违约风险监测与预警	联合贷款合作方未建立违约风险监测与预警机制	贷款核心与关键业务环节管理
	贷款清收	联合贷款合作双方,或其他多层级合作机构,委托第三方机构开展清收工作的,未建立清晰的合作边界	贷款核心与关键业务环节管理
	收费	联合贷款合作双方,或其他多层级合作机构未依照相关规定收取息费	合适的产品设计原则
	不良资产处置	联合贷款合作方未建立不良资产处置方案	贷款核心与关键业务环节管理
	客户投诉的处理	联合贷款合作方未建立完善的客户投诉渠道与处理机制	客户保护原则

而对表2-3所示的比较容易暴露业务风险,通过建立合规营销管理的方式进行严格管理,做好充分的信息披露,遵循风险数据授权与收集的相关要求。对于客户引流环节的业务风险,充分尊重和保障贷款客户的知情权和自主选择权,不可强迫客户,也不能隐瞒有关真相欺骗客户。

(三)贷中合作阶段

如表2-3所示,在联合贷款的贷中合作阶段,风控数据与信息科技的管理、授信、担保增信的合作、电子签约、贷款发放是容易出现风险的环节。

（1）对于风控数据与信息科技管理环节的业务风险，可通过建立特殊业务的管理机制，做好数据来源、使用、保管、校验等管控，全面把控系统安全、网络安全、客户端安全、数据安全等可能的风险。（2）对于授信环节的风险，必须遵循独立风控原则，对贷款核心环节要建立风险模型方式管理，利用风控模型和数据进行管理，形成完整而清晰的风控流程，避免经验主义，防止道德风险。（3）对于担保增信合作环节的业务风险，主要是对担保增信机构的资质从严审查，防止没有增信资格的机构滥竽充数。（4）对于电子签约环节的业务风险，遵循《电子商务法》规定，应当以显著方式提请借款人注意，不得将搭售性服务作为默认同意的选项。按照约定向借款方收取服务费用的，应当明示服务费用退还的方式、程序，不得对服务费用退还设置不合理条件。（5）对于贷款发放环节的业务风险，在贷款核心与关键业务环节管理的框架下，建立标准化的贷款资金拨付流程，建立清晰的资金流向或贷款用途的监测或管理机制。

（四）贷后合作阶段

如表2-3所示，在联合贷款的贷后合作阶段，诸如违约风险监测与预警、贷款清收、服务费收取、客户投诉与处理、不良资产处置的风险，也是经常遇到问题的环节，必须时刻警惕。（1）对于违约风险监测与预警环节的业务风险，可通过建立风险监测与预警机制，提高联合贷款合作方对风险的识别能力。（2）对于贷款清收环节的业务风险，一方面应建立合规的催收程序，避免非法催收情况的发生；另一方面，对催收外包机构的审查也必须严格执行，对过去有暴力催收问题的机构一律不再合作，选择守规矩、懂法律的催收机构。（3）对于服务费收取环节的业务风险，按照信贷产品设计原则，严格遵循合同以及相关法律规定对服务费用收取，严格禁止对息费的收取或变相收取。（4）对于客户投诉处理环节的业务风险，在遵循客户保护原则的基础上，尽可能畅通与客户的沟通渠道，及时处理客户投诉。（5）对于不良资产处置环节的业务风险，可通过与专业的不良资产处置机构合作，制订处置方案。需要特别指出的是，在贷中和贷后合作中，凡涉及贷款核心与关键业务环节的，要以有无放贷资质作为判断条件，建立隔离机制，划定业务边界，明确委托业务或外包业务的合规底线。

第五节　联合贷款监管原则

一、包容性监管为主、审慎性监管为辅原则

"包容性监管为主，审慎性监管为辅"原则就是包容性审慎监管。简单来说，就是在守住不发生系统性风险底线的同时，探索一套既具有规范性又有灵活性的监管方式，在保障资金安全、信息安全和人身安全前提下，打造创新业态环境，适应金融市场日新月异的变化，保持监管政策和执行标准的公平性、一致性，而不是一味地从严管束。

我们知道，联合贷款业务具有混业经营特征，一般涉及或嵌套多项金融业务，形态多样易变。在这种情况下，如果监管者简单地采取"一刀切"方式处置联合贷款创新业务，必然会对联合贷款业务造成误伤。因此，监管机构要充分考虑互联网金融业务和机构之间的各种差异，具体业务具体对待，采用包容的监管策略对待创新业务，用柔和的监管手段化解市场冲突，充分考虑互联网金融业务和机构之间的各种差异，在保障资金安全、信息安全和人身安全的前提下，给予联合贷款机构一定的创新空间，适应科技金融日新月异的变化，打造宽松监管环境，防止联合贷款业务"胎死腹中"。

二、主体法律地位平等原则

主体法律地位平等原则，是指所有参加联合贷款业务的主体，无论自然

人或法人，无论何种所有制形式，无论经济实力强弱，在法律地位上一律平等，任何一方不得把自己的意志强加给另外一方，所有参与信贷活动的主体都受到法律的平等保护。

主体法律地位平等原则不仅与现行《民法通则》第三条、《合同法》第三条规定的"当事人在民事活动中的法律地位平等"原则相一致，与《电子商务法》第四条确立的"线上线下平等对待"原则相通，而且与新颁布的《民法典》第四条"民事主体在民事活动中的法律地位一律平等"的立法精神也完全吻合，可以改变目前联合贷款合作机构受歧视的窘迫境地，符合未来法律监管趋势，有利于弥补交叉型金融业务的监管漏洞，避免监管套利的发生。

三、一致性原则

一致性原则，是指消除不必要的地区监管歧视，减少阶段性监管差异，通过提高信息披露透明度和公开性，最大限度地让监管尺度保持前后连贯和一致。以地区监管歧视为例，监管部门不分监管对象所在区域，监管措施一视同仁。以阶段性监管为例，监管部门不分时间前后，监管尺度始终如一，体现出公平、公正的精神。

贯彻一致性原则，无论是商业银行还是金融科技公司抑或是消费金融公司等合作机构，既不存在阶段性保护、临时性放松问题，也不是政治运动式的"一阵风"的监管方式。任何主体遵循同一条法律规则，有效防止对金融消费者的套利，监管部门真正负起"市场守夜人"职责，跟上互联网时代步伐，提高金融市场监管标准，让监管前后一致原则真正成为联合贷款行业的一条"铁律"。

四、意思自治原则

意思自治原则，是指联合贷款的参与主体从事联合贷款活动，在法律允许的范围内可以按照自己的自由意志决定缔结民事法律关系，签订双方认可的合同（协议）并设定权利和承担义务，任何机关、组织和个人不得非法干预，充分尊重所有参与主体的自主选择。

由当事人共同约定的意思自治原则，符合《民法典》第五条"民事主体从事民事活动，应当遵循自愿原则"的立法宗旨，其合理性还在于，它能体现联合贷款双方当事人（机构）的真实意思，符合"自愿"和"契约自由"的原则，既有利于商业银行预知自己行为的结果，使合同关系更具确立性和稳定性，也符合商业银行、合作机构追求利润目标。在联合贷款活动中，意思自治原则更多地表现为对合同关系的共同签署、对联合放款利率的共同约定、对联合贷款期限的共同限定以及对联合贷款收费标准的共同认可。因此，意思自治原则应该成为联合贷款法律适用的一条重要原则。

第六节　联合贷款的监管建议

一、尽快确立联合贷款法律地位

目前，联合贷款监管中最关键问题就是法律地位不清晰，直接导致联合贷款机构鱼龙混杂、违规操作，不断推高联合贷款利率。近年来，我国虽然颁布了不少规范互联网金融业务法规，其中也涉及联合贷款业务，但一直没有明确联合贷款业务的法律地位、定义以及监管原则等内容。例如，2008 年 5 月颁布的《关于小额贷款公司试点工作的指导意见》（23 号文），也只是对小贷公司进行了规范，没有涉及联合贷款业务。2017 年 12 月 1 日，互联网金融风险专项整治、P2P 网贷风险专项整治工作领导小组办公室下发的《关于规范整顿"现金贷"业务的通知》（141 号文），主要是进一步规范银行业金融机构参与"现金贷"业务，规定银行业金融机构与第三方机构合作开展贷款业务的，不得将授信审查、风险控制等核心业务外包。银行业金融机构不得接受无担保资质的第三方机构提供增信服务以及兜底承诺等变相增信服务，保证第三方合作机构不得向借款人收取费用，并没有涉及联合贷款业务。2018 年 12 月 19 日，互联网金融整治办、网贷整治办于联合发布的《关于做好网贷机构分类处置和风险防范工作的意见》（175 号文），主要是针对需要退出网贷行业的 P2P 机构，监管部门为其转型作出指导，允许有条件的合规机构转型为网络小贷公司或为持牌资产管理机构导流等，也没有涉及联合贷款问题。2020 年 7 月颁布的《商业银行互联网贷款管理暂行办法》中也没有明确联合贷款的法律地位，相反，正式文本还取消了《征求意见稿》中的"联合贷款"的字样。

因此，在立法层面上，应尽快确立联合贷款机构的法律地位，完成联合贷款业务制度性安排，加强对联合贷款业务监管，明确联合贷款各个参与主体的权利与义务，统筹协调联合贷款法律关系，增强对联合贷款业务的法律依据和监管效力。只有这样，联合贷款各类参与主体才能在明确的监管政策指导下开展业务，让联合贷款业务越来越健康。

二、个人授信额度需要细分

《商业银行互联网贷款管理暂行办法》第六条第一款规定了"单户用于消费的个人消费信用贷款授信额度应当不超过人民币 20 万元"的限制。但是，对于个人消费信贷具体的额度和期限，市场中一直存在不同的声音。北京银监局曾经提出"原则上发放金额不超过 100 万元、期限为 10 年以内的个人综合消费贷款"的监管要求，在实践中也受到了小微企业的称赞。

市场上互联网个人信用贷款分为消费贷和经营贷（个人经营贷、小微企业贷）。对于消费贷来说，30 万元信用贷款依然是不够的，尤其对小微企业而言，30 万元的额度更显得金额不足，在征求意见稿中，消费贷上限为 30 万元。目前市场个体工商户、小微企业大多是 50 万元授信规模，30 万元经营贷并不多见，有一定的局限性，限制了客群选择。由于当今很多消费贷款也是被赋予多样化的用途，而不仅仅是日常生活消费，因此，对于单户个人经营贷授信额度建议可以适当上调至 50 万元，更加贴近市场和被小微企业、个体工商户接受。

三、适度放宽合作机构增信准入条件

目前，《关于规范整顿"现金贷"业务的通知》（141 号文）明确规定银行业机构不得接受无担保资质的第三方机构提供增信服务及兜底承诺等变相增信服务。虽然立法原意是为了防范无信贷风险识别能力、无担保能力的线上消费金融机构等为现金贷等提供超杠杆的增信服务，预防商业银行接受无担保资质和无信用保证保险资质的合作机构提供的直接或变相增信服务，但也限制了具备评估小微企业风险能力的融资担保公司、小贷公司与商业银行的合作，同时阻断了小微企业、个体工商户可行的融资渠道。

商业银行往往是要求保险公司而非担保公司来担保，而事实上只有极少数保险公司愿意提供信贷担保保险。商业银行和小贷公司无法找到合适的保险公司承担此类业务，也就无法开展联合贷款业务。如果没有保险公司支持，绝大多数传统商业银行都不愿意接受民营融资担保公司的担保，而国有融资担保公司则专注于国有企业的大额贷款担保业务，不仅缺乏从事个体工商户经营性贷款相关资信审核的经验，也没有意向开展小贷公司担保业务，这大大限制了为个体工商户经营性贷款提供担保或保险增信的意愿。

然而，一旦增加担保公司或保险公司，归根到底是增加了保险费用，实质上增加了小微企业、个体工商户的融资成本，这与政府号召全社会进一步降低小微企业融资成本的政策方向相背离。

四、改变联合贷款收费方式

从法理上讲，商业银行和合作机构是民事法律主体之间的合作关系，而不是代理关系。合作机构通过自身劳动获得报酬，是合作机构与借款人之间的一种民事法律关系体现，双方不是代理关系（代理机构只能向委托方商业银行收取费用而不能直接向客户收取费用），加之合作机构更不是慈善机构，在收取费用问题上就不能过于严苛。

正因为资金方和联合贷款机构关系是民事法律主体之间的合作关系，在联合贷款业务过程中，双方建立在意思自治基础之上的贷前合作、贷中合作、贷后合作，既不是代理关系［代理机构只能向委托方（商业银行）收取费用而不能直接向客户收取费用］，也没有损害金融消费者合法权益，联合贷款机构通过自身的劳动获得的报酬，是联合贷款机构与借款人之间的一种民事法律关系体现，联合贷款机构收取费用也是合乎情理的。合作机构收取费用方式不应该采取"一刀切"的法律规定。对于没有持牌的机构规定不能收取任何费用是可以理解的，但对持牌机构也不能收取费用就不尽合理。所以，不允许联合贷款机构向客户收取一定费用的规定并不可取，不仅直接导致联合贷款机构无法有效延续生存下去，而且也有违民法总则的契约自由精神。关于联合贷款机构的费用，作者畅想其费用应由商业银行统一收付，合作机构不得以任何形式单独向借款人收取费用。

五、加强监管协调性减少人为错配

2020 年国务院办公厅印发《关于促进平台经济规范健康发展的指导意见》，对包容审慎监管提出了明确要求，释放出积极信号。创新监管理念和方式，着力营造公平竞争市场环境。我们认为，金融创新步伐的加快，在一定程度上导致监管混乱、监管效率低下等现象产生，现阶段需要完善我国金融监管的协调机制。

当前我国金融监管以分业监管为主，这一监管体系为我国经济金融秩序稳定、金融监管专业化发展起到了积极的作用。但随着我国金融混业发展，这一监管框架逐渐暴露各种弊端，既存在监管竞争、信息分割、协调困难，又在混业业务监管准则、金融机构市场化退出等方面形成了大量监管空白。

面对我国当前金融交易跨市场化、银行业务表外化、资本流动网络化等新趋势，商业银行和其他互联网金融平台合作拓展渠道、联合放款的同时，也会带来潜在风险。各监管机构如何监管、如何协调监管等均不明确。这不仅导致出现了监管套利，极易形成产品隐患交叉传染，还加大了系统性风险发生的可能性。

因此，监管需要与时俱进，主动适应平台经济发展，而不是平台经济反过来"配合"监管。监管机构要在鼓励创新与金融稳定之间作出权衡，创新监管理念和方式，实行包容性审慎监管，加大监管的透明度，提升监管效率，正确处理金融创新与金融监管之间关系，努力把握好两者之间的平衡点，使两者相互协调，健康发展。

一方面要对鼓励金融创新，加快金融行业改革，提高经济效益，保证国有资产不流失；另一方面建立风险预警机制，加强系统性风险评估，有效化解联合贷款产生的风险，为联合贷款业态发展留下发展空间，在发挥金融创新积极作用的同时，将负面影响和系统性风险降到最低，逐步形成"监管—创新—再监管—再创新"的良性动态循环。

因此，从中央监管机构到各地银保监局，从各地金融办到互联网金融行业协会应充分沟通协调，全面了解借款人资信情况、身份验证、资金用途、借款记录等情况，在监管理念上达成共识，形成监管合力，既要防止不当行政干预导致的叠加振荡效应，又要避免政出多门，相互抵触，充分利用监管科技实现更有效行业监管，构建全面、高效的监管系统，在金融政策、监管信息上形成协调共享机制，把控好运用规则的节奏和力度，避免政策"碰头"叠加，建立起一个既分工又合作的普惠金融监管协调机制，提升普惠金融体系整体运行的效率，推动普惠金融创新发展与金融监管相互协调、互相促进，减少人为监管错配，确保监管激励与处罚尺度一致，解决好条块监管矛盾，克服政出多门问题，减少监管差异和监管竞争导致的制度性套利风险。

六、重新界定合作机构贷款权限

在金融市场中，很多地方金融监管机构都要求商业银行不得为合作机构自身及其关联方直接或变相进行融资。这些监管尺度存在禁止性规范过于宽泛问题，监管机构不应当禁止对合作机构及其关联方的所有贷款，必须科学界定联合贷款合作机构及关联方的贷款权限。因为如果一个金融科技公司，从某个商业银行贷款，不能因为成为商业银行的合作方以后，该金融科技公司和关联公司就不能再贷款了。这在逻辑上是说不通的，也不利于互联网贷款行业的发展。

七、增加对暴力催收的处罚条款

近年来，一些催收机构打着"创新"旗号，以盈利套现为目的，利用监管差异和模糊地带，采取了一些不适当的催收方式，严重侵害金融消费者合法权益。而且这种不非法的催收行为，不少还游离在监管范围之外，其风险性质和危害程度不易确定，不仅削弱了监管的公信力，增大了金融市场不稳定性，而且会对被催收者造成伤害，情节严重者甚至危害生命，必须有相应执法约束。

《商业银行互联网贷款管理暂行办法》第五十六条虽然有规定"商业银行不得委托有暴力催收等违法违规记录的第三方催收机构进行贷款催收。商业银行发现合作催收机构存在暴力催收等违法违规行为的，应当立即终止合作，并将违法违规线索及时移交相关部门"。但是，从立法角度看，第五十六条规定得较为简单，没有突出监管机构的调查处置权力。笔者认为，目前应该加大监管机构的行政处罚权，至少应该明确商业银行违反规定受处罚的种类。这样对包括暴力催收在内的非法行为更加有针对性监管和处罚，更好地保护金融消费者合法权益。我们建议未来在第五十六条增加一款：

经查证属实的，责令商业银行整改，监管部门可以采取警示约谈、发警示函、公开通报批评、强制培训教育、公开谴责等措施。

第三章
助贷业务创新与监管

助贷业务已经越来越引起金融消费者的关注和青睐。这种趋势有着深刻的市场背景。一方面，近年来我国实体经济下行压力增大、信用风险上升，企业有效信贷需求不足，商业银行风险偏好降低，导致一定程度上的资产荒。个人消费金融自然成了银行竞相角逐的领域。传统银行虽然资金充裕，但缺乏相应的场景数据支撑，更缺乏大量的客户群体。另一方面，依托大数据、云计算的金融科技公司、小贷公司或互联网金融平台拥有大量有交易场景的数据，可以对个人消费金融领域的客群进行全面评估。于是，传统银行与金融科技双方就聚焦个人消费金融领域，双方深入合作共同放贷，开创了普惠金融助贷模式。

但是，自 2015 年互联网金融监管加强后，与互联网创新相关的金融业务一样，助贷业务受到了挑战。助贷业务是否真的有利于普惠金融目标的实现？助贷业务是否会引发系统性金融风险？助贷业务是否与现有金融监管形成冲突？

为了解答上述问题，我们调查走访了 20 多个机构，有资金方、助贷机构、增信机构，还有深圳市小额贷款公司协会、中国融资担保业协会。我们认为，合规的助贷业务有助于解决中小微企业融资问题，有助于普惠金融目标实现。当然，不合规的助贷业务也存在着巨大风险。如果商业银行不能有效识别助贷机构，充当单纯的资金提供方，一旦借贷客户出现大面积违约，最终风险承担者仍然是资金方。因此，有必要对助贷业务再次梳理，确立监管原则，为助贷业务发展提供空间。

第一节　助贷业务起源、经济逻辑与国际比较

一、助贷业务的起源

（一）助贷模式开创阶段

助贷业务迄今在中国已经走过了近 12 年的成长历程。2008 年，深圳市

中安信业创业投资有限公司与国家开发银行深圳分行、中国建设银行深圳分行一起开创了"贷款银行+助贷机构"的微贷款业务模式，就是通过表外融资为小额贷款公司提供持续的资金支持，扩大银行微贷款业务规模，开辟了新的盈利增长点，实现了银行、微贷机构和小企业、低收入人群的多方共赢。该模式还因此获得深圳市金融创新奖二等奖与国家开发银行总行金融创新奖，这种微贷款业务模式被业内一致认为是助贷业务的最早起源。

初期助贷业务，就是将小而分散的信用贷款利用标准化的线下获客和审核流程，将银行与助贷机构进行有效组合，为大量长尾客户提供信贷服务。随后，中国建设银行、中国银行、中国工商银行等传统国有银行开始推行助贷业务，小贷公司、商业银行和电商巨头助贷热情开始高涨，助贷模式逐渐向全国扩展，发展势头迅猛。

（二）助贷业务扩大阶段

随着经济的发展，民间融资需求增加，各类贷款中介如雨后春笋般涌现。特别是随着金融科技快速发展，互联网金融平台针对个人、小微企业等用户建立了完善的用户体系和数据画像，积累了丰富的流量和用户运营经验，并在大数据、风控、人工智能等金融科技技术加持下，很多"贷款中介"业务摇身一变，成为互联网金融行业的新宠——助贷合作机构，与传统持牌金融机构一拍即合，共同发力小额信贷业务，为助贷业务的发展注入了新的活力。助贷模式开始以线上线下结合或纯线上为主，并在全国快速扩展，助贷业务一度成为互联网金融头部平台的主要业务。2019 年统计数据表明：360 金融的助贷业务占比为 79%，深圳乐信占比为 70%，趣店占比为 55.5%，拍拍贷占比为 31%。

（三）整治助贷机构阶段

2017 年是助贷业务发展的分水岭。在严监管影响下，助贷业务发展面临更多政策不确定性，监管机构对联合贷和助贷开展了严格的审查，对一些违规操作、违法监管规定的助贷也进行了处罚和限制。以深圳为例，2017年之前深圳地区助贷业务总余额约1万亿元，2018年以后助贷业务规模持续缩小，目前整个助贷业务量缩小比例超过90%。[①] 2020年颁布的《商业银行互联网贷款管理暂行办法》也取消了助贷模式的法条表述。至此，助贷模式再次成为一个没有法律认可的"新生事物"，未来究竟应该如何发展？前景又当如何？

二、助贷定义

（一）定义助贷的两个视角

只有明确了助贷的内涵和外延，才能更好地制定监管政策。要定义助贷，首先需要明确两个角度的观察结果：助贷业务是帮助资金方发放贷款（为B端机构提供服务），还是帮助借贷客户获得贷款（为C端客户提供服务）。从以上两种角度理解助贷业务，会产生完全不同的业务逻辑与收费依据。

从第一种角度来看，助贷机构帮助资金方发放贷款，意在解决中小微弱客户信息不对称的问题，业务范围涉及信贷业务的贷前和贷后环节。资金方一般都会向助贷机构提出获客的前置要求，如客户的类型、贷款额度范围等各种信贷要素的限制。不过，由于在整个助贷流程中，助贷机构并不完全代表资金方利益。因此，资金方和助贷机构的关系并非简单的授权代理人关系，而是中介机构与银行之间商务合同的合作关系，助贷机构理论上可向资金方收取服务费。

从第二种角度来看，助贷机构帮助借贷客户从多个资金方中找到符合客户风险特征的资金。助贷机构与借贷客户关系更接近于中介机构与借款人的客户经纪人关系，虽并未签署委托与受托合同，但如果助贷机构推荐的借贷客户出现违约，助贷机构是要承担连带责任的。

---

① 数据来源：深圳市小额贷款公司协会。

从以上两种角度理解助贷业务，产生业务导向不尽相同。中介机构与银行之间商务合同的合作关系是以产品为导向的，而中介机构与借款人的客户经纪人关系是以客户的需求为导向的。对于实际业务观察得知，中介机构与银行之间商务合同的合作关系或中介机构与借款人的客户经纪人关系都不足以概括助贷机构在助贷业务链条中的角色，因为助贷机构承担了双重角色，更类似于信贷业务中介。一方面，助贷机构在资金方设置的前置条件下为其提供获客、初筛、催收等服务；另一方面，助贷机构又为客户筛选符合客户风险特征的资金提供方。

（二）助贷定义

有人提出，助贷是资金方和第三方中介机构（助贷机构）为目标客户提供贷款服务的合作方式。这种说法过于简单笼统，缺乏专业逻辑性，在实践中容易引发监管漏洞。我们认为，所谓助贷是以引流获客为特征的，就是有一定专业技术能力的助贷机构与持牌金融机构、类金融机构等资金方，通过商务合同约定双方权利义务，由助贷机构提供获客、初筛等必要贷前服务，由资金方完成授信审查、风险控制等核心业务后发放百分之百的放贷资金，从而使借贷客户获得贷款服务的合作方式。

以下五个方面可以对助贷进行全面诠释：

第一，此定义将助贷的内涵圈定于使客户获得贷款服务，体现普惠金融"以客户为中心"的思路，即资金方和助贷机构利用这种优势互补的合作方式来提高金融服务可得性。

第二，强调助贷机构"有一定专业技术能力"，意在突出助贷机构的软实力，如技术优势、场景优势、数据优势、大数据风控优势等，可与资金方形成优势互补，弥补资金方做小额信贷业务时信息不对称的缺点。

第三，基于助贷业务在中国的起源，强调助贷机构需要为资金方提供获客、初筛等必要的贷前服务，即必要的贷前服务可作为是不是助贷业务的判断依据之一；反之，只提供贷后服务的机构，不能算作是助贷机构。

第四，助贷机构服务于"借贷客户"和"资金方"两端，将二者联系起来，实质性地参与了资金方贷款业务流程且帮助借贷客户获得贷款服务，符合信贷业务中介的角色定位。

第五，此定义强调以合同的方式来约定助贷业务各参与主体的权利与义务，体现资金方应该作为整个业务的核心与主导，通过合同来约束与规范助贷机构的行为与责任。

（三）助贷业务主要类型

如表 3 - 1 所示，在国际上，与助贷业务（Partnership Lending）类似的服务有银行代理业务（Agent Banking）、银行合作业务（Partnership Banking）和金融聚合服务（Financial Aggregation）等，这些都是金融服务供应商利用中介机构的优势为目标客户提供金融服务的方式。中介机构的种类非常丰富，可以是获得金融许可的金融机构，也可以是工商注册的非金融机构，还可以是独立的自然人。

表 3 - 1 国际类似业务比较[①]

类似业务	金融服务供应商	中介机构	服务
助贷业务	银行等资金方	助贷机构	贷款
银行代理业务	银行	代理商	支付、储蓄、取款、贷款管理等
银行合作业务	银行	合作伙伴	支付、储蓄、取款、贷款等
金融聚合服务	银行等金融机构	金融聚合器	支付、储蓄、取款、贷款、保险、信托、证券等

2000 年前后，银行代理业务发展起来，目前其业务模式较为成熟，巴西、巴基斯坦、印度、肯尼亚、哥伦比亚、墨西哥、秘鲁等都是使用代理比较多的国家。[②] 从代理商网络的搭建来看，巴西银行拥有 15 300 家代理商、

---

① 注：张亦辰制表。

② 参见：《CGAP：银行代理商：风险的管理、缓解与监管》（2011 年 12 月）。

布莱德斯科银行拥有 24 200 家代理商、Caixa Economica 拥有 15 200 家代理商，印度的 FINO 拥有 10 000 家代理商，肯尼亚的 M - PESA 拥有 20 500 家代理商，巴基斯坦的 Easypaisa 拥有 10 500 家代理商，菲律宾的 GCash 拥有 18 000家代理商。[①] 从监管来看，肯尼亚、巴基斯坦、墨西哥、秘鲁等国家实行许可管理的方法，对申请资料、报告管理、银行和代理商的现场检查等都做了不同规定，如印度 2006 年颁布的《银行金融服务外包的风险管理和行为准则指南》，巴西 2007 年制定的《银行代理的专门监督计划》，以及肯尼亚 2010 年颁发的《银行代理指南》，对银行代理业务风险的管理与监管有一定的参考意义。[②]

以英国爱尔兰银行（Bank of Ireland UK）为例，作为成立于 1978 年的老牌银行，他们把自己定义为合作银行（Partnership Bank），重视伙伴关系的价值内核，将"银行＋邮局"模式作为银行合作业务典型，通过 1.1 万家邮局的分支机构网点触达 240 万客户。[③]

金融聚合服务也可以视作助贷业务、银行代理业务、银行合作业务的扩展，因为合作主体从银行扩展到了保险公司、信托公司、证券公司等金融服务供应商，金融服务内容从银行的支付、储蓄、取款、贷款等服务扩展到保险、信托、证券等服务。在总结肯尼亚、南非、中国、美国经验基础上，中国人民大学中国普惠金融研究院（CAFI）在 2018 年首次提出金融聚合器（Financial Aggregator）和金融聚合服务的概念，在金融科技快速发展的今天，金融聚合器从 1.0 版本已经发展到 2.0 版本，超级数字金融平台（Surper platform）将金融服务供应商和金融聚合器（中介机构）的双重角色结合于一身。当然，金融聚合器在普惠金融领域的具体运用目前仍在探索之中。

---

① 数据来源：《CGAP：代理商管理工具箱：创建一个可持续的无网点银行代理商网络》，2011 年 10 月。

② 资料来源：《CGAP：银行代理商：风险的管理、缓解与监管》，2011 年 12 月。

③ 资料来源：https://www.bankofirelanduk.com/about/partnerships/post - office/。

三、助贷业务的经济逻辑

（一）从"网点"到"无网点"结构

传统银行网点是银行触达客户的基石，客户覆盖的广度依赖于网点的密集程度，而第三方中介机构成为银行与目标客户的桥梁，是更微小的"毛细血管"，拓展了银行金融服务覆盖面。[①] 而拓宽到助贷模式，开启了无网点的商业阶段。

从"网点"到"无网点"的底层经济逻辑在于：第一，节约成本的需求，银行等金融机构可通过比较铺设银行网点与搭建第三方中介机构网络的成本，优先选择成本较低的模式；第二，优势互补的需求，银行等金融机构的优势在于规模效应、专业服务，第三方中介机构的优势在于服务下沉、了解客户等，双方合作的目标是合作共赢。这是"成本效益理论""比较优势理论"和"劳动分工理论"的体现。[②]

实际上，助贷业务的实质就是无网点银行服务，助贷机构是银行等资金方为借贷客户提供贷款服务的第三方中介机构。以"银行＋小额贷款公司"助贷模式为例，其发展的动力源自于银行与小额贷款公司有优势互补的需求，即银行不擅长为小微客户提供服务，而小额贷款公司正好积累了小微客户的获客经验与风控技术；小额贷款公司有天然的资金短板，而银行可以为小额贷款公司推荐的小微客户直接提供具有成本优势的资金。

（二）利率定价机制

助贷业务有助于商业银行贷款利率定价机制的逻辑发展。在金融科技助

---

① CGAP（2011）：无网点银行服务是指在传统的银行网点之外，通过利用零售代理商和科技手段，使用刷卡网络或手机提供金融服务的一种模式。

② 参见：中国人民大学中国普惠金融研究院《助贷业务创新与监管研究报告》（2019 年）。

推小微企业生态发展的过程中，利率问题和商业可持续发展之间存在的逻辑关系，商业银行和助贷机构的合作会在一定程度上影响信用风险溢价和运营成本两个要素，还受到基准利率、流动性溢价因素影响，加之风险敞口和投资偏好，使贷款利率定价机制更加市场化，反映市场供求关系，更需要传统金融机构与市场化助贷机构合作，共同推进助贷业务的深度发展。[1]

四、助贷与相似业务比较

与助贷业务相关或相似的概念有联合贷款业务、技术输出业务、银行代理业务、影子银行业务等，将这些概念区分开来，才能更好地看清市场上混杂的金融业务。

（一）联合贷款

联合贷款是合作双方按照一定比例共同出资发放的贷款。由于在此模式下合作双方均需具备放贷资质和相关业务能力，且风险分担的机制也相对清晰，不能单纯地认为助贷业务是联合贷款的一种极端模式，需将两者区分开来讨论。

第一，在助贷业务中，助贷机构作为合作方之一，其本身可能并没有放贷资质，诸如互联网金融平台、金融咨询机构、金融科技公司甚至是网贷机构。联合贷款双方都必须具备放贷资格，这也意味着联合贷款机构开展放贷业务的门槛比助贷业务高。

第二，在助贷业务中，资金方作为整个助贷业务的核心和主导，整个信贷资产计入资金方的表内，资金方获得全部风险溢价。但是在联合贷款业务中，联合贷款机构（为了对应助贷业务中助贷机构的角色，将联合贷款业务中提供获客、初筛等业务的机构称为联合贷款机构）和资金方均要独立对贷款进行审批，双方均是整个业务的核心，再各自按照出资比例将信贷资产计

---

① 参见：中国人民大学中国普惠金融研究院《助贷业务创新与监管研究报告》（2019年）。

入各自的表内，以此获得各自相应的风险溢价。此外，联合贷款的放款现金流有两种模式，既可以将双方的资金合并后交付给客户，也可以各自将资金交付给客户，这也是由于联合贷款方和资金方不同的资金成本、风控和定价能力所导致的。但是第二种方法在客户还款时会造成要还两笔款到不同账户的情况，进而造成较差的用户体验。

（二）技术输出业务

金融机构通过金融科技公司购买信息系统，甚至包括风控系统和模型等，均属于技术输出业务的范围。关于技术输出，中国银保监会公布的《银行业金融机构信息科技外包风险监管指引》中，已明确规定了银行业金融机构将信息系统外包中的风险因素和规范。

大量金融科技公司在为银行等金融机构提供服务时，并不能很清晰地指出自己提供的是助贷业务服务，还是科技输出服务。要明确区分助贷业务和技术输出业务的关键点在于，金融科技公司是否实质性地参与了资金方贷款业务流程，例如利用自身系统或渠道获取客户，并在进行初筛后将客户推送给资金方，以及是否实质性地帮助借贷客户获得贷款服务。如果是，则是助贷业务；如果不是，则属于技术输出业务。

（三）影子银行业务

美国次贷危机之后，国际上对影子银行业务（Shadow Banking）的研究开始兴起，并被提到影响金融稳定的高度，受到各国政府的重视。在梳理影子银行各种定义及结合中国实际情况，影子银行相关业务表现为"以其他银行为通道的信贷资产双买断、票据买入返售、同业代付、买入转售等，以及以信托投资公司、证券公司、基金子公司、保险公司等非银行金融机构为通道，行使信托受益权转让、信用挂钩收益互换产品（TRS）、券商定向资产管理计划、基金特定资产管理业务等"，传统影子银行相关业务表现为"非银行金融机构（包括信托公司、证券公司、财务公司、金融租赁公司以及小额贷款公司等）在不作为银行通道的情况下，将募集的闲置资金通过信托贷款、资产管理计划、抵押贷款、信用贷款等方式，转移给实体经济借款人的行为"。① 总之，影子银行业务是银行未计入贷款科目下的"类贷款"业务，以及非银行金融机构通过货币转移而增加信用规模的业务。

助贷业务和影子银行业务的区别：

第一，助贷业务是银行等金融机构的表内业务，而影子银行业务是银行的表外业务，即二者业务在国内的记账科目不同。

第二，新型民营银行、互联网小额贷款公司作为助贷机构参与的助贷业务，其实质是助贷机构帮助银行等资金方发放贷款，而影子银行业务是银行和非银行金融机构"利用金融市场和创新金融产品来实现信用功能转换"②，即二者的业务表现形式不同。

第三，在助贷业务中，银行等资金方是通过提升贷款业务的规模获得风险收益，而影子银行业务是银行与非银行金融机构通过提供多样化的金融产品而获取多样化的收益，即二者业务的商业模式不同。

（四）银行代理业务

国际上的银行代理业务（Agent Banking），是指银行作为被代理人，通过代理协议、服务协议或其他类似安排来规定代理权限，代理商作为代理人在代理权限内以被代理人的名义提供服务。③ 我国《民法通则》规定，被代理人对代理人的代理行为，承担民事责任。国际上把银行代理商提供的服务称为"无网点银行服务"，而我国与"无网点银行"相类似的是农村地区助农

---

① 孙国峰，贾君怡：《中国影子银行界定及其规模测算——基于信用货币创造的视角》，摘自《中国社会科学》，2015 年第 11 期。

② 朱慈蕴：《中国影子银行：兴起、本质、治理与监管创新》，摘自《清华法学》2017 年第 11 期。

③ 参加 CGAP：《银行代理商：风险的管理、缓解与监管》（2011 年 12 月）。

取款服务点，可办理的业务包括取款、汇款、代理缴费等支付业务。

虽然助贷业务与银行代理业务都是银行借助第三方中介机构服务于目标客户的方式，但具体业务细节还是存在一些差别。

第一，在助贷业务中，资金方和助贷机构的合作体现各自的意志，需要各自承担权责，而在银行代理业务中，代理商需严格依照代理权限行事，即代理商执行的是银行的意志。

第二，在助贷业务中，资金方和助贷机构通过合同约定的是合作内容、合作方式、收益规则、资金流向等业务细节，而在银行代理业务中，银行和代理商通过代理协议约定的是代理权限。

第三，在助贷业务中，资金方和助贷机构为借贷客户提供的是贷款服务；而在银行代理服务中，银行通过代理商为客户提供支付、储蓄、取款、贷款管理等较全面的金融服务，其中贷款服务方面，银行对贷款风险承贷百分之百的责任。

第四，在助贷业务中，助贷机构既为资金方服务，又为借贷客户服务，原则上收费可以向双方收费，而在银行代理服务中，代理商为银行提供服务，多以笔数提成的方式向银行收取服务费。

第二节　助贷业务简要分析

一、助贷机构分类

（一）参与主体分类及其特点

如表3－2所示，按照助贷机构的主体进行分类，可以将助贷机构分为场景类助贷机构，包括垂直行业平台、金融科技公司和互联网金融平台等；有放贷资质类助贷机构，包括新型民营银行、传统小额贷款公司和互联网小额贷款公司等；增信类助贷机构包括保险公司和融资担保公司。

表3-2　助贷机构主体分类①

场景类	有放贷资质类	增信类
垂直行业平台	新型民营银行	保险公司
金融科技公司	互联网小额贷款公司	融资担保公司
互联网金融平台	传统小额贷款公司	

针对不同类型的助贷机构，它们的特点也不尽相同。新型民营银行（如微众银行、网商银行）和互联网小额贷款公司（如重庆市蚂蚁小微小额贷款有限公司）作为助贷机构参与助贷业务，虽受限于自身吸储能力，但其金融科技能力对传统银行有较强的吸引力。

金融科技公司（如蚂蚁金服、京东数科）和垂直行业平台（如诺诺金服）作为助贷机构，除了科技能力之外，长尾客群、细分场景的优势甚为突出。

互联网金融平台（如乐信、趣店、拍拍贷）参与助贷业务基于业务转型需求，但其本身也具有一定获客与场景优势。[2] 具有增信功能的保险公司（如众安保险、大地保险）和融资担保公司（如安徽省信用担保集团、平安普惠融资担保公司），除了承担增信机构的角色外，也利用自身的获客渠道，将筛选后的客户推荐给银行等资金方，以助贷机构的角色参与助贷业务。

由此可见，助贷机构主要是具有获客优势或线上服务能力的机构，它们有海量的客群与流量、有运用大数据筛选客户的基础，但不一定具有放贷资质，在与资金方的合作中通过大数据，人工智能等金融科技手段对客户提供获客、风控、增信或贷后管理等服务。

---

① 注：张亦辰制表。

② 资料来源：http://www.01caijing.com/article/41069.htm。

（二）参与主体业务范围

如图3-1所示，助贷业务的各个参与主体的合作流程包括贷前合作、贷中合作、贷后合作。

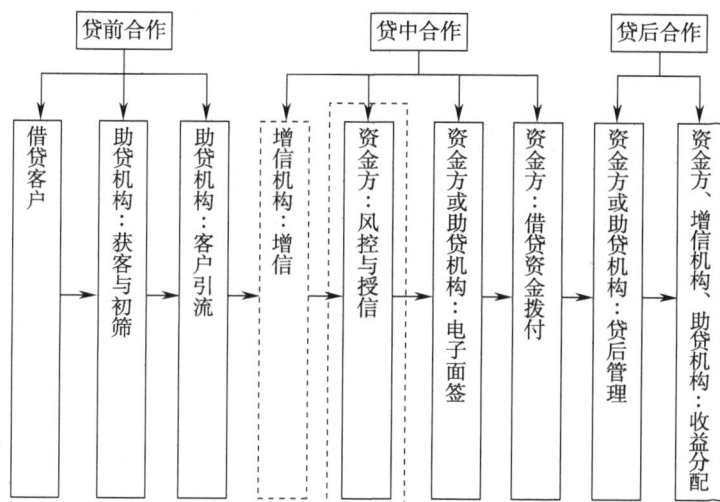

图3-1　助贷业务的合作流程

第一步，各参与主体的贷前合作，需完成获客与初筛、客户引流等步骤。获客与初筛方面，助贷机构可以通过纯线上或者线上线下结合的方式触达借贷客户，并且在推送给资金方之前运用大数据、人工智能等科技手段对借贷客户进行初筛，筛选出符合资金方前置条件的目标客群。在客户引流方面，助贷机构在筛选出目标客群之后，将借贷客户的信用评分、授信建议等信息推给银行等资金方。

第二步，各参与主体的贷中合作，需完成增信、风控与授信、电子面签、借贷资金拨付等步骤。在增信方面，如有增信机构参与助贷业务，助贷机构要先将客户引流给增信机构，在完成风险评估、风险定价与增信服务之后，再推给银行等资金方。在风控与授信方面，银行等资金方需要在独立完成自有风控流程后得到最终的贷款额度与定价，严守"不得将授信审查、风险控制等核心环节外包"的红线。①

助贷机构和增信机构给出的前置风险信息，包括评分、定价、授信等信息只能作为参考。在电子面签方面，通过资金方或助贷机构协助建立的电子签约系统，借贷客户与资金方完成线上签约流程。其中，电子签约系统可以由助贷机构协助资金方创建，包括远程视频沟通系统、欺诈风险识别系统、电子合同、电子签名等技术。在借贷资金拨付方面，当借贷客户和资金方完成电子面签之后，资金方按照约定将借贷资金直接付给借贷客户。

需要强调的是，资金方拨付的借贷资金需避免通过助贷机构的账户走账，以规避资金池、期限错配等违规操作。因此，在此步骤中，三种助贷机构均可参与前置风控和电子签约业务，但是只有增信类助贷机构可以参与增信业务。

第三步，各参与主体的贷后合作，需完成贷后管理、收益分配等步骤。在贷后管理方面，主要包括风险监测、催收、逾期处理等环节。特殊情况是，按照合作谈判约定，部分助贷机构帮助资金方完成更多的贷后管理工作，而部分资金方则依靠助贷机构回收贷款的本金与利息。在收益分配方面，待贷款本息还回银行设立清算账户之后，资金方取回本息，增信机构取出增信服务费，助贷机构取出助贷服务费。在此步骤中，三种类型助贷机构均可参与贷后管理方面业务。②

二、助贷业务主要模式

（一）无增信与有增信模式

按照助贷业务流程中是否有增信机构参与为依据，助贷业务的模式可以

---

① 参见：2019 年 1 月浙江银保监局发布的《关于加强互联网助贷和联合贷款风险防控监管提示的函》。

② 参见：中国人民大学中国普惠金融研究院《助贷业务创新与监管研究报告》（2019 年）。

分为无增信措施模式和有增信措施模式两种，参与主体以保险公司和融资担保公司为主。其特点是具备增信资质、具备开展增信业务的能力。

鉴于《关于加强互联网助贷和联合贷款风险防控监管提示的函》《关于规范在沪银行业金融机构与第三方平台合作信贷业务的通知》《关于助贷机构加强业务规范和风险防控的提示》要求银行"不得接受无担保资质的第三方机构提供增信服务以及兜底承诺等变相增信服务"，给了保险公司和融资担保公司参与助贷业务提供了政策基础，资金方或助贷机构会主动找保险公司和融资担保公司为助贷业务提供增信服务。

自 2013 年实施小额贷款保证保险试点以来，部分保险公司积累了贷款保险的经验和保险数据，对助贷机构推送过来的借贷客户进行评分评级与风险定价，开展风控分摊程序，让银行等资金方可以更放心地放款。虽然融资担保公司创立初衷就是为小微企业提供融资担保服务，且具备相关业务经验，但当前的实际情况是，我国融资担保公司参与助贷业务仍属于少数情况，大多数融资担保公司不愿意为小贷公司进行融资类担保。

（二）增信机构角色与作用

目前，从事助贷业务增信机构主要以保险机构和融资担保公司为主，较成熟的机构均开始使用数据驱动进行风险识别管理。保险机构主要是信用保证保险产品，通过核保管理，利用自身保险的数据与信息对客户进行评分评级、客户的还款能力和意愿分析等进行风险定价。融资担保公司主要是通过大数据模型进行反欺诈和风险评估，进而确定贷款的额度等要素。在此模式中，贷款的信用风险也是由保险机构与融资担保公司按照一定比例联合承担。

增信机构的加入并不会消除信贷中固有风险。但可以分散资金方的信贷风险，相当于帮助资金方放下身段去服务边缘客户，提升借贷方的资质，增加了边缘客户获得信贷的机会。增信机构实际上在资金方和借贷方之间的鸿沟架起一座桥梁，使双方的需求得到满足。更重要的是，它提升了那些自身资质不能满足资金方要求的边缘客户的信用。这部分客户均属于普惠金融要服务的对象。由此可见，增信机构的助贷业务实际上在促进普惠金融发展中发挥了重要的作用。

不可否认，增信机构的加入拉长了助贷的业务链条，似乎也增加了用户借款的成本。但是，目前大多数增信机构都以数字技术为优势加入信贷业务中，从实际效果来看，并没有降低信贷发放速度，反而增加了信贷便捷性。很多实践证明，数字化可以降低信贷总体成本。目前，参与助贷业务的增信机构以民营为主，尤其是开展助贷的融资担保公司主要是民营企业，表明民营增信机构可以在普惠金融发展中发挥主力军的作用。2019年国务院办公厅发布的《关于有效发挥政府性融资担保基金作用切实支持小微企业和"三农"发展的指导意见》明确提出，政府性融资担保、再担保机构必须以小微企业和"三农"融资担保业务为主业。

其实，和任何其他助贷方式一样，增信助贷不可能化解所有的金融风险。即使增加了增信机构，仍存在助贷机构通过其他形式的操作来承担风险的情况。因此，如何提高增信助贷的实际效果，需要做进一步研究和探索。

（三）资金流与银行清算账户运用

如图3-2所示，助贷业务的资金流主要包括贷款资金流、还款资金流、收益分配资金流三个方面。不少助贷业务通过在银行设立清算账户（又称为归集账户或清分账户）来管理资金流向。一个完整的助贷业务链条与资金流表现为：第一步，客户引流；第二步，资金方的贷款资金通过清算账户直接拨付到借贷客户的账户；第三步，借贷客户归还的本金与利息，也汇集到清算账户中；第四步，资金方从清算账户中拨出本金与利息，增信机构拨出增信服务费，助贷机构拨出助贷服务费。

有些助贷机构认为，归集账户或清分账户不仅能起到互保作用，还有助于平滑不良。资金方、增信机构和助贷机构可以通过合同约定清算账户的管

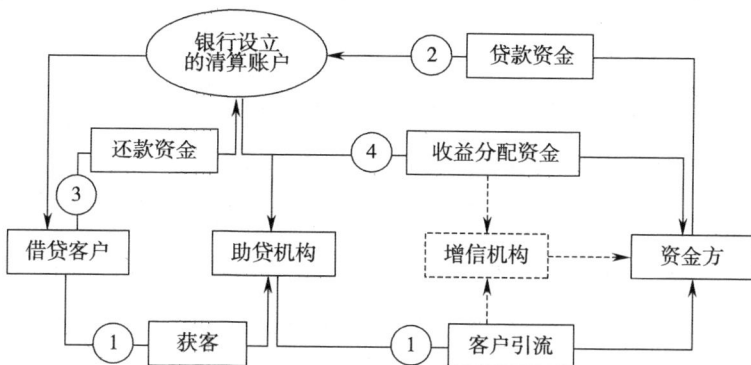

图 3 - 2　助贷业务资金流向与银行清算账户运行示意

理方式，约束各方的权责，制定优先级与劣后级的收益规则等。从监管的角度来看，银行设立的清算账户有助于监管部门追踪每一笔贷款的资金流向，有利于防控风险。

（四）资金方与助贷机构风险共担机制

在实际业务中，助贷机构或多或少均会提供一定的风险补偿或者隐形的兜底条款，用于增加自身的商业谈判筹码。

从资金方的角度来看，保证金和回购等兜底条款的产生是资金方与助贷方商业谈判的结果。[①] 保证金和回购的作用在于：第一，该条款是隔离资金方和助贷机构之间资产质量的防线，如果出现了逾期与不良资产，可以用保证金等措施弥补损失；第二，该条款还为了约束助贷机构的行为，尤其是道德风险，即防止助贷机构与借贷客户串通，造假材料来获取贷款。

从助贷机构角度来看，保证金和回购等兜底条款的作用在于：第一，该条款是助贷机构对自身资产质量信心和风控能力的体现；第二，在该条款的

---

① 保证金制度是指部分资金方要求助贷机构在银行开设的保证金账户存入一定的保证金，作为风险缓释措施。回购制度是指部分助贷机构与资金方协商，按照一定比例，部分或全部回购逾期资产。

压力下，助贷机构会更重视推送给资金方的资产质量，降低风险欺诈的发生概率。

不过，在《关于规范整顿"现金贷"业务的通知》（141号文）中，明确提出了"银行业金融机构不得接受无担保资质的第三方机构提供增信服务以及兜底承诺等变相增信服务"。因此，助贷业务还需要找到更优的风险共担机制，一方面，防止助贷机构胡乱推荐客户，防范道德风险；另一方面，防止资金方异化为单纯的资金提供方，发生系统性风险后全面兜底的可能。

（五）助贷业务收费方式

目前市场中助贷业务的收费模式主要有两种，一种是资金方收取全部费用，在将服务费返还给助贷机构或者增信机构；另一种是资金方收取自身的利息费用，助贷机构或增信机构也向客户收取一定费用。但是，根据《关于规范整顿"现金贷"业务的通知》（141号文）"银行业金融机构应要求并保证第三方合作机构不得向借款人收取息费"的规定，助贷机构或增信机构也向客户收取一定费用的做法明显是违反监管规定的。

由此，在收费形式方面更倾向于上文的第一种模式，即资金方收取全部费用，在将服务费和返息部分返还给助贷机构或者增信机构。因为通过资金方向客户收取综合费率，可以有效限制助贷机构随意对客户要价的情况，也可以让客户有更好的体验，定期支付一笔还款即可。这种收费的方式对监管机构来说，最大的好处就是有助于监管部门穿透每一笔贷款的资金流向以防控风险，有效防止资金去向不明、去向不准或者去向违法等问题。

（六）助贷业务商业逻辑判断

我们走访了上海、北京、深圳、重庆等地资金方、助贷机构、增信机构与行业协会。从访谈的结果来看，如表3-3所示，多数机构表示，虽然目前政策尚未明朗，但都争取在合规的范围内开展助贷业务，尤其是重视数字金融平台建设与金融科技研发的机构，如平安普惠、浦发银行、乐信等，更是将助贷业务作为机构主要业务之一。可见，助贷业务的商业逻辑在行业从业者眼中是成立的，助贷业务依然有很大市场需求与发展空间。[1]

表3-3　机构对助贷的评价[2]

机构	角色	对助贷业务的评价
平安普惠	信贷业务的聚合平台	聚焦于供给不足的结构性空白市场，创建了聚合式借贷服务平台模式，将银行等资金方、助贷机构、增信机构、信贷客户聚合起来
浦发银行	资金方	与头部平台合作助贷业务；目前不良率在平均水平以下；利率水平一直在下降；通过与助贷机构的合作，银行的风控能力得到加强
高信隆小额贷款公司	资金方或助贷机构	既做资金方，也做助贷机构；开展助贷业务较为谨慎，合作机构数量不多；不会优先与融资担保公司合作，成本过高；助贷业务有助于解决"最后一公里"问题
深圳的小额贷款公司	资金方或助贷机构	2017年，深圳的助贷业务总余额1万多亿元，如此大规模是因为市场有需求；助贷业务是银行与小额贷款公司的战略分工；助贷业务对金融供给有积极的贡献
包银消费金融	资金方	与第一、第二梯队的头部平台合作助贷业务，整体局面是合作大于竞争
乐信	助贷业务的平台	以消费分期场景为基础，拥有鹰眼风控引擎、虫洞系统技术优势，开放与100多家金融机构合作，发力助贷业务
海尔云贷	资金方或助贷机构	既做过资金方，又做过助贷机构；强调做好"四条红线"的管理：监管资金来源，不能非法集资，不能涉足高利贷，不能暴力催收，不能抽逃资金

　　商业逻辑的基础是营收来源，而助贷业务的营收源自借贷客户的借贷利息。助贷业务的各参与主体乐于选择"资金方＋助贷机构"的合作模式，借贷客户的借贷利息让资金方和助贷机构都有所营收。不过，对于"资金方＋增信机构＋助贷机构"的合作模式就看法不一了，有的机构认为增信机构增

---

[1]　参见：中国人民大学中国普惠金融研究院《助贷业务创新与监管研究报告》（2019年）。
[2]　注：张亦辰制表。

加了成本，有的机构则认为金融科技可以匀减增信机构的成本但又多了一道风险分担机制。

助贷业务商业逻辑的另外一个强力支撑点是金融科技，线上全流程服务，不仅降低了服务成本，还让助贷业务的各参与主体完成了"1＋1＞2"的合作效果，助贷业务量呈指数级增长。

以上海平安普惠为例，其所构建的信贷服务聚合平台一方面整合了信贷业务链条中获客、增信、资金等环节具有优势能力和资源的银行、非银机构，提高信贷服务各环节的单位产能，降低单一机构服务低收入群体所需承担的风险成本和运营成本，促进金融资源向末梢人群渗透，增强低收入人群信贷获得感；另一方面，金融科技驱动的运营平台，实现了机构间资源的高效部署、协同和匹配，带来乘数效应，优化了信贷供给侧的服务质效，降低了合作成本。

再以乐信为例，其具备商业优势的"获客（乐信平台上的各场景端）—客户初筛（鹰眼风控引擎与虫洞系统）—资金方审批和信贷投放"的助贷业务模式，使其2019年第一季度超过70%的业务量都是助贷业务，其最大的王牌已然是智能风控、智能匹配、智能催收等智能服务。

三、助贷业务经营准则

（一）资金方核心业务不能外包

虽然贷款业务链条拉长，并且信贷决策主体发生了分离，但助贷业务中占据主导地位的仍应是资金方。表现在以下两大方面：

在助贷机构的风险识别方面，资金方与助贷机构建立合作之前，资金方要对助贷机构进行详尽的尽职调查，评估其风险控制能力、运营能力、资产质量、企业声誉、财务稳健状况、与其他机构的合作情况等，找到符合资金方服务客群与产品定位的助贷机构。

在信贷资产的风险控制方面，资金方对于助贷机构推送的客户，资金方必须完成自身的贷款审核、风险控制等核心业务；对于贷款业务的关键要素，如贷款对象、贷款利率、贷款金额、贷款期限、还款方式、借款用途等，资金方拥有最终决定权；对于贷款审批、贷款核准发放、贷款档案建档和保管以及其他关键环节的信贷工作，也需要由资金方进行主导。

但是由于既要约束助贷机构的行为，降低道德风险，又不能使用保证金等兜底制度让资金方有风险外包的嫌疑，因此可以通过动态调节助贷方提供服务费和利息分成的方式以达到以上双重目标。由于助贷方为资金方提供了获客、催收等服务，还提供了一定的风险控制服务，因此助贷方可以从资金方收取一定服务费和风险溢价。通过资金方与助贷机构协商决定的综合定价和清算账户，资金方可以随时掌握客户的还款进程，一旦出现资产质量下降或者其他不符合双方合作要求的情况，资金方可以通过调节服务费或终止合作等方式约束助贷方的行为。具体的合作方式助贷机构和资金方可以协商决定，在不违反基本原则的条件下开展业务。

（二）充分信息披露

虽然在助贷业务中参与的机构较多，各个机构之间的合作关系较为复杂，但是对于用户来说，用户直接接触的是助贷机构，通过助贷机构的应用或窗口与多个机构之间签订了合同，包括与资金方的借贷合同、与增信机构的增信合同等。由于资金方在助贷业务中起主导作用，所以资金方应在合同中披露整个助贷业务各个参与方的权责和服务，各助贷方在与客户签订合同时也要披露给客户自身所提供的服务内容，以方便客户了解自身获得贷款的整个业务流程。

（三）引入第三方保险机构

在助贷业务中，中小型商业银行、农商银行、农村信用社都是践行普惠金融的重要力量，不可或缺，但这些金融机构科技、数据、人才等相较国有大中型银行存在明显差距，风控水平参差不齐，特别是线上风控能力存在短板，引入保险公司。诸如平安保险公司、阳光保险公司、人保等业内头部信用保证保险公司，可以借助其领先的风控能力，更好地帮助中小银行甄别风险，实现风险分散和风险转移，如担保、保险等助贷机构，提升服务能力。

第三节　助贷的社会意义与现实作用

一、有助于降低经营成本

银行等传统金融机构既有的服务网络和授信逻辑在长尾人群的触达和风险判别上依然存在较大局限，形成普惠金融人群信贷供给"最后一公里"之难。助贷机构凭借场景、数据、金融科技的独特优势，有助于我国普惠金融的发展，缩短了银行等金融机构传统或"半线上"放贷过程中诸多环节的时间损耗，提高了服务效率，显著降低了时间成本、服务成本、资金周转速度的机会成本等，节省了银行对借款人进行前期贷款资质识别的步骤和成本。

在客群触达方面，银行等传统金融机构长期未能完善小微群体的触达渠道，助贷机构能够以更立体的角度服务更广泛客户。例如，财税服务商、支付机构、融资担保等助贷机构与小微群体有着频率更高、触角更广的商业交互，金融机构通过与助贷机构的合作，可以通过提升触达能力，提高信贷产品的可得性。

从授信逻辑上看，传统商业银行信贷业务不仅需要借款人具备良好的征信和稳定的收入流水，还需要借款人提供房车等抵押物或担保保证，这对不符合上述条件的下沉人群形成了金融排斥。由于小额信贷业务具有高频、高效率等特点，迫使资金方和助贷机构不断提高自身系统的稳定性和安全性。

助贷机构通过引入沉淀在体系内部的新型数据作为授信依据，让非传统银行客群也得以享受金融服务。举例来说，线上方面互联网公司通过对自身电商、社交数据的挖掘，能够更为精准地刻画线上活跃群体的画像，大量的助贷机构凭借其自身优势收集处理丰富的场景和数据，解决传统银行中介网点覆盖面不全以及缺乏优质信贷资源的劣势，也有助于发掘符合要求的更广泛客群。

二、形成多层次信贷供给体系

目前，小微企业在国民经济中的地位不言而喻，无论是规模还是对国民经济的贡献，几乎占据半壁江山。但是，传统金融机构受限于风控技术、成本、信息不对称等因素的制约，无法做到为小微企业提供商业可持续的信贷服务。经过最近几年发展，通过资金方与助贷机构的优势互补，进一步扩大信贷业务的深度与广度，尤其是针对消费金融和小微企业的信贷服务得到了较大的提升，助贷业务已从消费金融开始逐渐向小微企业倾斜，并且随着金融科技的发展与数据的不断积累，未来还会进一步服务于小微企业，加大信贷市场的金融供给。

此外，使资金方的资金可以较为顺畅地流向"三农"机构、个体工商户，推动就业、提升税收收入、刺激消费，打通金融服务实体经济的"毛细血管"，利用市场化、便利性高和灵活性强等特点，助贷机构无论是在产品结构还是产品体验上，均与传统的信贷产品有较大的区别，提升了场景的黏度，使场景客户提高留存率。助贷机构不甘心仅仅提供客户导流，更多试图介入信贷评价、风险防范业务，进一步丰富了我国信贷体系，不仅成为传统信贷体系的有益补充，更促进形成多层次、广覆盖和高质量的信贷体系，助力供给侧结构性改革，与金融监管机构强调的"积极规范发展多层次资本市场"基本一致，提高了客户的融资能力。

三、提高银行类金融机构风控能力

在助贷业务中，传统银行类金融机构通过与金融科技公司合作放贷业务，更好地理解小额贷款业务，无论是开发模型系统，还是运营与风控能力均有所提高。金融科技公司推送的客户数据也会在资金方有所累积与沉淀，进而使资金方获得小额贷款的数据。例如，中小银行科技、数据、人才等相较大行存在明显差距，风控水平参差不齐，特别是线上风控能力存在短板。而引入如平安、阳光、人保等头部助贷机构，借助其领先的风控能力，更好地帮助中小银行甄别风险，化解金融市场风险。也就是说，助贷业务可以作为银行类金融机构进入小额贷款业务领域的过渡性业务模式，成为帮助商业银行零售转型的有效工具。

四、开创双方优势互补合作模式

传统银行类金融机构的优势是服务于大型企业和优质客户，但短板是不善于为中小微企业和个人客户提供服务，因为开发小额信贷产品的成本过高，提升效率所需时间成本和科技成本较大。而助贷机构往往拥有大量小微企业和个人客户的数据积累，并拥有相对有效的小额贷款风控模型，可以帮助银行等金融机构进行初步的客户筛选及评估，进而提升小额信贷服务的工作效率和资产质量，提高融资能力，解决普惠金融业务中信息不对的问题。

助贷机构提高了 C 端客户获取资金的可能性。如果没有助贷机构帮助，C 端客户无法通过正常渠道从商业银行等获取资金。因此，助贷是资金方和助贷机构优势互补的合作方式，有效填补了银行业金融服务不能满足融资需求的空白领域，承担了金融微循环的底层功能，补足了传统银行类金融机构的触达短板。

五、纾解企业融资难融资贵困局

助贷业务的发展，尤其是线上的助贷业务，离不开助贷机构自身数据的积累，以及基于大数据分析、人工智能等基于数据驱动的金融科技的发展。金融科技的快速发展使助贷机构在获客、初筛、初步风控等环节降低人工成本，提高了贷款发放效率和服务便利度。中国人民银行公布的《金融科技（FinTech）发展规划（2019—2021年）》更是明确未来金融科技发展的目标之一就是通过金融科技使金融服务覆盖面逐步扩大，优质金融产品供给不断丰富，使金融服务民营企业、小微企业等实体经济水平取得新突破。这个目标的实现载体之一就是助贷，可以通过助贷机构的金融科技能力与资金方自身的优势结合，为小微企业、个体工商户和个人客户提供快速、便捷、高效的小额信贷服务，以促进经济转型升级和新旧动能转换，纾解企业融资难融资贵的困局。

　　总之，助贷业务符合"金融供给侧结构性改革"的发展方向。从比较优势理论来看，银行的优势在于强大的资金支持，利用大数据金融科技帮助传统金融机构解决贷款业务中的信息不对称问题，有效帮助银行等金融机构进行初步的客户筛选及评估，实现风险分散和风险转移，如担保、保险等助贷机构，降低信贷双方信息不对称的程度，如金融科技公司、互联网金融平台等助贷机构，从供给端主动作为进而实现贷款的快速匹配和精准投放，解决普惠金融"最后一公里"问题。

第四节　助贷面临的风险和问题

一、助贷业务风险原因分析

　　经过几年的快速发展，助贷业务在推动传统金融机构转型升级、拓展获客能力、改善风控能力等方面无疑发挥了很大作用。但同时，不少助贷模式逐渐走样，偏离其本源，各种业务"越界"、场景"异化"以及风控"甩手"等问题也随之而来，使助贷业务滑向违规的边缘，滋生普惠金融行业乱象。

（一）合作中"越界"风险

从助贷本源看，助贷机构作为金融科技公司，本身不具备放贷资质，不能直接从事信贷业务。但在实际操作中，个别助贷机构模糊了金融与非金融的界限，为获取金融机构的助贷资金，往往都会以保证金、承诺等形式提供"兜底"或"保底"，甚至与合作机构以共同出资形式进行联合放贷，这种合作行为本身就面临合规性的质疑，已经走向违法的边缘。

（二）金融市场不确定性风险

中国数字金融发展的经验表明："数字技术使互联网平台的发展周期缩短。""互联网平台恰恰可以在较短时间内汇聚海量生产要素和相关资源，包括买家、卖家、数字化劳动力，以及他们提供的商品或服务。"[1] 因此，资金方与平台型助贷机构合作开展线上助贷业务，其业务总量是线下模式所不能企及的。可见，线上模式的助贷业务是否会引发系统性风险具有不确定性。从这个角度来说，资金方和平台型助贷机构需要"坚决守住不发生系统性金融风险的底线"。[2]

二、助贷风险

（一）违规风险

现有的监管政策规定：第一，资金方不得将授信审查、风险控制等核心环节外包，不能异化为单纯的放贷资金提供方。[3] 第二，资金方不得接受无

---

[1] 贝多广：《包容·健康·负责任 中国普惠金融发展报告（2019）》，中国金融出版社2019年。

[2] 中国人民银行《金融科技（FinTech）发展规划（2019—2021年）》，https://www. weiyan-gx. com/337689. html。

[3] 2017年12月1日，互联网金融风险专项整治工作领导小组办公室、P2P网贷风险专项整治工作领导小组办公室，《关于规范整顿"现金贷"业务的通知》；2019年1月9日，中国银保监会浙江监管局，《关于加强互联网助贷和联合贷款风险防控监管提示的函》。

担保资质的第三方机构提供增信服务以及兜底承诺等变相增信服务。① 第三，各类机构以利率和各种费用形式对借款人收取的综合资金成本应符合最高人民法院关于民间借贷利率的规定。② 第四，城市商业银行或农村商业银行为代表的资金方开展互联网联合贷款业务，应坚守"立足当地、服务当地、不跨区域"的定位，严格管控异地授信或跨区经营。③

但是，在助贷业务中，金融机构与助贷机构签署"抽屉"协议、要求助贷机构风险兜底已经成为行业"潜规则"。虽然我国监管部门多次明令禁止金融机构不得将授信审查、风险控制等核心环节外包，不能异化为单纯的放贷资金提供方，不得接受无担保资质的合作机构提供增信服务以及逾期资产代偿、兜底承诺等变相增信服务。但是，金融机构与助贷机构之间的私下合作依然在悄悄进行。因为在兜底条款下，金融机构可以比较安全地获得较高的固定收益，对于助贷机构资金去向、风控等方面没有必要过多干涉。④ 因此，在利润驱动下，商业银行和助贷机构就有可能合谋，突破监管规定，铤而走险。

（二）违约风险

借贷客户的违约风险是不可能完全规避的，资金方、助贷机构、增信机构合作助贷业务时，并不能完全避免违法合同的风险，只能尽可能降低不良。由于借贷资金是由资金方百分之百发放的，因此，这也是资金方不能将授信审查、风险控制等核心业务外包给助贷机构的主要原因。

---

① 2017 年 12 月 1 日，互联网金融风险专项整治工作领导小组办公室、P2P 网贷风险专项整治工作领导小组办公室，《关于规范整顿"现金贷"业务的通知》；2019 年 1 月 9 日，中国银保监会浙江监管局，《关于加强互联网助贷和联合贷款风险防控监管提示的函》；2019 年 4 月 2 日，北京市互联网金融行业协会，《关于助贷机构加强业务规范和风险防控的提示》。

② 2019 年 4 月 2 日，北京市互联网金融行业协会，《关于助贷机构加强业务规范和风险防控的提示》。

③ 同注②。

④ 李庚南：《对助贷的监管更待何时？》，摘自《新浪财经》，2018 年 10 月 21 日。

虽然表面上助贷机构做第一道风控，银行、信托等金融机构做二次风控，但实际上银行往往会将核心风控交由第三方助贷机构来做，银行等资金提供方通常会要求助贷机构提供担保，这就有可能造成助贷机构出现风控工作审查不严，导致逾期、坏账增多，进而将风险向银行等资金提供方传导、扩散，自身风控流于形式，最后银行业金融机构只是充当了助贷机构的"钱袋子"，将系统性风险隐患留给了金融系统。

（三）道德风险

具体来说，助贷机构的道德风险体现在，资金方和助贷机构合作开展助贷业务的过程中，助贷机构与借贷客户串通，套取资金方的贷款资金；或者助贷机构为追求更高的服务费，故意降低推送给资金方的资产质量要求，盲目扩大贷款规模，或者在排除保证金和回购等兜底条款的前提下，商务合同并不能完全约束助贷机构的行为，无法有效防范道德风险。所以，道德风险依然是助贷模式中一个重要的风险点。

（四）信息管理风险

在市场上，存在各类良莠不齐的助贷机构，其中不少助贷机构本身并没有足够的数据与信息管理经验，发生客户资料丢失、数据管理混乱和客户数据泄露也是大概率事件。面对数据与信息管理能力较差的助贷机构，即使有可能增加合作成本，资金方也要为他们提供相关的指导或培训，以期能力匹配，进而避免信息管理风险。

（五）暴力催收违法风险

虽然我国监管层多次发文要求清理整顿现金贷和网络小贷的高利借贷、暴力催收、滥用信息等问题，但从目前情况看，不少助贷机构其实就是在做现金贷业务，并无场景依托，这也就意味着存在砍头息、暴力催收等现金贷

"通病"。例如，在21CN聚投诉上就可以看到不少借款人对助贷机构产品的投诉，其中不乏知名助贷机构。这从侧面反映出，个别助贷机构存在暴力催收、砍头息、高利贷、高逾期费等问题必须要引起监管层重视，着手解决。

第五节　助贷监管原则

一、"包容性监管为主，审慎性监管为辅"的原则

随着我国金融市场不断发展，功能监管也越来越不能适应互联网金融市场发展需要，急需建立包容性审慎监管的两位一体新监管框架，就是在守住不发生系统性风险底线的同时，探索出一套既具弹性又有规范的监管原则，适应日新月异的互联网环境变化的监管模式。

2019年8月8日国务院办公厅印发的《关于促进平台经济规范健康发展的指导意见》，要求"创新监管理念和方式，落实和完善包容性审慎监管"，探索适应新业态特点的监管机制，在严守安全底线的前提下为新业态发展留足空间，健全协同监管机制，维护公平竞争市场秩序，需要建立完善"包容性审慎监管"的新型监管框架。

"包容性监管为主，审慎性监管为辅"的原则就是包容性审慎监管。简单地说，就是从维护互联网市场繁荣大局出发，在守住不发生系统性风险底线的同时，探索一套既有规范性又有灵活性的监管方式，适应金融市场日新月异的变化，在保障资金安全、信息安全和人身安全前提下，打造创新发展的业务环境，适应科技金融日新月异的变化，用更为灵活的监管方式处置违法行为，建立监管主体与被监管主体之间的协调机制，在保障消费者资金安全、信息安全和人身安全前提下进行监管，保持监管政策和执行标准的公平性、一致性，而不是一味地从严管束。

我们知道，助贷业务具有混业经营特征，一般涉及或嵌套多项金融业务，形态多样易变。在这种情况下，可以采用较为温和的监管策略对待助贷创新业务。如果监管者简单地采取"一刀切"方式处置助贷创新业务，可能会对助贷业务造成误伤。因此，监管机构要充分考虑互联网金融业务和机构之间的各种差异，具体业务具体对待，采用温和的监管策略对待创新业务，用柔和的监管手段化解市场冲突，给予互联网金融平台和助贷机构一定的创新空间，充分考虑互联网金融业务和机构之间的各种差异，在保障资金安全、信息安全和人身安全的前提下，打造适宜监管环境，防止助贷业务"胎死腹中"。

从总体上看，"包容性监管为主，审慎性监管为辅"虽然二者理念视角不同，但彼此分工明确，两者互相依存、互为补充，既有效监控潜在金融市场风险，又为互联网平台发展提供足够空间，不仅是创新和监管之间的一个平衡点，更是一种张弛有度的管理方式。当然，包容性与审慎性监管的边界并不容易把握，需要在业务目标、准入条件、资源配置、人员资质以及风险处置手段上采取差异化监管方式，不同业务区别对待，不同的违法行为采取不同监管措施，实现公平与效率的有机统一，而不是简单"一禁了之"，以期实现创新激励和风险防范的协同发展。

二、参与主体法律地位平等原则

参与主体法律地位平等原则强调参加助贷业务的主体，无论自然人或法人，无论所有制形式，无论经济实力强弱，在法律地位上一律平等，任何主体都应遵循同一种法律规则，任何一方不得把自己的意志强加给对方。

在助贷业务中，不仅有国有银行，而且有消费金融公司、传统小贷公司、网络小贷公司及互联网金融平台，必须保证参与主体在法律地位上平等，才能顺畅开展助贷业务。否则，双方或者三方法律地位不平等，容易产生强势一方将自己意志强加给弱势一方的现象，不仅与现行《民法通则》第三条、《合同法》第三条规定的"当事人在民事活动中的法律地位平等"原则相违背和抵触，而且与《电子商务法》第四条确立的"线上线下平等对待"原则也大相径庭，不利于促进助贷业务的发展，弥补交叉型金融业务的监管漏洞，也不利于避免监管套利的发生。

三、客户保护一致性原则

客户保护一致性原则是助贷追求的重要监管目标之一，也是建立在金融机构、类金融机构、助贷机构以及个人消费者基础上推进规制发展的一项重要原则。一致性原则主要内容是消除不必要的监管歧视，减少区域化差异，提高信息披露透明度和公开性，最大限度地保护消费者权益。以监管歧视为例，监管部门应该不分监管对象、不分职业或不分时间段，对于助贷机构的监管都要一视同仁，真正体现出公平、公正的精神，同时更有利于助贷机构获得法律保障的利益。

通过监管一致性原则，可以促进金融机构、助贷机构和借贷方在认识水平上趋于一致，无论是商业银行还是金融科技公司抑或是消费金融公司等，基本原则就是不能存在对金融消费者的套利，对客户保护必须是前后一致性，不能存在阶段性保护、临时性放松的问题，共同强化金融科技能力，精确评估用户的贷款额度需求、还款能力、借款周期等信息，改变目前金融市场助贷机构受歧视的窘迫境地，需监管部门真正负起"市场守夜人"职责。一方面，跟上互联网时代步伐，大幅提高国内金融市场监管标准，尊重金融消费者；另一方面，推动监管程序阳光化，监管规则透明化，监管手段公开化，让助贷业务更好地沐浴在监管的阳关之下。

第六节　助贷监管建议

一、尽快确立助贷法律地位

近年来，我国规范互联网金融业务的法规中，虽然有所涉及助贷业务，并没有明确助贷业务的法律地位、定义以及监管原则等内容。例如 2008 年颁布的《关于小额贷款公司试点工作的指导意见》（23 号文），也只是对小贷公司进行了规范，没有涉及助贷业务。2017 年 12 月 1 日互联网金融风险专项整治、P2P 网贷风险专项整治工作领导小组办公室下发的《关于规范整顿"现金贷"业务的通知》（141 号文），主要是进一步规范银行业金融机构参与"现金贷"业务，规定银行业金融机构与第三方机构合作开展贷款业务的，不得将授信审查、风险控制等核心业务外包。银行业金融机构不得接受无担保资质的第三方机构提供增信服务以及兜底承诺等变相增信服务，保证第三方合作机构不得向借款人收取息费。2018 年 12 月 19 日互联网金融整治办、网贷整治办于联合发布的《关于做好网贷机构分类处置和风险防范工作的意见》（175 号文），主要是对需要退出 P2P 行业的合规机构，监管部门为其转型作出指导，允许有条件的合规机构转型为网络小贷公司、助贷机构或为持牌资产管理机构导流等。

因此，在立法层面上，我们应该尽快确立助贷机构的法律地位，完成助贷业务制度性安排，明确助贷各个参与主体的权利与义务，完善相关配套的法规，统筹协调助贷法律关系，增强对助贷业务的法律依据和监管效力。

二、实行主导审核、分级送审监管制度

国务院多次明确中央和地方的双层金融监管架构体系，中央制定监管规则，地方进行金融监管。这改变了原来中央直接监管地方的格局，赋予了地方金融监管机构一定的监管权力，为中央和地方两级监管新模式提供了政策依据。

（一）中央监管机构职责

中央监管部门宏观上指导助贷业务，中国银保监会负责助贷业务监管规则的统一制定、发布和实施，包括且不限于：

1. 对助贷业务开展系统性研究，参与拟订助贷业务改革发展战略规划，参与起草助贷业务重要法律法规草案，以及助贷业务中金融消费者保护基本制度。

2. 依据"包容性为主监管、审慎性为辅监管"原则，制定全国统一的助贷业务监管制度性安排，诸如助贷业务规则、助贷资金方界定、助贷机构范围、助贷监管原则、信息披露原则、处罚规则等。

3. 根据职责分工，负责指导和监督地方金融监管部门开展相关助贷业务监管工作。

4. 对开展助贷业务的银行金融机构公司治理、风险管理、内部控制、资本充足状况、偿付能力、经营行为和信息披露等实施监管，并依法依规对银行金融机构或类金融机构及其业务范围实行准入性管理。

5. 对银行业或类金融机构实行现场检查与非现场监管，开展风险与合规评估，依法查处助贷过程中的违法违规行为，负责非法集资、骗取银行贷款以及欺诈金融消费者行为认定、查处和取缔，组织相关协调工作，保护金融消费者合法权益。

6. 负责统一编制全国助贷监管数据报表，按照国家有关规定予以发布，履行金融行业综合统计职责。

（二）地方监管机构职责

全国各省、市、自治区银保监局直接负责助贷业务监管的具体工作，主要包括对银行业金融机构实行助贷业务现场和非现场监管，具体包括：

1. 对银行金融机构开展助贷业务的资格审批、业务监管。

2. 制定各地辖区内的商业银行、小额贷款公司、融资性担保公司等金融机构或类金融机构的助贷业务规则。

3. 审查银行金融机构从事助贷业务的高级管理人员任职资格。

4. 收集和审查银行金融机构放贷过程中的商业信息。

5. 召集银企协调会，协调银行业金融机构、助贷机构、中介机构业务过程中的实际问题。

6. 审查和修改各地银行金融机构助贷业务政策和规定，依法对银行金融机构违规放贷行为进行检查和处罚。

7. 会同有关部门，提出助贷业务紧急风险处置意见，并协调和组织实施。

各地金融办（地方金融监督管理局）并不需要直接监督和管理本省市自治区的助贷机构，对于助贷业务监管主要采取"报批送审"制度，就是负责将互联网金融平台、互联网小贷公司、传统小贷公司、垂直平台等非金融机构开展助贷业务相关数据报送给银行业金融机构，由银行金融机构（资金方）负责对助贷机构报送的相关数据进行书面审核、风险评估，最后决定是否采纳和录用。

当然，以地方银监局为主导的助贷监管模式，需要加强助贷监管的协调性，需要协调银行业金融机构、助贷机构、中介机构业务过程中的各种关系，既要防止因过度监管又要预防监管不足而导致对金融创新的不合理影响，解决实际问题，携手共进，有效预防监管机构在助贷业务推进过程的叠加振荡效应。

三、跨地区经营助贷业务

监管机构对各类银行均有明确的定位，限制农商行跨区域经营有两个好处：一是农村商业银行的定位主要在农村，本土化经营可以强化其对县域经济的支持，特别是对"三农"和小微企业的支持力度，二是农村商业银行本身的管理能力及风控措施较大银行而言薄弱许多，盲目的跨区域经营，往往带来的风险远高于其收益。

但是，金融监管不能只从管理者角度看待问题，要从被管理者角度理解和对待。农村商业银行从事跨地区经营助贷业务，理由如下：一是随着互联网金融的兴起优势逐渐渗透到农村金融市场，市场竞争不断加剧，区域金融供给逐渐饱和。只在本省或本市县开展业务基本无法盈利。二是农村商业银行目前的业务主要集中在县级区域，而县域的经济机构较为单一，经营的区域限制容易导致农村商业银行资金集中在特定的区域和特定的行业，风险难以有效分散，而助贷模式有利于降低贷款组合风险。当然，不排除一部分机构是为了扩大自身的影响力而盲目扩张，但绝大多数地方金融法人并不会盲目经营，大多数是谨慎对待分支机构和跨地区经营的，多数也是为了降低风险、增加利润才乐见其行。

四、探索助贷机构收费方式

如前所述，资金方和助贷机构是民事法律主体之间的合作关系，而不是代理关系。助贷机构通过自身的劳动获得的报酬，是助贷机构与借款人之间的一种民事法律关系体现。在助贷业务过程中，双方建立在意思自治基础之上的贷前合作、贷中合作、贷后合作，既不是代理关系［代理机构只能向委托方（商业银行）收取费用而不能直接向客户收取费用］，也没有损害金融消费者合法权益，加之助贷机构不是慈善机构，助贷机构收取费用也是合乎情理的。所以，不允许助贷机构向客户收取一定费用的规定并不可取，不仅直接导致助贷机构无法有效延续生存下去，而且也有违民法总则的契约自由精神。

我们建议允许助贷机构收取一定的服务费用，以保证助贷行业持续、稳定发展。需要强调的是，只收取中介服务费，不是风险管理费。因为如果允许助贷机构收取风险管理费，客观上会导致商业银行放松对风险把控，患上"风险依赖症"，不利于商业银行对核心风控管理。同时，助贷机构也不能直接向客户收取中介服务费，必须通过与资金方签订合同规定的渠道和价格，由第三方支付机构统一支付给助贷机构，避免出现助贷机构与商业银行之间的"寻租"现象。

第七节　助贷监管需要关注的问题

一、实行包容性审慎监管

近年来，一些互联网金融平台打着"金融创新"旗号，以监管套利为目的，利用监管差异和模糊地带，选择按照相对宽松的标准展业，以此规避管制和获取超额收益。这种会计、税收和利率的套利行为，大多游离在监管范围之外，其风险性质和规模不易确定，增大了普惠金融市场的不稳定性，妨碍了公平竞争，而且还削弱了监管的公信力。为此，监管机构必须引起高度重视，绝对不能掉以轻心，在发挥金融创新积极作用的同时，将负面影响和系统性风险降到最低，逐步形成"监管—创新—再监管—再创新"的良性循环，正确处理创新与监管之间的关系，努力把握好两者之间的平衡点，推动助贷行业健康有序发展。

国务院办公厅印发《关于促进平台经济规范健康发展的指导意见》，要求落实和完善包容审慎监管原则，因此，现阶段迫切需要完善金融监管的协调机制，加快金融创新步伐，避免监管混乱、监管效率低下等现象产生，创新监管理念和方式，营造公平竞争市场环境。

一是当前金融市场鼓励发展平台经济新业态，各种金融创新业务层出不穷，监管机制也需要与时俱进，监管应主动去适应平台经济发展，创新监管理念和方式，实行包容性审慎监管，为新业态发展留下充足的发展空间。

二是银行和其他互联网金融平台合作拓展渠道、打通场景的同时，也会带来潜在风险，监管者要在鼓励创新与金融稳定之间作出权衡，科学合理界定法律责任，避免金融风险的积聚和爆发。

我们建议，中国人民银行、中国银保监会、中国证监会可组建一个"金融服务局"，专门监测金融创新可能带来的风险，加大监管的透明度，提升监管效率，约束金融机构道德风险，一方面鼓励金融创新，加快金融行业的改革，制约一切不利于金融市场发展的陈规陋习，提高经济效益，保证国有资产不流失；另一方面建立风险预警机制，加强系统性风险评估，有效管理金融创新所产生的风险，确保一切违法违规行为得到及时的制约和处罚。

二、甄别金融借贷与民间借贷的区别

全国法院民商事审判工作会议会议纪要（征求意见稿）对资本市场若干问题进行了最新汇总，针对"金融借款合同与民间借贷的区别适用"诠释如下：凡由金融监管部门或者有关政府部门批准设立的持有金融牌照的银行、非银行金融机构从事的借贷行为，均为金融借贷，不适用民间借贷的利率标准，也就是指 2016 年最高人民法院在《关于审理民间借贷案件适用法律若干问题的规定》中民间借贷 36% 的上限规定。最高人民法院会议纪要明确金融借款合同可以不适用民间借贷相关意向，甄别了金融借款与民间借贷的区别，贯彻了民事交易与商事交易不同价值取向。

三、关注助贷替代数据问题

当前，越来越多助贷机构使用替代数据进行信贷决策。所谓替代数据是指国家金融机构在金融信贷业务评分时传统上不使用的数据信息，虽然其可能是与传统数据类似的财务性数据，例如借款人的租金支付情况，也可能是教育机构和学位等非财务性数据，但都可以分析出借款人重要的个人信息。

在互联网时代，使用替代数据并不让人感到意外，但可能存在不确定风险。美国监管当局就曾经对使用替代数据进行过专门的规定。2018 年 12 月 19 日，美国政府问责局（GAO）发布了《金融科技：监管机构应该就放贷机构如何使用替代数据提供说明》（*FINANCIAL TECHNOLOGY*：*Agencies Should Provide Clarification on Lenders' Use of Alternative Data*）报告认为：如果频繁使用替代数据可能带来潜在风险。因此，美国政府问责局建议美国消费者金融保护局（BCFP）和联邦银行监管机构应分别与金融科技贷款机构和银行就如何正确使用替代数据进行沟通，以减少替代数据带来的不确定性风险。

虽然美国政府问责局描述的金融科技贷款机构与我国助贷机构并非完全一样，但业务模式较为相似，不失为一种可借鉴经验。在我国，助贷机构也经常使用替代数据，不仅在自身开展风险评估过程中，而且提供给金融机构作为后续风控审核的依据。如此频繁地使用替代数据，可能存在数据滥用的潜在风险。虽然 2017 年 12 月银保监会网贷整治办发布的《关于规范整顿"现金贷"业务的通知》（141 号文）规定助贷机构不能直接为银行提供风控，而是转为风险评估，但是，《关于规范整顿"现金贷"业务的通知》对助贷机构如何选择和使用替代数据进行"风险评估"没有明确规定。因此，我们对助贷机构使用替代数据范围、数据种类、数据使用频率、数据使用期限、数据失效条件必须有一个限制性规定，最大限度地降低银行与助贷机构合作中可能产生的风险。

第四章
小贷业务创新与监管

中国小贷公司行业历经十多年发展，发挥着聚集民间资本、优化金融资源配置、规范民间借贷、维护经济金融安全与稳定等职责。虽然小额贷款公司的贷款利率与银行相比要高一些，但是由于其门槛低于银行贷款，对于中小企业来说是解决贷款需求的途径，并且小额贷款公司的贷款方式为信用贷款、担保贷款、抵押贷款，比银行贷款更加灵活、快捷，尤其在扶持小微企业、服务"三农"机构、助力贫困人群过程中发挥了重要作用。但是，近年来受到金融"去杠杆"、强监管的影响，小贷公司增长规模持续放缓，加之小贷公司自身融资能力有限、业务范围较窄、贷款额度难以满足中小企业需求，这些劣势一度困扰着小贷行业长足发展，使这一新型的融资服务机构发展陷入瓶颈。从 2019 年开始，我国小贷公司机构数量和从业人数持续减少，小贷行业经营环境面临新的挑战。

第一节　我国小贷公司经营现状

一、小贷业务发展历程与特点

（一）小贷业务发展历程

20 世纪 70 年代，孟加拉国穆罕默德·尤努斯教授为解决穷人很难获得银行贷款来摆脱贫穷现状的问题，成立了以互助形式的一种小额贷款模式。这是小额贷款公司在国际上的最早出现。

我国在 1994 年就引进了小额信贷业务，起初只是国际援助机构和国内非政府组织针对中国农村扶贫贴息贷款计划中的一种小范围尝试。2000 年以后，农村信用社开始试行并推广小额贷款，中国小额贷款发展开始进入以金融机构为主导的发展阶段。到了 2005 年，我国在五省成立了小贷公司试点，要求商业性小额信贷机构在不吸收存款的前提下以自有资金即股东出资进行信贷投放。最先试点的是山西省平遥县两家民间资本设立的日升隆和晋太源小贷公司。此后，试点的范围逐步扩大到中西部省份。

2008 年 5 月中国银监会《关于小贷公司试点的指导意见》（23 号文）出台，这标志着小额贷款行业进入高速扩张阶段，第一次定义小额贷款公司是由自然人、企业法人与其他社会组织投资设立，不吸收公众存款，经营小额贷款业务的有限责任公司或股份有限公司。2009 年 6 月，中国银监会发布了《小额贷款公司改制设立村镇银行暂行规定》，允许符合条件的小贷公司改制成立村镇银行，以银行身份参与金融市场的竞争。至此，我国商业性小贷公司在全国范围迎来了商业试点和推广阶段，小贷公司队伍不断壮大。2010 年，第一家互联网小贷公司资质获准，利用互联网技术获客、风控、管理。互联网小贷公司的发展越来越受到市场青睐。2013 年 7 月，国务院办公厅公布《关于金融支持经济结构调整和转型升级的指导意见》，继续鼓励小额贷款公司的发展。2014 年和 2015 年，互联网小贷公司数量剧增，已经形成一定规模，同时也出现了不规范乱象，诸如现金贷、校园贷屡禁不止，大量负面新闻让社会对小贷行业形成了一定的看法和误解。2016 年监管层开始清理整顿互联网小贷行业，迎来了严监管时期，小贷公司的发展受到了抑制。全国小贷公司数量再次放缓，贷款余额和就业人数甚至出现零增长和下降趋势，小贷行业从业人员数量开始下降，2018 年较 2017 年减少了 13 149 人，小贷公司机构数量也减少了 418 家，贷款余额更是减少了 249.29 亿元。2020 年 12 月底，全国小贷公司数量已下降到不足 8 000 家。

（二）小贷业务概念与特点

在我国，小贷主要指的是给中小微企业、贫困地区和弱势群体提供小而分散的小额信贷服务。由于普惠金融是指立足机会平等和商业可持续原则，在成本可负担的前提下，以包括"三农"、中小微企业、社会低收入群体等在内的需要金融服务的群体为服务对象，通过合理的价格，有效、全方位和持续地提供及时、方便、差异化的金融服务，以实现金融资源供求平衡，推动社会和谐发展的金融体系，所以，小贷从业务内容和服务对象都完全符合普惠金融内涵。

小额信贷业务中的"小额"在不同的历史环境中有不同的标准，目前国际通用的标准是单笔金额小于本国人均国民生产总值的 2.5 倍，按照 2017 年我国人均 GDP 为人民币 59 660 元来计算，小额信贷的贷款额度应小于 14.9 万元。目前小贷公司依据业务范围大致可以分为传统小贷公司和互联网小贷公司。由于传统小额信贷业务成本较高，需要收集大量信息，通过面对面沟通交流，长期追踪观察客户，甚至要结合当地的一些风土人情或者习俗来开展业务，人员成本较高且操作风险是最大的风险因素之一。

（三）小贷公司定位

按照 2017 年第四次修订的国民经济行业分类与代码（GB/T 4754—2017）中关于小贷公司服务的定位，代码为 6635 的小贷公司服务说明为"包括中国银监会和地方政府批准设立的贷款公司"。但小贷公司并不是由银监会和地方政府批准设立的贷款公司，不能算在此服务内，只能放在代码为 6639 的其他非货币银行服务中。

在 2011 年第三次修订的国民经济行业分类与代码中，明确将小贷公司归为代码为 6639 的其他非货币银行服务，其说明为"指上述未包括的从事融资、抵押等非货币银行的服务，包括小贷公司、农村合作基金会等融资活动，以及各种消费信贷、国际贸易融资、公积金房屋信贷、抵押顾问和经纪人的活动"（见表 4 - 1）。

表 4 - 1　2017 年国民经济行业分类与代码 （GB/T 4754—2017）

代码	行业	说明
J	金融业	本门类包括 66 ~ 69 大类
6635	小贷公司服务	包括中国银监会和地方政府批准设立的贷款公司

代码	行业	说明
6636	消费金融公司服务	指经中国银监会批准设立的为中国境内居民个人提供以消费（不包括购买房屋和汽车）为目的贷款的非银行金融机构的活动
6637	网络借贷服务	指依法成立，专门从事网络借贷信息中介业务活动的金融信息中介公司，以及个体和个体之间通过互联网平台实现的直接借贷，个体包含自然人、法人及其他组织
6639	其他非货币银行服务	指上述未包括的从事融资、抵押等非货币银行的服务，包括各种消费信贷抵押顾问和经纪人的活动；还包括金融保理活动
6640	银行理财服务	指银行提供的非保本理财产品服务
6650	银行监管服务	指代表政府管理银行业活动，制定并发布对银行业金融机构及其业务活动监督管理的规章、规则

（四）小贷公司驱动因素分析

1. 互联网快速普及，技术持续进步

传统的金融服务中普遍对人力依赖严重，其业务开展和推广主要依赖人力和终端网点，而且还存在信息不对称的问题。相比之下，依托互联网，小贷公司的业务开展、产品营销、品牌传播可以更多地集中在线上渠道，其成本远低于线下渠道。互联网技术帮助了小贷公司降低成本，降低了信息收集和传播的门槛，避免了传统金融机构存在的问题，使小贷公司能最大限度地避免信息不对称的问题。

2. 消除非法借贷机构

在传统金融无法满足小微企业、农户借贷需求的情况下，市场中出现了大量非正规的民间借贷机构，仅珠三角地区，民间借贷总量达到 3 000 亿元以上。大量非正规的民间借贷机构导致社会中高利贷、暴力催收等问题层出不穷，严重扰乱社会秩序。小贷公司的出现，不仅能填补传统金融服务的不足，还有利于规范民间借贷，持续吸引民间资金开展合规的小额贷款业务。

3. 有助于"三农"机构发展

从小贷公司的发展历程可以看出，最初的小贷公司带有很强的农村扶贫色彩。小贷公司提供的灵活、便捷的贷款服务确实给原本被传统金融机构排斥或者服务不到的"三农"机构和贫困农户提供了更多的资金途径，帮助这些弱势群体获得可负担的金融服务。虽然小贷公司贷款利率普遍在15%以上，但是小贷公司业务办理灵活，抵押和保证门槛较低，可满足农户短期资金或季节性农忙资金需求。例如，大多数小贷机构都会选择了农、林、牧、渔业作为主要的贷款投向，可见小贷公司在"三农"领域有着较大的发展空间，"三农"机构成为小贷公司主要服务的客户群体之一（见表4-2）。

表4-2 "三农"贷款统计 单位：万亿元

季度	农村贷款	农户贷款	农业贷款	总计
2015 年第一季度	20.3	5.6	3.46	29.36
2015 年第二季度	20.72	5.84	3.52	30.08
2015 年第三季度	21.09	6.02	3.55	30.66
2015 年第四季度	21.61	6.15	3.51	31.27
2016 年第一季度	21.89	6.4	3.61	31.9
2016 年第二季度	22.26	6.67	3.69	32.62
2016 年第三季度	22.59	6.93	3.7	33.22
2016 年第四季度	23	7.08	3.66	33.74
2017 年第一季度	23.76	7.43	3.8	34.99
2017 年第二季度	24.39	7.69	3.88	35.96
2017 年第三季度	24.9	8	3.9	36.8
2017 年第四季度	25.1	8.1	3.9	37.1
2018 年第一季度	25.6	8.5	4	38.1
2018 年第二季度	26.07	8.81	4.02	38.9

数据来源：中国人民银行。

4. 刺激贫困人群消费意愿

2008 年国际金融危机之后，投资和出口增速放缓，中国经济对消费的依赖越来越重，政府也在不断鼓励居民消费以拉动经济增长，提升居民的消费意愿。消费对中国经济增长的贡献率近年来逐渐提高，缓解了中国经济下行的压力，2019 年，最终消费支出对 GDP 增长的贡献率累计值达到了 57.8%。而小贷公司可以有效资助城镇低收入群体、贫困人群以及老年人、残疾人，刺激这些群体的消费，提振国内经济稳定发展。

5. 提振小微企业发展

小贷公司另一个主要客户是小微企业。截至 2018 年末，我国小微企业法人约有 2 800 万户，个体工商户约 6 200 万户，中小微企业（含个体工商户）占全部市场主体的比重超过 90%，贡献了全国 80% 以上的就业，70% 以上的专利发明，60% 以上的 GDP 和 50% 以上的税收，在经济中占有非常重要的地位。根据国家统计局的抽样数据显示，平均每户小型企业能带动 8 人就业，一个个体工商户带动 2.8 人就业。截至 2018 年第二季度，小微企业贷款余额已达 25.9 万亿元。而小贷公司能够真正服务于小微企业，帮扶创新创业，将金融服务与广大基层结合起来，为我国经济长期可持续发展注入新活力（见表 4 - 3）。[①]

表 4 - 3　小微企业贷款统计　　　　　单位：万亿元，%

季度	季末贷款余额	同比增长	占企业融资余额占比
2015 年第一季度	15.89	16.00	30.20
2015 年第二季度	16.23	14.50	30.10
2015 年第三季度	16.67	14.50	30.40
2015 年第四季度	17.39	13.90	31.20
2016 年第一季度	18.75	14.50	30.30
2016 年第二季度	19.31	15.50	30.70
2016 年第三季度	19.92	15.90	31.40
2016 年第四季度	20.84	16.00	32.10
2017 年第一季度	21.94	17.00	32.00
2017 年第二季度	22.63	17.20	32.00

[①]　参见：中国人民大学中国普惠金融研究院《我国小额贷款公司现状调查与监管建议》（2018年）。

季度	季末贷款余额	同比增长	占企业融资余额占比
2017 年第三季度	23.5	17.80	32.40
2017 年第四季度	24.3	16.40	33.00
2018 年第一季度	25.1	14.30	32.70
2018 年第二季度	25.9	12.20	32.30

数据来源：中国人民银行。

二、小贷公司经营现状分析

（一）行业规模持续放缓

自 2008 年中国银监会、中国人民银行颁布《关于小贷公司试点的指导意见》（23 号文）以来，小贷行业进入了爆发式增长的 5 年，从机构数量方面可以看出，小额贷款公司数量自 2014 年就达到 8 000 家，贷款余额和实收资本均不断攀升，最高逼近 1 万亿元，在 2015 年更是达到顶峰的 8 910 家。随后因为宏观经济、监管政策等多种原因，小贷行业的发展速度逐渐降低，小贷公司数量也逐步减少。2018 年小贷公司降到 8 394 家，成为自 2015 年第四季度开始连续第 11 个季度机构数量负增长，2018 年前两个季度是小贷公司减少最多的两个季度，各减少了 80 家和 77 家，到 2020 年 12 月小额贷款公司数量为 7 227 家，对比 2019 年减少了 453 家，同比下降 5.9%。

在贷款余额增长率方面，2011—2014 年，平均每季度增长率 10.4%，行业规模增长迅速。但从 2015 年第三季度开始贷款余额出现负增长，之后增长率一直在零左右徘徊，2018 年第一季度出现最大的负增长 -1.73%，2018 年第二季度贷款余额为 9 762 亿元（见图 4-1）。

在从业人员方面，小贷公司 2016 年第一季度开始出现行业人数下滑。截至 2018 年 6 月底，减少了 4 486 人。虽然小贷行业整体从业人员基数较大，在 2014 年就已经突破 10 万大关，即使是人数下滑最大的 2016 年第四季度，也只是减少了总人数的 3.34% 左右，但是 2018 年第二季度是四年来首次跌

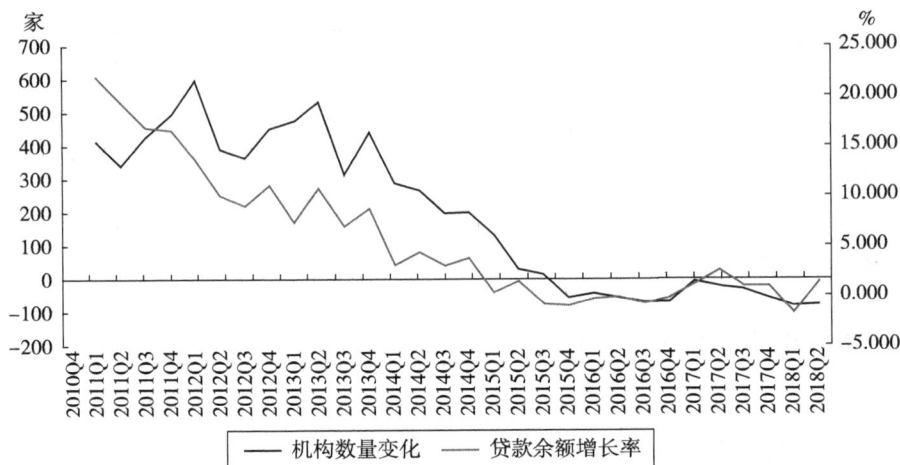

图 4-1　小贷公司机构数量和贷款余额增长变化

（数据来源：中国人民银行）

破 10 万人，且整体从业人员的数量继续呈现下降趋势，这体现了行业发展的速度已经减缓。小贷行业从业人员数量也从 2015 年的 117 344 人减少至 2020年的 74 456 人，减少了 8 643 人，同比下降 10.4%（见图 4-2）。

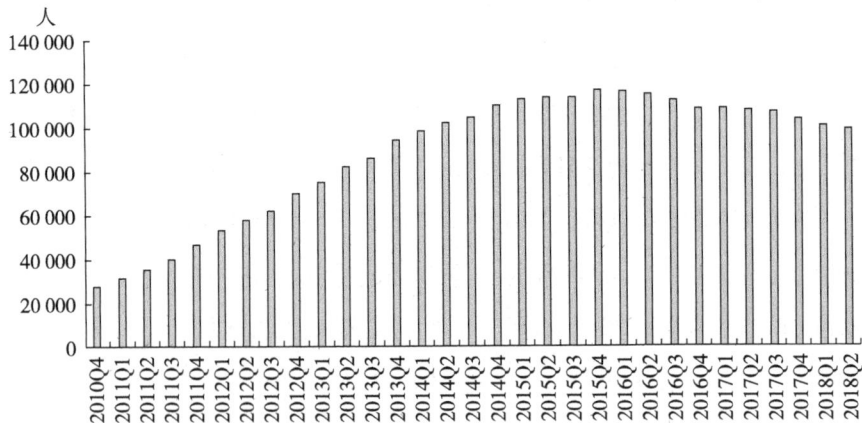

图 4-2　小贷公司从业人员数量变化

（数据来源：中国人民银行）

分析小贷行业不断波动的原因，主要有以下几个因素：第一，小贷行业发展初期正好赶上中国经济高速发展的阶段，这段时间资本的流通速度快、流动性强、资产估值较高。但是从 2013 年开始进入经济下行期，流动性下降，信贷风险明显提高，小贷公司不良率明显提升。第二，小贷公司缺乏业务模式和产品的创新，导致自身抗风险能力较差，在银行越来越重视小微企业市场，纷纷建立普惠金融事业部，下乡开展农村普惠金融业务，小贷公司成长空间进一步被压缩。由于小贷公司的客户群体是中小微企业和"三农"，这些客户风险承受能力较弱，使小贷公司出现风控太严而放不出贷款与放松风控导致不良凸显的矛盾。第三，从 2017 年小额贷款行业迎来了监管政策的高峰。互联网金融整治办和网贷整治办联合发布了《关于规范整顿"现金贷"业务的通知》（整治办函〔2017〕141 号）。随后银监会网贷整治办发布了《关于印发小贷公司网络小额贷款业务风险专项整治实施方案的通知》（网贷整治办函〔2017〕56 号）。互联网金融整治办还发布了《关于立即暂停批设网络小贷公司的通知》，禁止新批互联网小贷资质，将严监管政策执行到底。《非存款类放贷组织暂行条例》已纳入国务院 2018 年立法工作计划，在这种政策条件不明朗的前提下，小贷整体行业正在经历一个政策寒冬。第四，由于某些小贷公司存在"校园贷""套路贷"、暴利催收等恶性现象，使小贷公司在社会形象方面受到影响，某些地区甚至出现歧视小贷行业和从业人员的现象。第五，由于各地金融监管机构提高了小贷公司的准入门槛，尤其是针对 2014 年后开始盛行的互联网小贷，准入要求更高且严格，使社会资本投资小贷公司的门槛被提高，不良的社会形象也使资本对于小贷行业缺乏信心，行业扩张动力减弱。①

---

① 参见：中国人民大学中国普惠金融研究院《我国小额贷款公司现状调查与监管建议》（2018 年）。

（二）地区发展不平衡

根据中国人民银行数据显示，2019 年 12 月全国小贷公司贷款余额为 9 288 亿元，其中，重庆市是唯一超过 1 000 亿元的地区，高达 1 633.6 亿元，占全国贷款余额的 17.58%，其次是江苏省贷款余额为 902.72 亿元，占全国贷款余额的 9.71%。接下来是广东、浙江、四川、山东、广西和安徽，其贷款余额均没有超过 400 亿元。低于 100 亿元的地区有贵州、海南、宁夏回族自治区、青海和西藏自治区。2020 年第四季度，中国小额贷款行业的贷款余额为 9 020 亿元，对比 2019 年减少了 268 亿元，同比减少 2.9%。

如图 4-3 所示，各个地区的机构数量、平均贷款余额和平均实收资本来看，平均贷款余额与平均实收资本基本有相同的曲线趋势，重庆市有 274 家小贷公司，数量上排名第 16 位，却拥有最高的平均贷款余额和平均实收资

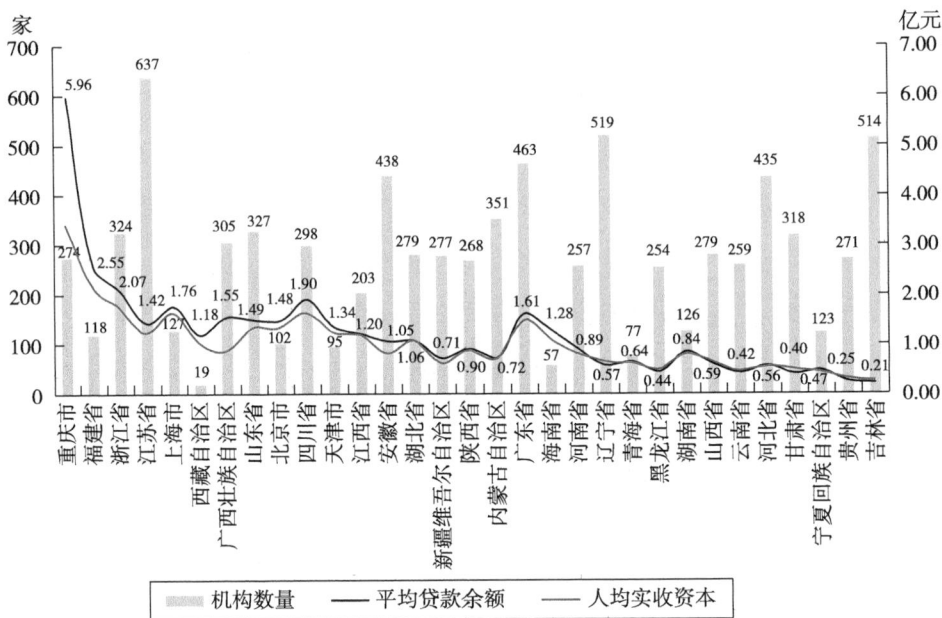

图 4-3 2019 年第二季度全国各地区小贷机构平均余额

（数据来源：中国人民银行）

本，而拥有 514 家小贷公司的吉林省，平均放贷余额仅为 0.21 亿元，为全国最低，远低于 1.21 亿元的全国平均水平。

在从业人员相关方面，重庆在从业人员数量上排名第五位，平均机构人数排名第二位，但是在人均放贷和人均实收资本方面，重庆依然有明显优势。从人力资源的配置来看，2019 年第二季度末，全国小贷公司平均从业人员仅为 12 人左右，达到这个人数的地区有广东省、重庆市、四川省、海南省、湖南省、北京市、天津市、河南省、宁夏回族自治区、河北省、山东省、湖北省、上海市和江西省，广东省是唯一突破 20 人的省份。在人均贷款方面，重庆市、福建省和浙江省人均贷款超过 2 000 万元，重庆市高达 3 200 万元左右，是吉林省人均贷款的 16 倍。这说明地区发展不平衡现象已经较为严重。

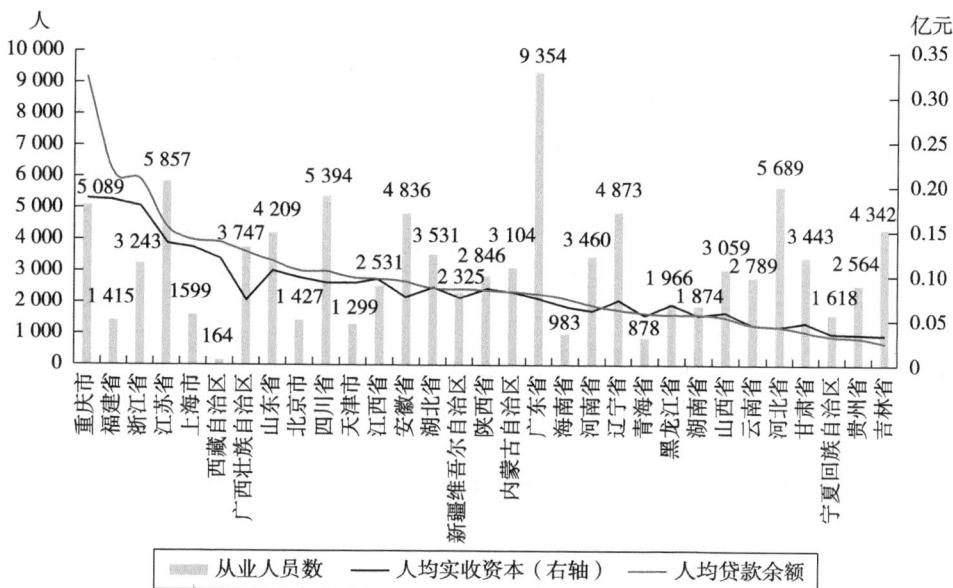

图 4 - 4　2019 年第二季度全国各地区小贷机构人均余额

（数据来源：中国人民银行）

综上所述，全国各地区小贷公司发展不均较为明显，各地区经营规模差异较大，机构人力资源配置不足，人均贷款规模低，大部分小贷公司规模较小。根据国际成熟的小额贷款发展经验，一家比较成熟的小贷机构其有效客户应该在 1 000 ~ 2 000 户以上，员工人数在 40 人以上，贷款资金规模一般在 1 亿元以上，在这些规模指数方面，目前国内小贷公司普遍远低于此标准。

在注册资本方面，如表 4 - 4 所示，目前注册金超过 15 亿元的小贷公司共 17 家，总体数量很少，占比不到 0.2%；注册资本金在 1 亿元以下（包含 1 亿元）的小贷公司占比为 52.25%，成为多数机构；注册资本 1 亿 ~ 5 亿元的小贷公司数量占比为 47.75%。

表 4 - 4　注册资本 15 亿元以上的小贷公司　　　　单位：亿元

排序	企业名称	注册金	省（市）	注册年份
1	南宁市金融小额贷款有限公司	89.89	广西	2011
2	重庆市蚂蚁小微小额贷款有限公司	80	重庆	2013
3	重庆市百度小额贷款有限公司	70	重庆	2015
4	中新（黑龙江）互联网小额贷款有限公司	50	黑龙江	2016
5	重庆市蚂蚁商城小额贷款有限公司	40	重庆	2011
6	重庆市小米小额贷款有限公司	30.6	重庆	2015
7	重庆苏宁小额贷款有限公司	27	重庆	2012
8	内蒙古汇能小额贷款有限公司	25	内蒙古	2009
9	重庆三快小额贷款有限公司	21.08	重庆	2016
10	广州二三四五互联网小额贷款有限公司	20	广东	2017
11	甘肃公航旅小额贷款有限公司	20	甘肃	2012
12	重庆京东同盈小额贷款有限公司	17	重庆	2017
13	重庆小雨点小额贷款有限公司	17	重庆	2015
14	重庆两江新区盛际小额贷款有限公司	16	重庆	2016
15	深圳市世联小额贷款有限公司	15	广东	2007
16	武汉信用小额贷款有限公司	15	湖北	2009
17	广州拉卡拉网络小额贷款有限公司	15	广东	2016

从全国范围内看，目前有一部分小贷公司真正立足于服务"三农"和小微企业，贷款的投向和客户定位较为清晰，形成了可持续的商业模式。比如重庆市的瀚华、阿里巴巴、海尔；成都的邦信；内蒙古的安信永；宁夏的东方惠民；四川的南充美兴，均取得了较好的市场效应和社会影响力。

总之，无论是传统的小贷公司还是互联网小贷公司，其本源是服务于"三农"和小微企业等原来传统机构无法覆盖的客户，只要小贷公司能够利用自身产品的灵活性和业务优势，解决普惠金融"最后一公里"问题，并保持了健康的商业可持续发展，就应该符合监管对于小贷公司的定位。

第二节　传统小贷与互联网小贷比较

一、运营方面的差异

（一）全闭环线上业务流程

互联网小额贷款业务需要在线上完成获客、申请、审核、授权、放款、还款到催收等的所有流程，经营场所实现了平台化。

（二）客户选择网络化

传统小贷公司一般在经营区域内通过工作人员的实地推广，更多是依托当地人际关系网络等进行客户的选择，而互联网小贷公司更多依赖于互联网平台、特定的消费场景等，用精准营销的方法批量开发客户。与传统小贷公司相比，互联网小贷客户数量更多，同质化更强一些。

（三）风控模型化

传统小贷公司依靠担保、抵押或事先事中事后的尽职调查进行风险控制，而互联网小贷公司则依赖于大数据挖掘和风控模型为信贷决策及贷后管理提供支撑。

正是因为上述这些特点，与传统小贷公司相比，互联网小贷公司提供的贷款具有更加小额、分散、灵活的特点，并且以信用贷款为主，服务的群体覆盖面更广、更微小，具有包容性金融的特点。同时，对于互联网小贷公司本身来说，一方面需要更多的前期资本和技术投入，以及获取大数据资源的投入，需要有强大的资本支持；另一方面可以更好地实现规模化经营，降低单笔业务的运营成本，为用户提供成本更加低廉的融资服务。当然，传统小贷公司也有独特优势，特别是在广大偏远地区或互联网无法企及的农村地区，传统小贷公司凭借自身面对面、点对点的优势，开展农村普惠金融，起到了特殊的金融资源配置和推进城乡经济建设的作用。①

二、监管方面的差异

传统小贷公司和互联网小贷公司的行业准入审批权都在地方金融办，这一点是相同的。但前者是一种相对成熟的金融服务机构，2014年中国人民银行和中国银监会下发的《小贷公司管理办法（征求意见稿）》对审批原则做了规定，各地金融办是在一个大致统一的框架下进行审批的。但互联网小额贷款是一种新型互联网金融业态，至今为止并没有出台全国统一的监管框架，而是各地方金融办推出了一些地方性的监管指引或管理办法，地区性差异是明显存在的。

（一）经营地域差异

关于传统小贷公司，明确规定应在其名称记载的行政区划内经营，不得跨区域经营，经营地域范围是有明确限制的。如果跨区开展业务，则需要在相应地区申请新的小贷公司资质。互联网小贷公司则不受经营地域范围的限制，拿到了相应许可，就可以在全国范围内开展业务。这一差异，实际上与互联网小贷公司线上开展业务的特征相符。互联网本身是一个开放的网络，

---

① 参见：中国人民大学中国普惠金融研究院《我国小额贷款公司现状调查与监管建议》（2018年）。

打破了地理空间造成的市场阻隔。但这里要注意的是，即使拿到了互联网小贷公司资质，其线下的业务也不允许跨区域进行，只有线上的贷款业务不受区域范围限制。

（二）准入门槛差异

不同地区互联网小贷公司的设立门槛不同，与传统小贷相比，互联网小贷公司在注册资金、股东背景、风控方面有较多的要求。首先在使用名称方面，江西省、河南省、湖南省等使用了"网络小贷公司"一词，广州市使用了"互联网小贷公司"一词，而重庆市的文件使用了"小贷公司开展网络贷款业务"、上海市则采用了"小贷公司互联网小额贷款业务"的说法。可以看到，各地方对"互联网小贷公司"是否作为一个独立的企业形态是有不同理解的（见表4-5）。

表4-5　各地方金融办关于互联网小贷公司的监管细则

各省监管文件	发布时间	注册资本要求	除传统小贷公司一般性要求外，关于发起人的额外要求
《重庆市小贷公司开展贷款业务监管指引（试行）》	2015年12月	≥3亿元	* 具有中国境内合法的正常运营的网络平台（包括自有网络平台或合作网络平台） * 网络平台具有潜在的网络贷款客户对象，能够筛选出满足开展网络贷款业务需要的客户群体 * 具有便捷、高效、低成本、普惠性的网络小额贷款产品 * 具有合理的网络贷款业务规则、业务流程、风险管理和内部控制机制 * 具有提供申请、审核、授信、审批、放款、催收等功能的独立运行业务系统
《广州民间金融街互联网小贷公司管理办法（试行）》	2016年10月	≥1亿元	* 主发起人为境内实力强、有特色、有品牌、拥有大数据基础的互联网企业 * 主发起人申请前一个会计年度净资产不低于5 000万元；申请前一个会计年度资产负债率不高于75%；权益性投资（含意向设立互联网小贷公司出资）比例不超过净资产的50% * 主发起人拥有较强的会员、客户网络

续表

各省监管 文件	发布 时间	注册资本 要求	除传统小贷公司一般性要求外， 关于发起人的额外要求
《上海市小贷公司 互联网小额贷款 业务专项监管指 引（试行）》	2016 年 12 月	原则上 ≥2 亿元	* 主发起人应为国内排名靠前的互联网企业，或 有互联网平台资源支撑的全国性大中型企业

资料来源：根据各地方金融办文件整理。

如表 4－5 所示，各地方准入门槛的监管细则集中在注册资本、发起人资质等方面。互联网小贷公司注册资本金的要求高于传统贷款公司，表中所列三个地区的资本要求最少不能低于 1 亿元，而传统小贷公司大多数是 1 000万～5 000 万元，个别小规模的传统小贷公司甚至只有 100 万元。关于主发起人，各地方文件都要求需要有互联网经营背景和拥有一定客户的互联网平台资源，如果只是一般的商业机构是不能作为互联网小贷公司的发起人的。

第三节　小贷公司发展的主要问题

一、传统小贷公司发展的主要问题

（一）法律地位迟迟没有准确定位

《关于小贷公司试点的指导意见》（23 号文）认定小贷公司是"由自然人、企业法人与其他社会组织投资设立，不吸收公众存款，经营小额贷款业务的有限责任公司或股份有限公司"。显然，从法律性质上讲其属于普通工商企业，只是有限责任公司或者股份有限公司。也就是说，《关于小贷公司试点的指导意见》（23 号文）带给小贷公司一个似是而非的法律定位，没有把小贷公司定位于金融机构，而是混同于一般的工商企业，没有体现出金融行业的认同感。但问题是，小贷公司一直从事着金融机构的业务，放贷业务本质又是一种金融行为，不同于普通公司的商业活动，只是一个"公司制"和"类金融"相叠加的模糊身份，由此带来三大方面不良影响：

1. 小贷公司面临着不公正的对待，处境尴尬，被动成为另类企业，造成社会公众对小贷行业认知的混乱，甚至与"民间放贷机构"或"高利贷"混淆，给整个小贷行业带来不好的社会影响。

2. 不利于小贷公司开展债权追收等工作，作为一般工商企业，小贷公司可能面临诉讼时间长、成本高、抵贷资产处理涉嫌重复纳税等负面效应。

3. 小贷行业进入举步维艰的局面，全国各地地下钱庄、高利贷、校园贷、套路贷和现金贷等非法机构或业务异常活跃，严重束缚小贷行业的健康发展。有调查数据显示：我国小贷行业真正活跃的不足20%，小贷公司发展进入严峻的挑战期。①

第一，小贷公司放贷业务虽然属于金融业务，但许可权并不由银监会行使。根据《金融许可证管理办法》，金融许可证的颁发、更换、吊销等由银监会依法行使，其他任何单位和个人不得行使上述职权。金融许可证的适用对象并不包括小贷公司。

第二，省级政府主管部门批准设立小贷公司的权力并非来自银监会的行政授权。行政授权者与被授权者必须是上下级，被授权者须对授权者负责，有服从授权者指挥和监督并向授权者报告工作的义务。然而，银监会的下级部门是省一级的银保监局，与隶属于省级政府的主管部门（金融办）之间不存在上下级关系。在《关于小额贷款公司试点的指导意见》（23 号文）中，并无任何授权字样，其中仅规定了小贷公司在申请设立时，还应在五个工作日内向当地公安机关、中国银保监会派出机构和中国人民银行分支机构报送相关资料。显然，报送相关资料不能作为行政授权的理由，否则公安机关就

---

① 参见：中国人民大学中国普惠金融研究院《我国小额贷款公司现状调查与监管建议》（2018 年）。

成了授权主体了。

第三，法律意义上的"金融机构"，无论是在设立、监管、消灭，还是税收及其他政策上均有其特殊含义，它不同于通俗意义上的金融机构，不是说只要业务具有金融属性，就属于金融机构。根据现有的法律法规，"金融机构"必须是由金融监督管理机构批准设立并监管、领取金融业务牌照、从事特许金融业务活动的机构。因此，在法律上界定金融机构，当然应以是否取得金融许可证作为前提，否则，各类担保公司、典当行、拍卖行，都会被套上金融机构之名。所以，小贷公司目前并没有被认定为金融机构。

（二）资金渠道受阻成为发展"软肋"

《关于小贷公司试点的指导意见》（23 号文）规定小贷公司不能吸收存款，即"只贷不存"，主要资金来源为"股东缴纳的资本金、捐赠资金，以及来自不超过两个银行业金融机构的融入资金"，直接导致小贷公司资金来源上的限制，严重影响小贷公司的可持续发展。

试点之初，出于审慎监管的考虑，监管部门采取较为严格的资金渠道限制措施是可以理解的。但是，随着小贷公司不断发展，整个行业业务规模、经营特点发生了较大变化，小贷公司自身也有了长足发展，对资金渠道的限制政策却一直没有改变。从我们在深圳、重庆、贵阳、南京、宁夏等地调研情况来看，小贷公司资金来源大都是股东自有资金，银行资金获得性较差，特别是近期出台的一系列政策限制了小贷公司通过包括私募投资、证券基金、资产证券化等的非银行融资渠道，诸如《关于立即暂停批设网络小贷公司的通知》《关于规范整顿"现金贷"业务的通知》和《小贷公司网络小额贷款业务风险专项整治实施方案》等文件，均限制小贷公司融资，结果只能是小微企业、个体工商户"融资难、融资贵"问题进一步恶化。

（三）限制助贷模式不利于合作共赢

《关于规范整顿"现金贷"业务的通知》（141 号文）第三条规定："'助

贷'业务应当回归本源，银行业金融机构不得接受无担保资质的第三方机构提供增信服务以及兜底承诺等变相增信服务，应要求并保证第三方合作机构不得向借款人收取息费。"

显然，《关于规范整顿"现金贷"业务的通知》（141 号文）对小贷公司与银行合作的助贷模式，增加了难以实现的条件限制，强调了"'助贷'业务应当回归本源，银行业金融机构不得接受无担保资质的第三方机构提供增信服务以及兜底承诺等变相增信服务，应要求并保证第三方合作机构不得向借款人收取息费。

小贷公司经过多年发展，已经具有了良好的获客能力和风控能力，唯有资金来源一直是小贷公司面临短板。因此，我们认为将小贷公司获客能力和银行资金优势结合起来，就可以发挥出小贷公司强劲的金融服务功能，小贷公司与银行合作的"助贷"模式，经过了十年的实践，已经帮助了数千亿元计的银行资金流向小微企业，至今无任何银行出现任何信贷损失，现已成为小贷公司与银行合作的主要渠道。显然，"助贷"模式已经构筑了金融体系内大中小机构之间的金融微循环支撑系统，形成了大、中、小型金融机构功能分工合理、资源有效配置和作用优势互补的一种新型运作机制，有助于缓解小微企业和"三农"融资难、融资贵的问题，更加有效地服务实体经济。

（四）融资杠杆制约快速发展

《关于小贷公司试点的指导意见》（23 号文）明确规定："在法律、法规规定的范围内，小贷公司从银行业金融机构获得融入资金的余额，不得超过资本净额的50%"。按照 23 号文规定，小贷公司最多只能从两家银行融入资本净额 50% 的资金，杠杆率为 1.5 倍。这使大多数小贷公司不可能与国有银行发生融资关系，最终导致小贷公司融资规模偏小，难以满足小贷公司的资金需求。

虽然各省市陆续出台了小贷公司暂行管理办法或其他推动小贷行业快速

发展的指导文件，对小贷公司资金来源及融资渠道略有放开。例如，重庆市统一要求是 2.3 倍，山东省统一要求是 2 倍，江西省规定可以放松到 3 倍，但上限基本局限在 150% ~ 300%，依然给小贷公司发展带来了极大的限制作用。而国有保险公司、国有担保公司的杠杆率都在 10 倍左右，甚至更高一些（见表 4 - 6）。

表 4 - 6　小贷公司与同类非银行金融机构比较

项目	农村信用社	融资性担保公司	小贷公司	比较
可融资净额与资本比	10 倍以上	10 倍	1.5 倍	最低
产品结构	多产品	贷款、融资担保	放贷	单一
盈利模式	多元化	担保费、中介收入	利差收入	单一
利（费）率	基准利率 2 倍	基准利率上浮80% ~ 100%	基准利率 4 倍	高
税率	营业税及附加3.3% 所得税 12.5%	执行一般服务企业税率	营业税及附加 5.6%所得税 25%	重

注：根据相关资料整理制表。

二、互联网小贷公司发展的特殊问题

（一）异地监管存在套利现象

如前所述，行业发展早期，重庆市和广东省表现出比较积极的监管姿态，一些大的互联网公司和企业集团旗下的互联网小贷公司集中在这两个省份。但在实际经营过程中，由于母公司和互联网小贷公司主要员工并不在注册地，存在互联网小贷公司只在注册地保留办公场所，但主要经营主体在异地的现象。这种格局既不利于监管的有效实施，也不利于企业经营的合理布局。例如，趣店、宜人贷是在美国上市的互联网金融企业。趣店于 2014 年在北京设立，但支持其业务的最重要的两张互联网小贷牌照是江西省金融办颁发的，分别在赣州和抚州高新区。宜人贷也拥有一张网络小贷牌照——海南宜信普惠小额贷款有限公司。再比如，支付宝界面下的花呗和借呗业务是在互联网小额贷款牌照下进行的，业务主要人员和系统在杭州，但两家公司——重庆市蚂蚁小微网络小贷公司和重庆市蚂蚁商诚网络小贷公司都注册在重庆。

这一格局导致的结果就是地区间的过度竞争。因为各地承担着吸引外来资本、促进当地金融业发展的任务，在自己掌握审批权限的情况下，有动机制定比其他地区更加宽松的标准吸引企业准入，特别是一些金融和经济本身不太发达的省份，吸引大型传统金融机构比较困难，就会在吸引新型金融资本方面更加积极。2015年之后互联网小贷公司牌照受到市场追逐时，各地竞相发放牌照就是这种监管竞争的一个例证。

但是，国外很多金融机构都存在这类问题，它们都在某一地注册，而在另一地开展业务，诸如美国摩根，注册地与经营地区分是国际惯例，即便在我国类似的例子也不少，例如不少金融资产交易所都是注册在天津、重庆，但真正经营地却在上海、北京等一线城市。

我们今天讨论这个问题，并不是一味地要限制异地经营，而是通过对目前异地经营现状的分析，找出根源，寻求解决途径。造成这一局面的原因是我国没有互联网小贷公司监管的统一规则，全国各地执行的准入标准不同，客观上存在地区间监管套利的现象。如果今后全国统一了监管标准，可以彻底根治地区间过度竞争，也可以杜绝"寻租"和异地监管套利现象。

（二）用户信息容易遭受侵权

首先，近年来，数据库被恶意攻击问题逐渐暴露，金融交易数据安全受到威胁，网贷系统本身的各种潜在问题如系统漏洞、系统架构以及系统兼容性问题，经常导致各种系统性风险，尤其是"非人格化"交易属性更与大数据风险息息相关。[①]

其次，在系统运行过程中，大数据在依托互联网在线提供金融服务时，

---

① 袁小萍：《充分利用大数据防范互联网金融风险》，摘自《浙江在线－浙商网》，2015年1月30日。

由于服务渠道的变更，使互联网小贷公司提供端和需求端面临系统安全、账户资金安全、交易流程安全等新型金融风险，急需互联网小贷公司具备较强的风险控制能力。

最后，在系统运行过程中，网络小贷监管复杂性也极易给他人造成"被贷款"。不少电子商务平台的长期交易，积累了海量的客户交易数据，然后通过大量数据模型，对这些客户信息进行大规模集成计算、筛选、整理，映射为客户的信用评价，并据此发放贷款。

当然，一旦客户信息管理不善或其他不当运用，极有可能会出现数据造假、数据伪报、数据泄露等一系列安全问题，更会给消费者造成实际损失，就像有学者所说的"不仅对借款人隐私权造成侵害，更有可能对借款人的人身财产安全安构成严重威胁。"[①] 特别是在目前我国信用体系尚不完善的情况下，互联网小贷公司违约成本较低，更容易引发多种金融风险问题，造成恶性群体性事件。

（三）过度强调互联网背景

在我国，大多数互联网小贷公司都起步于电商平台，从电商交易开始积累了很丰富的数据、交易和订单信息，演变为网贷机构征信的一种天然数据源。因此，目前国内大型互联网背景下的互联网小贷公司都强调"场景"设置，否则似乎就存在欺诈用户的嫌疑。

《关于规范整顿"现金贷"业务的通知》（141 号文）更是强制要求小贷公司暂停发放无特定场景依托的网络小额贷款，并逐步压缩存量业务，限期完成整改。也就是说，今后网络小贷开展业务，只能做有场景的，否则就是违反监管规定。如此一来，没有场景依托、客户群体无差别的网络小贷业务都将无法经营，其业务、客户来源也将逐渐丧失。

---

① 戴宏伟、冯书通：《网络小贷公司的法律风险难题》，摘自《农村金融时报》，2016 年 5 月 16 日。

于是，在这个硬性监管要求下，没有互联网背景的小贷公司为求生存，普遍采取敷衍了事或虚假设置"场景"做法。例如，越来越多的传统小贷公司谋求场景分期，寻求与一些电商购物平台开展"深度"合作，共同设置下拉选项，即由借款人选择借款用途，其借款界面设置的下拉选项中，供借款人选择借款用途包括：网上购物、实体店购物、教育培训、出国留学、婚庆装修、餐饮娱乐、医疗美容、旅游出行等，以此迎合"有场景"的监管要求。显然，小贷公司和借款人合谋随意选择用途的"场景"做法只是自欺欺人，监管部门根本无法监测借款人的资金去向，"场景"监管只能是形同虚设。

在整治小贷公司的活动中，2017 年 12 月《小额贷款公司网络小额贷款业务风险专项整治实施方案》（56 号文）应运而生，强调了小贷公司的互联网背景，将网络小贷定义为互联网企业通过其控制的小贷公司。凡是不符合规定的、已批设机构都要重新核查业务资质。如果不是由互联网企业控制都将被视为不符合规定，都需要重新收回牌照。《小额贷款公司网络小额贷款业务风险专项整治实施方案》（56 号文）严格监管的条款虽然有其合理的一面，但同时也带给传统小贷经营上的困境。

（四）网络小贷利率偏高

尽管所有网络小贷公司宣称为用户提供普惠金融服务，但实际上小额消费贷款的利率是比较高的。例如，很多网上贷款，对外表述一天借 1 000 元只需支付 0.4 元利息，让对利率了解不多的用户认为利率很低，但实际上，万分之四的日利率（已是不少用户能享受的最低"优惠"利率），换算成年利率高达 14.6%，远超银行贷款利率，基本接近最高人民法院司法解释中规定的利率 15.4% 上限。正因为如此，社会低收入群体和业内人士都曾撰文批评这些互联网贷款机构是"普而不惠"，对普罗大众并没有多少实惠可言。

近年来，网贷机构纷纷以金融科技或科技金融的名义重新进入金融领域，为用户提供小额贷款等金融服务，诸如支付宝花呗、借呗，京东白条、金条等。花呗、白条是与银行信用卡相似的消费金融服务，用户购物后即可付款，借呗、金条则是直接向用户提供现金借贷服务。这些转型的金融科技公司，覆盖了相当大比例的网民。据中国互联网信息中心统计，到 2020 年 6 月，中国有 9.4 亿网民。如果网络贷款的利率长期居高不下，对普惠金融而言，并不是一件值得高兴的事情。

我们认为，首先要以利率和各种费用形式对借款人收取的所有借款成本与贷款本金的比例计算为综合实际利率，折算为年化形式，其次排查综合实际利率是否符合最高人民法院关于民间借贷利率上限的规定，最后再检查是否存在从贷款本金中先行扣除利息、手续费、管理费、保证金或设定高额逾期利息、滞纳金、罚息等行为。

（五）暴力或变相暴力催收蔓延

网络小贷经常发生暴力催收问题，自行或委托第三方通过暴力、恐吓、侮辱、诽谤和骚扰等方式催收贷款，严重伤害金融消费者的合法权益。为此，监管部门必须严格监管，甚至要动用司法部门介入。

当然，我们要首先弄清楚暴力催收或变相暴力催收的几种违规类型：（1）没有经过金融消费者允许或同意，恶意泄露金融消费者个人通讯录，对金融消费者通话记录的朋友、亲戚、家人以及其他社会关系进行骚扰，泄露相关内容，侵犯金融消费者的隐私权。（2）通过微信、短信方式或其他方式对金融消费者进行恐吓、侮辱，威胁金融消费者家人或者亲戚朋友，使用下流、谩骂辱骂以及其他形式的恶劣言语。（3）贷款机构每天对金融消费者催收多达 3 次及以上，或者在不恰当的时间催收钱款，比如经常在早上 8 点以前，或者晚上 9 点以后打催收电话，严重侵害了金融消费者正常的生活。（4）擅自曝光金融消费者的个人信息在网络平台或者其他公共区域。（5）用不合适的方式催收钱款，诸如上门到家或者工作单位进行催收，导致个人名誉受损，包括采用非法软件短信"轰炸"个人手机，对金融消费者的生活造成严重骚扰的。（6）钱款逾期后，逾期费用高于国家规定的利率，侵犯金融消费者的合法权益。（7）采取诱导方式欺骗金融消费者，推荐金融消费者到其他平台借贷，使用拆东墙补西墙手段让金融消费者无法还清钱款。（8）冒充国家执法机关相关工作人员进行恐吓，暴力催收等违规行为。

如何改变暴力催收问题，首先，排查网络小贷公司是否诱导借款人超过自身可负担能力过度举债，陷入债务陷阱，是否自行或委托第三方通过暴力、恐吓、侮辱、诽谤和骚扰等方式催收贷款。其次，排查是否充分评估和持续关注借款人的信用状况、偿付能力和贷款用途等，审慎确定综合实际利率、贷款额度、贷款期限、贷款用途限定、还款方式等。最后，排查是否建立较完善的网络小额贷款风险控制体系，即全面考虑信用记录缺失、多头借款、欺诈等因素对贷款质量可能造成的影响，从借款人身份识别到贷款本息收回的全流程风控体系。

第四节　小贷公司现实作用与市场价值

一、形成多层次、多渠道的金融服务体系

自小贷公司发展以来，其对国民经济发展和金融市场创新作出了很大贡献。作为服务中小微企业的商业组织，小贷公司是我国金融体制改革及创新的产物，在提供的贷款服务方面有其特有的优势，其开展的是传统银行不涉及的、做不了的小额贷款业务。其中，提供无抵押、无担保贷款服务，并没有跟传统金融机构产生竞争关系，还为中小微企业、广大个体工商户、农户等群体解决了融资难题，同时带来创新业务，体现出竞争中的差异化，提供了更多有特色、因地制宜的贷款产品和服务，有效地解决了小微企业、"三

农"机构、个体工商户以及贫困人群资金短缺问题，小额贷款公司更能聚焦风控，使信贷市场出现分层结构，形成以银行为主的传统金融体系的补充，弥补了我国金融体系不足的问题（见表4-7）。

表4-7　小微企业贷款统计　　　　　　单位：万亿元，%

季度	季末贷款余额	同比增长	占企业融资余额占比
2015 年第一季度	15.89	16.00	30.20
2015 年第二季度	16.23	14.50	30.10
2015 年第三季度	16.67	14.50	30.40
2015 年第四季度	17.39	13.90	31.20
2016 年第一季度	18.75	14.50	30.30
2016 年第二季度	19.31	15.50	30.70
2016 年第三季度	19.92	15.90	31.40
2016 年第四季度	20.84	16.00	32.10
2017 年第一季度	21.94	17.00	32.00
2017 年第二季度	22.63	17.20	32.00
2017 年第三季度	23.51	17.80	32.40
2017 年第四季度	24.33	16.40	33.00
2018 年第一季度	25.14	14.30	32.70
2018 年第二季度	25.90	12.20	33.30
2018 年第三季度	26.42	14.20	34.40
2018 年第二季度	25.91	12.50	32.30
2019 年第一季度	24.96	12.10	31.30
2019 年第二季度	23.92	11.40	31.50
2019 年第三季度	23.56	12.80	29.30
2019 年第四季度	22.62	13.20	27.80

资料来源：中国人民银行。

从金融服务体系角度看，小贷公司更具有贴近市场、本土化和便利性等特点，承担了金融微循环的底层功能，对传统银行延伸不下去的金融渠道给予了积极补充。例如，消费金融贷款金额非常小，每次金额平均只有几千元钱，显然，这些人群并不是商业银行的消费信贷的覆盖范围，基本上只能通过很高利率的民间借贷获得贷款。但是，小贷公司本着"手续从简、利率从活、放款从快"的宗旨，以方便快捷、灵活高效的放款方式为小微企业、为草根经济体和弱势群体提供了可得的金融服务。虽然小贷公司贷款利率普遍在 15% 以上，但是小贷公司业务办理灵活，抵押和保证门槛较低，对于满足客户短期资金需求有较好的补充，深受消费市场欢迎，已经成为我国金融体系一个重要组成部分，成为我国信贷供给体系的有效补充。

二、引导社会资金流向低收入群体

小额贷款行业的发展，填补了传统金融的不足。随着改革开放的不断深入，迅速发展的经济活动对金融服务产生巨大的需求。但是，在大力发展工业经济的趋势下，大多数金融机构产生了使命漂移，重心是大中型国有企业或者外贸机构，国有大中型银行逐步从农村撤出分支机构，服务中小微弱、服务"三农"不再是传统金融机构的优先使命。很多金融机构变成了农村资本的抽水机，吸走了传统金融机构绝大多数的金融资源，巨大的资本从弱势群体向富裕阶层、从农村向城市、从微型经济向大型经济发生了转移。

近几年，在普惠金融政策指引下，除了传统金融机构开始转向服务中小微弱之外，小额贷款公司肩负起促进社会发展和维持自身商业可持续发展的双重使命，高度重视农村贫困户、"三农"机构以及乡村老弱病残群体的生计问题，农村偏远地区人群、"三农"机构以及乡村老弱病残群体开始有机会获得必要的金融服务。

首先，"三农"是普惠金融最主要的服务对象，"贷款难，贷款贵"常常被用来描述这个群体的金融服务特征。小贷公司在坚持为农业和农村经济发展服务的原则下自主选择贷款对象，本着"小额、分散"原则放贷款，面向农户和微型企业提供信贷服务，着力扩大客户数量和服务覆盖面，长年坚持为我国"三农"经济的发展贡献着一份力量。

其次，小贷公司大部分贷款投放到小微企业和个体户的生产经营活动中。中国人民银行 2018 年第四季度公布的相关数据显示：全国有 8 551 家小额贷款公司，推算当年为约 2.38 亿个客户提供贷款服务。根据我们初步调查统计：399 家小额贷款公司放贷款 31 246 094 笔，服务 11 106 927 个客户（包括企业和个人），平均每家服务 27 837 个客户。小额贷款公司 78% 的贷款用于生产经营活动，52% 的小额贷款公司将 90% 以上的贷款投放到生产经营活动中。这些经营活动，大多数由小微企业和个体户完成。

最后，小额贷款公司绝大多数的客户属于低收入人群和微型经济体。现实中，发展小额贷款业务具有很高的增加社会就业的作用，因为小额贷款公司提供的贷款，服务于农户、小微企业、农村小作坊、"三农"组织和农村个体经济等被传统金融所忽视的特殊贫困群体。对于自谋生计的个体人员，其中包括农业生产、家庭农场、个体工商户，小额贷款公司是他们自谋职业自谋生计的主要资本来源，也是他们扩大生产、增加收入的唯一依靠。以"三农"为例，"三农"是小贷公司主要服务的客户群体之一。"三农"问题一直是国家高度关注的问题，已经连续多达 15 年出现在中央一号文件中。根据历年《金融机构贷款投向统计报告》显示：涉及"三农"类贷款持续增长，虽然增速不尽相同，但贷款体量巨大，趋势较为稳定。

表 4-8 是对 399 家小额贷款公司客户结构分析的结果，可以清晰地看到，有 49.85% 的客户贷款额度在 1 万元以内，48.17% 的客户贷款额在 1 万~5 万元。实际上，借贷 1 万元以内的客户，多数属于低收入人群。如果将借贷在 1 万~100 万元视为典型微型经济客户（包括从事农业生产的农户、个体户、小微企业），则有 49.9% 的微型经济客户。据此推算全国 8 551 家小额贷款公司，服务了约 1.19 亿微型经济客户。

表 4-8　客户结构分析　　　　单位：万元，%，户

贷款额度	客户比例	客户数
≤1	49.8480	5 536 578
>1≤5	48.1671	5 349 888
>5≤10	0.7905	87 796
>10≤50	0.8517	94 595

续表

贷款额度	客户比例	客户数
>50≤100	0.0782	8 691
>100≤200	0.1120	12 440
>200≤500	0.0900	9 991
>500≤1 000	0.0194	2 157
>1 000≤2 000	0.0413	4 591
>2 000	0.0018	200

数据来源：《小额贷款的普惠金融使命及风险监管》。

　　如此庞大的微型经济体融资问题，确实是普惠金融需要解决的大问题。以联合贷款模式为例。小贷公司通过"联合贷款"模式允许银行的资金流入市场。如果没有小贷公司介入，银行的巨量资金没有合适的渠道流入中小微企业，更不会流向个体工商户和贫困人群。如果将1亿多的低收入人群和1亿多的小微经济体所牵涉的总人口加以考虑，如此众多的人群和经济体在国计民生中分量是举足轻重的，没有理由不把小额贷款服务纳入国家金融体系中加以考虑。

　　十年间，小贷公司全力为小微企业、"三农"机构、个体工商户以及贫困人群提供了及时、可负担的金融服务，涌现出了一批全国优秀小贷公司、优秀商业模式和优秀小贷人，极大地发挥了服务实体经济的作用。截至2019年6月底，全国小贷公司共有8 471家，经营范围已经覆盖85%以上的县域，50%左右的贷款用于支持"三农"和小微企业等实体经济，覆盖了大概800万~1 000万的个体经营者，创造了近十万人的就业岗位。以深圳为例，据深圳小额贷款行业协会不完全统计：2019年，小贷公司通过开展与传统银行有差异性的信贷服务，向包括小微企业和个体工商户在内39万的商户（含小商户、小业主）提供了小额贷款服务，有力地支持了小微企业的发展，确保了个体工商户的维持。如果没有这些小贷公司贷款，深圳的小微企业和个体工商户绝对无法获得及时、稳定的信贷资金，深圳本地经济也不会保持一个稳定发展的态势。

三、降低了商业银行风险

小贷公司支持的客户，大多是银行不愿支持的一些次贷或者高风险的客户。通过这种支持，让大量不符合银行贷款条件的客户逐步成长为符合银行贷款要求的客户，再让银行支持这些客户，不仅降低了自身风险，小贷公司用自己的资本来承担银行不愿意承担的风险。

同时，互联网小贷公司在风控模式上作出了非常大的创新，摆脱了过去依据抵押和质押模式，创新使用数据化的模式为小微企业和个人提供经营性信贷和消费性信贷。也就是说，互联网小贷公司用自己的资本承担了实体经济的贷款风险，解决了中小微弱的资金问题。这是金融风控模式的创新，在降低银行风险方面的作用是巨大的。

四、确立了地方政府金融监管权

由于目前小额贷款公司是我国除了"一行两会"监管之外唯一合法的放贷金融企业，小额贷款公司的设立是赋予地方政府金融监管权的开端。例如23号文明确表示"凡是省级政府能明确一个主管部门（金融办或相关机构）负责对小额贷款公司的监督管理，并愿意承担小额贷款公司风险处置责任的，方可在本省（区、市）的县域范围内开展组建小额贷款公司试点"。这个表述赋予了地方政府批准设立并实施小贷公司监管的权力，开创了地方金融监管的先河。特别是2019年全国金融工作会议进一步明确了中央和地方双重金融监管架构，指出地方政府应该按照中央统一规则，强调属地监管原则，强化属地风险处置责任。可以说，小贷公司的设立就是赋予地方政府金融监管权的开端，确立了我国地方政府的金融监管权。

五、扩大社会底层就业

小贷公司可以有效增加社会就业，丰富低收入群体的就业渠道。以小微企业为例，小微企业从传统金融机构获得贷款的机会很少，小额贷款公司提供的贷款，使他们能够稳定开展经营活动，为当地低端就业人员提供就业机会。根据国家统计局的抽样数据显示，平均每户小型企业能带动 8 人就业，一家个体工商户带动 2.8 人就业（见表 4 - 9）。

表 4 - 9　"三农"贷款统计　　　　　单位：万亿元

季度	农村贷款	农户贷款	农业贷款	总计
2015 年第一季度	20.34	5.64	3.46	29.36
2015 年第二季度	20.72	5.84	3.52	30.08
2015 年第三季度	21.09	6.02	3.55	30.66
2015 年第四季度	21.61	6.15	3.51	31.27
2016 年第一季度	21.89	6.44	3.61	31.95
2016 年第二季度	22.26	6.67	3.69	32.62
2016 年第三季度	22.59	6.93	3.76	33.22
2016 年第四季度	23.25	7.08	3.66	33.74
2017 年第一季度	23.76	7.43	3.8	34.99
2017 年第二季度	24.39	7.69	3.88	35.96
2017 年第三季度	24.94	8.09	3.97	36.82
2017 年第四季度	25.16	8.18	3.96	37.16
2018 年第一季度	25.64	8.54	4.94	38.14
2018 年第二季度	26.07	8.81	4.02	38.95

数据来源：中国人民银行网站。

截至 2018 年第二季度，小微企业贷款余额已达 25.9 万亿元。而小贷公司能够真正服务于小微企业，帮扶创新创业，将金融服务与广大基层结合起来，为我国经济长期可持续发展注入新活力。

六、间接证实民间资本金融业务合法性

在现实中，各类民间借贷机构以及民营资本出于自身利益考虑，片面追

逐利润，不断提高贷款利率，导致民间借贷利率不断上升，对小微企业、"三农"机构的健康发展带来负面影响。与此同时，小贷公司一直坚持"社会效益与经济效益并重"原则，以合理的资金价格开展小贷业务，带动民间借贷利率下行，有效遏制了非法民间借贷的蔓延和无序发展，引导社会资金流向政府鼓励的行业，助力各类小微企业均衡、协调发展。

小贷公司的出现明确了民间资本从事金融业务的合法地位，为民间资本进入金融领域打开了一条出路，对民间借贷的利率水平起到了示范作用，实现了民间借贷的阳光化和规范化。特别是伴随着互联网科技的崛起，小贷公司将成为互联网技术与放贷业务结合的载体，小贷业务互联网金融化，将银行的资金优势与互联网小贷公司的获客和风控优势进行结合，利用云计算、大数据等技术提高风控能力和业务效率，降低人员成本，合理利率有效地替代地下钱庄等非阳光化的放贷机构，压缩了高利贷的空间，降低了暴力催收现象，使社会的中底层的人员能够获得安全、低成本和有尊严的贷款服务，使完全用数据化模式为小微企业和个人提供经营性和消费性贷款成为可能，为大量用户提供小额贷款服务，且不良率极低，为小贷公司发展开创出一条新路，也为民间资本进入金融领域打开了合法出路。

七、对国家经济增长的促进作用

一般而论，经济增长最终都是通过人来实现的，调动所有经济主体的作用才能更大地提高经济增长率。截至 2019 年末，我国小微企业约有 2 800 万户，个体工商户约有 6 200 万户，中小微企业（含个体工商户）占全部市场主体的比重超过 90%，贡献了全国 80% 以上的就业，70% 以上的发明专利，60% 以上的 GDP 和 50% 以上的税收，在经济中占有非常重要的地位。国家每增长 10 万人就业，就可促进 GDP 增长 1% 的幅度。所以，国家要保证 GDP 增长就要有就业的支撑。小额贷款主要是针对中小微企业的发展，面对社会贫困人群，其中不乏大量的失业者，因此，小贷公司发挥的作用就是增加就业率，提高就业率，促进国民经济发展。

再从国内消费金融市场看，近年来消费金融市场经历大幅度扩张。2012年至今，我国消费贷款规模呈现逐年增长态势，截至2019年第三季度，我国消费贷款规模总计13.34万亿元，较2012年增长11万亿元，规模扩张显著。增速方面，2017年我国消费贷款同比增长率达到62.7%，为2012年来最快增长，虽然2018年起我国消费贷款增长速度有所放缓，但也一直保持在15%的水平之上。2019年前三季度，我国消费贷款增长率为17.47%。

清华大学中国经济思想与实践研究院（ACCEPT）历时四年、涵盖了全国30个省区110个城市的问卷调查发现，我国居民对于消费金融公司的接受程度和满意程度不断提高，愿意使用小贷公司或民间借贷消费金融服务的年轻人每年增长速度超过10%。"非常满意"的受访者从2016年的11.4%迅速上升到2019年的71.5%。而在行业头部消费金融公司中，对于"捷信"受访者满意程度均维持在90%以上。显然，这里面小贷公司的方便快捷的日常消费型贷款起到了积极作用。因为同行业方面，小贷公司与其他传统线下贷款机构相比，存在成本低，期限长，额度高，交易体验更快、更灵活等优势。与传统渠道相比，小贷公司能够为用户提供卓越体验和更多元化的产品组合，未来必然会成为更多消费者消费金融服务提供商的首要选择。

不容忽视的是，未来我国消费金融行业发展仍然有很大空间。虽然因为疫情原因导致的国内经济增长速度的放缓会给居民收入带来一定的负面影响，但随着疫情的控制好转，2021年GDP增速上调至6%以上，除此之外，金融科技的快速崛起，也会大幅提高小贷公司放款的速度和频率，导致居民对于未来预期收入的改变，进而影响居民消费的内容结构和期限结构。从某种程度上也对国家经济增长起到推动作用。

第五节　促进小贷公司发展建议

一、小贷公司统合监管建议

（一）明确小贷公司法律地位

目前，我国属于"金融机构"的机构虽然都是从事金融业务的企业，但在业务上并无共性，分属于金融领域各个不同行业，它们只接受"一行两会"的金融监管。由此得出，我国金融机构基本上是按照是否接受"一行两会"监管的标准来划分的，是以能否接受金融监管机构的监管为判断金融机构身份标志的。

而小贷公司是接受地方金融监管机构监管的金融企业，应当属于金融机构的范畴，应该得到放贷组织的合法地位，应该获得放贷组织同等待遇，可以将小额贷款公司认定为地方监管金融机构。建议在未来《非存款类放贷组织暂行条例》中明确小贷公司是"非存款类金融机构"，不再定义为普通公司或含混不清的"金融企业"，法律上明确小贷行业与银行业同属"金融行业"，小贷公司享有与银行同等的税收、司法等待遇，不再把小贷公司与无牌无照的非法金融机构或互联网平台（P2P）混为一谈，全部纳入国家金融业的发展路径与监管规划。

（二）构建中央和地方双重监管体系

建议建立由中央监管部门实施统一监管的体制。小贷行业由中央金融监管部门统一监管，地方金融机构负责对小贷公司日常经营监管，并提供相应金融服务、协调等工作，按照注册资本、股东资质、技术实力和不良率等维度进行分级或分类，等级高的小贷公司在经营区域、融资渠道和杠杆率方面得到较为宽松的限制，等级低的小贷公司接受更为严格的限制，并根据上一年经营状况，每年进行一次调整，达到"户枢不蠹、流水不腐"动态监管效果。

同时，统筹协调是我国中央金融监管体制的整体方向，核心是建立地方监管部门统一的监管体制。从 2010 年我国第一家小贷公司诞生至今，小贷公司监管一直是在多头监管、分散管理的状态下进行的，无论是监管部门还是地方政府，都没有成熟的思路与统一的监管标准，导致对小额贷款公司的监管处于无序状态，经常暴露出准入审批规则不统一、监管力度不够和地方金融风险严重累积等问题。

小贷公司可以由地方（省、市、自治区）金融监督管理局负责对小贷公司日常经营监管，并提供相应金融服务、协调等工作，即中央监管机构在法律上明确地方金融监管机构应承担具体监管职责，提供小贷行业监管的宏观政策和指导性意见，地方金融监督管理局承担起日常的监管职能，帮助小贷公司建立内部风险防控体系和监管标准体系，例如定期报送数据报表、财务指标、业务操作流程、贷款行为规范、风险控制要求等。

（三）促进放贷利率市场化

如果不考虑借款人的风险等级，按照民间借贷去管理小贷公司利率，小贷公司将无法继续为小微客户提供信贷服务，许多借款人将因此失去小额信贷来源。实际上，自 2017 年 12 月监管新规出台以来，就已经暴露出这一问题。

为了保障小微企业及个体工商户获得有效金融信贷供给，贷款利率应按照中央提出的利率市场化改革方向，在提高融资杠杆率的同时，实行市场定价和风险定价，确保贷款机构的利息收入能覆盖其包括信贷损失在内的成本，并获得一定的合理利润。①

当然，放开商业性小额贷款组织的利率限制是一个渐进的过程，不能操之过急。我们不赞成简单模仿西方有些国家小贷利率突破40%~60%的界限，这是十分危险的做法，并不符合中国金融市场实际情况。虽然贷款利率高低是根据市场供求来决定，但同时必须有一个监管规定的利率上限，是一个大多数借款人认可的一个利息负担，是一个最能体现社会公平、安全和谐的公约数，这才是促进利率市场化的最佳途径。

（四）资金渠道的扩展和开放

现行小贷公司融资渠道是不超过两家银行，从小贷行业发展和市场需求看，严重限制了小贷公司的融资渠道，这些硬性规定严重限制了小贷公司快速发展。

由于融资渠道的扩展和开放涉及小额贷款公司风险外溢范围的问题，因此，小贷公司融资模式和规模应该与其承担的风险相匹配，并不是不加区分地把所有人或机构都变成小贷公司的融资对象，有必要对现行小贷公司融资渠道进行扩展，融资对象也不应局限于银行机构。只有具备合格融资条件的才可以成为小贷公司"合格融资人"，必须是可以承受小贷公司经营失败带来的风险的自然人或企业，以实现小贷公司融资渠道应该多元化趋势。比如，小贷公司不仅通过自有资金、捐赠资金和银行融资等规定的资金来源开展业务，还可以通过保险、信托、资产证券化（ABS）、基金或向主要股东定向借款等方式拓展融资渠道；对不同的融资渠道还可以限定融资金额；对于股东

---

① 经过三十年的改革，我国绝大部分商品和服务的价格已经由市场决定，而利率即货币资金的价格仍未完全放开，我国的利率水平过低，远低于资金的机会成本，也远低于市场均衡时的利率水平，使资金的使用效率较低。在2019年，我国名义利率甚至低于通货膨胀率，即实际利率为负数。利率市场化，使利率达到市场均衡的利率水平，这将迫使企业去寻找盈利率高的项目，从而使稀缺的资本配置到最有效率的用途上。按照最高人民法院的司法解释，利率超过同期银行贷款利率的4倍的借贷不受保护，而民间借贷大多等于或超过银行利率的4倍。但在浙江省，民间借贷是中小企业重要的资金来源。可以说，没有民间借贷，就没有浙江省中小企业的快速发展。

借款，必须是股东的自有资金，不能使用银行贷款借入资金，进一步确保融资渠道扩展风险最小化。

（五）融资杠杆率合理设定

当前，小贷公司融资杠杆比例受限，表外融资并入表内，小贷公司实际杠杆率将会大幅降低。这样一来，小贷公司的资金来源就更少了。无论是传统小贷公司还是网络小贷公司，只能靠自有资金放贷，业务量大大萎缩。因此，放宽非存款类放贷组织融资比例限制的呼声一直很高，但究竟杠杆率应该放宽到多少是合适的，一直没有定论。

现在的融资金额不得超过资本金50%的规定过于严苛，缺乏弹性。大多数小贷公司都倾向于杠杆倍数在3～5倍，只有少数小贷公司提出10倍杠杆率。综合来看，3～5倍的杠杆率更能体现当前小贷公司的诉求，降低小贷公司单笔贷款运营成本，获得必要的股东权益收益率，符合当前小贷行业基本利率水准和风险承受能力。

当然，对小贷公司设置杠杠率，不一定就是一个固定不变的数值。杠杆率比例的提高，需要对不同渠道的融资分别设立比例限制。由于杠杆率的大小决定了小贷公司风险外溢的程度，所以应当给予与小贷公司的风控能力相匹配的杠杆倍数。随着小贷行业的未来发展，可以针对不同业务能力和风控能力，根据不同小贷公司融资渠道，对小贷公司配置不同的杠杆倍数，以适应不同小贷公司的发展需求，配置一个合理的杠杆率。

（六）坚持合作放贷模式

在小贷公司与商业银行联合放款的业务合作中，无论是助贷还是联合放款模式，不能简单地理解是"银行将授信审查风控核心业务外包"，而是一种商业银行、小贷公司和中小微型企业三赢互利的合作模式。

小贷公司打通了资金受限的渠道，与银行联手做大规模，树立了形象，创新了产品，积累了经验。商业银行通过与小额贷款公司的合作，发现、挖掘并培育了一批中小微型的企业客户，尤其是银行要求客户开立结算账户、网银、信用卡、短信通等，拓宽了银行的金融服务范围；增强了银行的存款结算业务能力，例如收取保证金、客户的资金往来结算等；增加了银行的业务收入，例如发卡收取年费、中间业务手续费等；通过小额贷款公司对逾期贷款的代偿与回购，完全转移了银行相关信贷资产的风险，从根本上说没有出现呆坏账的可能性。

从深圳小额贷款行业与银行合作十来年的实际情况与数据看，没有在银行表内业务中产生一笔逾期行为，更没有在银行表内产生一笔不良贷款。对小微企业来讲，打通了企业融资的"最后一公里"，破解了小微企业的融资难题，通过"银贷"合作，有效服务了实体经济，受到小微企业的欢迎。因此，未来银行坚持小贷公司与商业银行联合放款的业务模式。

（七）完善小额信贷担保体系

征信体系不完善是导致我国互联网小贷公司出现许多问题的重要原因。未来需要进一步创新发展互联互通的征信体系，否则，不可能杜绝互联网小贷行业恶意欺诈、失信赖账等行为。为此，我们提出如下两点建议：

一是拓展担保范围。我们建议修订《担保法》《物权法》等民事法律法规的相关条款，充分考虑小额贷款担保业务的可操作性，简化担保登记程序、降低费用、积极引入市场化运作的担保公司等，化解小额贷款担保业务的瓶颈。二是开放征信系统，开展信用评级，尽快让所有小贷公司接入中国人民银行征信系统，推动互联网小贷公司网络建设与国内传统征信系统接轨。由小贷公司在发放贷款前对借款人进行信用报告查询，减少信用风险的发生，实行央行征信中心的数据库与互联网大数据的征信新平台联通，对其开放央行的征信系统，发展联保机制，建立大数据征信与传统征信联合的双重体系。据悉，由中国互联网金融协会牵头，芝麻信用和腾讯征信等行业相关机构联合发起成立的个人征信机构"信联"，就是在互联网用户征信数据共享方面作出的一次尝试。

（八）互联网"场景"重新设置

从逻辑和社会分工上说，由于小微企业、贫困人群、扶贫帮困并非主业，互联网公司更多地精力是集中在技术研发和方法创新上，更关注的是自己生态圈的客户群和盈利模式。因此，如果过度强调小贷公司必须具有互联网背景监管政策可能带来意想不到的后果。

金融市场的基本功能是将资金从盈余方融通到短缺方，实现资本的合理配置，流动性构成了金融市场最基本特征，而场景只是资金从盈余方流动到短缺方的一个通道，完全可以由双方自由搭建。虽然监管层禁止无特定场景网贷公司开展业务的本意是控制风险，防止过度借贷、超前消费。但是，互联网小贷公司在线上虚构特定交易场景并不复杂，完全可以通过虚构特定场景的方式规避监管对特定场景和用途的要求，网络上广泛存在的刷单和刷好评现象就证明了这一点。关键是"场景"设置只是消费金融的本质特征，并不是开展网络贷款业务的必备条件。所以，要求互联网小贷公司设置"场景"的要求应该重新评价。

监管政策不宜过度强调小贷公司的互联网背景。因为关键是金融牌照，而不是互联网背景。正确的方向应该是支持小贷公司线上线下结合，而不是单纯强调互联网背景。只有持有金融牌照的小贷公司才可以从事放贷业务。这样既可以避免因为过度强调互联网背景产生的矛盾，又可以让传统小贷公司更好地开展各种放贷业务，助推小贷公司全面、均衡发展。至于借款人"以贷养贷""多头借贷"等非法行为，完全可以通过风险调控、压缩存量业务和限期完成整改手段加以避免，没有必要对所有互联网小贷公司苛求"场景"监管要求。

二、小贷公司转型升级建议

此次疫情期间，我国最需要防范的经济和社会风险是大规模失业和长期经济损伤。许多小微企业现金流紧张，普遍缺乏流动资金，无法开业或销售额大幅下降，导致企业倒闭或裁员。其实，许多受疫情影响的小微企业从长期看是可持续经营的，但若无法渡过目前暂时的现金流和流动资金短缺危机，将不得不倒闭，无法挽回。为挽救这些小微企业及他们所提供的就业岗位，就需要为它们提供临时资金来补充他们的现金流，使其能渡过难关继续营业及保留员工。理想情况下，这笔资金应出自政府。但政府缺乏直接向小微企业主提供资金的机制和渠道，政府本身也可能面临税收和流动资金减少的问题。在这种情况下，可以通过小额贷款公司实现对小微企业的扶持和就业保护。

新冠肺炎疫情在全球暴发以来，许多国家都为应对新冠肺炎疫情影响及保持就业稳定出台了新政。美国于 2020 年 3 月 27 日颁布了《冠状病毒援助、救济和经济安全法》。这是美国历史上最大规模的经济刺激计划，为美国公民、企业和医院提供 2.2 万亿美元的救助资金，以应对新冠肺炎病毒带来的迅猛严重的经济打击。《冠状病毒援助、救济和经济安全法》中最重要的条款是薪资保护贷款计划，该计划提供近 3 500 亿美元的可免除贷款，以在危机期间保住员工就业。薪资保护贷款可用于支付长达 8 周的员工工资、抵押贷款利息、租金、水电费等。薪资保护贷款计划的贷款由银行发放，中央政府通过小企业管理局进行担保。

因此，面对同样疫情导致的失业和经济损伤风险，我国政府可利用现有的市场机制和手段，辅以支持性的政府政策来实现对小微企业的扶持和就业保护目标。小额贷款公司可作为其中一种市场手段，向小微企业主发放贷款，以稳定全国数以万计的中小微弱企业，稳定社会。为此，在疫情时代，面对小贷公司转型升级问题，我们提出以下一系列的政策建议。

（一）广开资金来源

2017 年开始实行的一系列"去杠杆"政策对小贷机构带来极大的挑战。《关于规范整顿"现金贷"业务的通知》（141 号文）不但实质性地切断了小额信贷机构与银行之间的合作，同时也严重削减了小贷机构的非银行资金来源。例如，颁布《关于规范整顿"现金贷"业务的通知》（141 号文）后，深圳地区小额贷款公司与银行间在 2018 年的合作下降了 92%。

1. 提供担保

在中国，很少有担保公司愿意为小微企业主和个体工商户贷款提供担保，保险公司也不得再提供第三方信用担保保险。为在疫情期间向小额借款人提供资金支持，建议深圳市政府鼓励国有持股的担保公司与小额信贷公司合作，为小微企业主贷款提供担保。担保公司将为银行或其他资金方提供担保，支持其向小微企业个体工商户发放贷款，而小额贷款公司将通过向担保公司提供反担保以承担贷款的最终风险。

2. 资产证券化

在《关于规范整顿"现金贷"业务的通知》（141 号文）颁布之前，资产证券化是小额信贷公司其中一个重要资金来源。深圳市政府最近发布的文件鼓励小额信贷机构向大的证券交易所寻求资金。这是极为有利的政策导向。我们由此建议：①重新回顾研究通过资产证券化交易出售贷款的小额信贷机构的杠杆比例限制。小贷公司通过资产证券化出售的贷款不再享有追索权，这不同于银行提供给小贷公司的借款或其他直接借款，在小额贷款公司资产负债表中的持续债务。因此，对此类公司的杠杆比例限制政策应有所区别。②除了两家全国性证券交易所外，若其他股权交易所也明确被允许挂牌出售小额信贷资产，这将起到很大帮助作用。深圳证交所最初是允许此类资产挂牌交易的，但最近又取消了这项许可。如果地方金融办允许，这将为小额信贷公司开辟另一条融资渠道。

（二）支持流动性

作为金融企业，小额信贷机构和银行一样，必须应对及时向其资金方还款的挑战。但是与银行不同的是，小额信贷机构不能进入银行间市场，不能在银行间市场借贷以管理其短期流动性或现金管理需求。在新冠肺炎疫情期间，当许多借款人最终都不能及时还款时，小额信贷机构的现金流压力就会被放大，因此获得临时流动资金对避免小额贷款公司还款危机和破产就极为重要。

在理论上，小额信贷机构之间可短期互贷，但实际上，因为大多数的小额信贷机构都面临类似的资金和流动性挑战，所以都没有持续的流动资金来源。帮助小额信贷机构获得持续的流动资金，从而持续高水平地满足小微企业客户的信贷需求，有如下几种方法：

1. 银行同业拆借市场交易。与中国人民银行和中国银保监会共同探讨可行性，开展允许部分被选定的小额信贷机构进入银行同业拆借市场的尝试。

2. 中国人民银行再融资/金融交易所。允许小额信贷机构与银行一样的方式临时进入中国人民银行再融资窗口，通过回购协议向中国人民银行出售贷款，或者也可以考虑允许小额信贷公司将贷款打包，然后将这些贷款作为非标准产品在广交所或前海金融交易所等金融交易所进行出售，将使小额信贷机构可以从其现有的资产组合中产生流动资金。

第五章
灵活就业模式创新与监管

伴随着数字时代的到来，共享经济成为最热的社会词汇。而与共享经济同时产生的就是灵活就业。灵活就业是相对于正规就业的一种劳动就业形式，包括兼职、小时工、灵活的工作时间、季节性工作、临时工作、计件或计时工作等非正式工作。灵活就业的主要优点是双方可以自由控制自己的时间，可以解决自身困难的情况。对于劳动者而言，可以根据自己的时间、能力、精力、闲置资源，灵活选择劳动时间、地方和方式，彼此来去自由，为社会提供服务创造价值。对于平台而言，可以根据市场需求提出工作岗位和服务要求，不造成资源浪费，提供社会就业机会。对于企业而言，可以最低成本的方式迅速使用劳动资源，不存在传统意义上的雇佣和被雇佣关系，即用最低成本实现最大价值。

经济结构的重大调整使就业结构也发生了相应的变化，各国的就业方式都在发生重大改变，各种各样的灵活就业形式迅猛发展。20世纪90年代，亚洲发展中国家灵活就业比例已经达到50%~70%。同时，发达国家的灵活就业规模也在持续上涨，各种形式的灵活就业者约占总就业人数的比重分别为：荷兰50.4%、美国30%、日本25%，逐渐成为各国缓解就业压力的重要方式。[①]

近年来，中国政府鼓励多渠道灵活就业。在2020年5月《政府工作报告》中，李克强总理提出要"千方百计稳定和扩大就业"，特别提到鼓励我国包括零工在内的灵活就业。这充分显示了我国政府高度重视灵活就业。同年7月，国务院办公厅发布的《关于支持多渠道灵活就业的意见》强调"个体经营、非全日制以及新就业形态等灵活多样的就业方式，是劳动者就业增收的重要途径，对拓宽就业新渠道、培育发展新动能具有重要作用"。

为贯彻落实《国务院办公厅关于支持多渠道灵活就业的意见》（国办发〔2020〕27号），全国各地纷纷鼓励自谋职业、自主创业，激发劳动者创业活

---

① 孙琴琴：《灵活就业者就业现状的问题分析对策建议》，摘自《经济研究导刊》2020年第2期。

力和创新潜能，强化政策服务供给，拓宽就业新渠道，创造更多灵活就业机会。特别是近年来我国数字经济平台极大地带动了劳动力市场，以依存互联网平台的非标准就业、打零工、自我雇佣等多种形式为代表的灵活就业成为新的就业形式，而且越来越普遍，为就业提供了广阔的市场空间，吸纳和带动了大量的就业人口。中国人民大学劳动人事学院等发布的《中国灵活用工发展报告（2021）》显示：我国目前灵活就业从业人员规模高达 2 亿人左右，2020 年企业采用灵活用工同比增长逾 11%，达到 55.68%，有近 30% 的用人单位表示稳定或扩大使用规模。[①] 可以说，灵活就业已经成为当前乃至今后相对长时期最为重要的就业方式。

第一节　灵活就业主要模式与社会价值

一、主要模式与用工范围

2019 年底至 2020 年上半年，我国遭受了突如其来的新冠肺炎疫情，从国家统计局发布的上半年中国经济数据看，全国城镇调查失业率并没有大幅上升，就业率基本保持平稳状态。国家统计局数据显示：2019 年我国全年城镇新增就业 1 352 万人，连续 7 年保持在 1 300 万人以上，高于 1 100 万人以上的预期目标。[②] 2020 年上半年，全国城镇新增就业人员 564 万人，完成全年目标任务的 62.7%。6 月，全国城镇调查失业率为 5.7%，比 5 月下降 0.2 个百分点，其中 25 ~ 59 岁群体人口调查失业率为 5.2%，低于全国城镇调查失业率 0.5 个百分点，比 5 月下降 0.2 个百分点。全国 31 个大城市城镇调查

---

① 见《涉及 2 亿灵活就业人群的职业痛点如何消除？》，摘自《新华网》，2021 年 3 月 9 日。
② 见《2019 年各月全国城镇调查失业率保持在 5.0% ~ 5.3%》，载《凤凰财经》，2020 年 1 月 17 日。

失业率为 5.8%，比 5 月下降 0.1 个百分点。

究其原因，就是与我国近年来出现的灵活就业方式有着密切关联。因为新冠肺炎疫情带来的"新就业形态"脱颖而出，线上零售、线上教育、视频会议、远程办公等新模式不断涌现，提供了大量灵活就业岗位，灵活多样的新就业形态成为吸纳疫情期间就业的重要渠道，保障了疫情期间人们日常生活和工作。

国家信息中心《中国共享经济发展报告（2020）》显示：2019 年下半年至 2020 年上半年，共享经济领域就业保持着较快增长，共享经济参与者人数约 8 亿人，其中提供服务者人数约 7 800 万人，同比增长 5%。① 金柚网研究院《2019 中国灵活用工及灵活就业研究报告》显示：2018—2020 年，中国灵活就业市场的 CAGR（复合年均增长率）将高于 23%。显然，灵活就业越来越成为我国劳动力市场一种重要的就业形式。根据人社部预测，在未来，随着"互联网 +"的深化发展，网约配送员就业规模将超过 1 000 万人，方兴未艾。

（一）主要模式

灵活就业是指在劳动时间、收入报酬、工作场所、保险福利、劳动关系等一个或者几个方面不同于传统正规 8 小时工作制而相对灵活的就业形式。也就是劳动者以非全日制、临时性和弹性工作等灵活形式就业，最主要人群是自由职业者，其中外卖骑手、网约车司机、主播、社交电商推广员、无底薪高提成销售员以及各种兼职人员，都属于灵活就业。诸如快递、外卖行业是灵活用工最多的行业，这种就业方式非常自由，完全自主选择工作时间。

灵活就业就是非正规部门的就业，即劳动标准，生产组织管理和劳动关系运作，不能满足一般企业的就业形式标准，主要指小型企业、微型企业和家庭作坊。目前，我国灵活就业有以下六种主要模式。

---

① 数据来源：《国家统计局网站》（2020 年 9 月）。

1. 劳务派遣（Labor Dispatching）：又称人力派遣、人才租赁、劳动派遣、劳动力租赁、雇员租赁，指劳务派遣机构与派遣劳工订立劳动合同，把劳动者派向其他用工单位，再由其用工单位向派遣机构支付一笔服务费用的一种用工形式。

2. 非全日制工作：非全日制工作是指以小时计酬为主，劳动者在同一用人单位一般平均每日工作时间不超过四小时，每周工作时间累计不超过二十四小时的用工形式。

3. 自由职业者：包括个体经营者和从事专业活动的自由职业者。

4. 实习生：无经验学习人员简称实习生，一般是指刚毕业的大学生和中职生，在有经验的工作人员的指导下学习实际工作经验，属于非正式雇用的劳工，通常以日薪计酬，也不像正式的劳工能够享有退休金与每月最低工资的保障。

5. 业务外包人员：指企业为了降低成本、提高效率目的，整合外部最优秀的专业化资源，而临时就某一个项目或够某一个工程聘用外部优秀人才。

6. 返聘退休人员：对本单位离退休人员再次聘用，继续为本单位效力。

7. 钟点工和小时工：是指在法定劳动年龄内，存在雇佣关系的劳动者，受雇于同一雇主的劳动时间每天不超过一定的时间，劳动报酬以小时作为计算单位的一种非全日工作制的用工形式。从市场看，钟点工大多从事家政服务工作或是跑腿服务。

8. 兼职工作：指职工在本职工作之外兼任其他工作职务。其中的情况比较复杂，没有一定的模式，比较灵活，兼职人员根据自己完成的工作量和工作成绩取得一定报酬。此外，中国还有一些兼职是不另取报酬的。如科技人员兼任学术团体领导职务。

9. 家庭佣工：那些帮助家庭成员从事生产和商业活动的人。

10. 其他灵活就业者：主要指普通工人，如兼职工人，季节性工人，劳工承包商，派遣工人和家庭小时工等。

那么，灵活用工与传统就业最大区别是什么呢？最大的区别，就是企业与劳动者由劳动关系变成了合作关系（或者称为服务关系、承揽关系）。在这种模式下，劳动者的身份是"准个体户"，转变为向企业提供服务的"服务商"。单位不再向劳动者支付工资，而是支付"服务费"。

（二）用工范围

从理论上讲，就业困难人员、零就业家庭成员、符合条件的残疾失业人员、享受城市居民最低生活保障人员、失去土地等原因难以实现就业的人员、县以上（含县级）劳动模范、军人配偶、烈属、单亲抚养未成年人者以及连续失业 1 年以上的其他人员都可以从事灵活家就业工作，主要包括以下五大门类：

1. 在农村地区从事家庭手工业、小摊位经营、手工艺作坊、承包商人员、季节性短工等。

2. 为用人单位提供劳务的临时工、合同工、季节性工、小时工，对于与用人单位建立劳动关系的灵活从业人员，其社会保险补助措施以企业职工为对象，实行社会保险补贴。

3. 从事社区公共管理的治安巡防员、房屋租赁管理人员、社区行政管理人员、家政保姆、家政钟点工保姆、清洁工、社区管理员、出租屋管理员、卫生和计划生育助理、交通协管员以及社区劳动保障人员。

4. 临时就业人员，例如车辆存放保管员、清洁绿化维护员、家庭设施的维护、家政服务以及其他为社区居民提供临时性或季节性服务。

5. 家庭手工业、工艺作坊、经营小摊档餐饮服务以及在农村承包种养业人员。

二、主要作用与社会价值

（一）为社会提供就业机会

近年来，人社部数据显示：2020 年我国城镇新增就业目标为 900 万人以上，上半年累计全国城镇新增就业人数 564 万人，已完成全年目标任务的 63%。① 但是，目前我国跨省流动的 7 500 万农民工中返岗率约 60%，也就是说仍有 40%（3 000 万人）农民工因各种原因未能返岗就业。BOSS 直聘平台数据显示：受本次新冠肺炎疫情影响，2020 年应届毕业生新增岗位规模比上年同期下降 49%，中小企业对毕业生的需求也同比下降 60%。这意味着 2020 年 870 万名应届毕业生将迎来最困难就业季，半数将面临就业难问题。换句话说，这些人员必须借助自愿组织型、组织安置型、劳务派遣型和临时就业型等多种形式才能得到安置，必须依靠灵活就业才能维持基本的生存。

中国既是劳动力最丰富的一个国家，也是就业压力最大的一个国家。传统国有行业下岗人员大多技能低、年龄大，难以进入新兴行业就业。我国城市目前存在大龄下岗失业人员、残疾人和"农转非"人员等弱势群体，他们往往文化素质、技能水平较低或者身体有缺陷，没有竞争优势，很难再要求较高的正规部门就业，恰恰是"门槛"较低的灵活就业形式可以为他们提供谋生机会。在此情况下，解决数以千万计的下岗失业人员的再就业问题成为我国经济结构调整、体制转轨和社会发展面临的最大挑战。

58 同城调研数据显示：灵活就业已经成为民生的重要支撑。尤其是新冠肺炎疫情期间，灵活用工的群体数量增长很快，一定程度上确实起到了纾困就业、缓解资金压力的作用，灵活就业者也成为当前我国用工制度中一个新生事物，引发了全社会广泛关注。

数据显示，仅阿里巴巴零售电商平台已创造包括淘宝店主、电商服务业及上下游产业链共 3 083 万个就业机会。② 2017 年淘宝总体为我国创造 3 681 万个就业机会。③ 2017 年初，滴滴政策研究院发布最新研究数据显示：2016 年全年滴滴出行平台为 1 750 万人提供了平等、自由、灵活的就业和收入机

---

① 周琳：《让灵活就业成为稳定就业的重要抓手》，载《经济日报》，2020 年 8 月 17 日。
② 中国人民大学劳动人事学院课题组：《阿里巴巴零售电商平台就业吸纳与带动能力研究报告》（2017 年）。
③ 阮芳，蔡菁容：《数字经济下的就业与人才研究报告：迈向 2035 年数字经济就业的未来》。

会，已直接或间接创造了超过 20.06 万个就业岗位，在一定程度上解决了社会低收入群体生存问题。[①] 根据初步估算，2019 年新增近 400 万灵活就业人员，其中绝大多数正是下岗失业人员、残疾人和"农转非"人员等弱势群体，灵活就业模式正好给这些社会弱势群体提供了家政服务、医院临时陪护、外卖快递、餐饮服务员以及其他零星的就业机会。

事实表明，灵活就业是我国城镇下岗失业人员再就业的重要渠道，我国目前阶段大约有 70% 的下岗失业人员进入灵活就业领域，极大地缓解了全社会的就业压力。2020 年 10 月 9 日，国务院总理李克强主持召开国务院常务会议，进一步要求各级人民政府鼓励发展灵活就业，做好稳就业工作，压实各方责任，多措并举增加岗位。由此，灵活就业已经成为保障我国就业市场的重要抓手。可以断言，灵活就业对缓解我国大中型城市就业压力起到积极作用，缩小下岗失业人员就业难题，适应缓解社会再就业矛盾。如果没有各种形式的灵活就业，现阶段我国城镇下岗失业人员再就业问题难以改观，我国经济改革、社会稳定都不可能会有今天这样好的局面。

（二）满足多层次、个性化生活需要

灵活就业为社会提供价格适宜、灵活多样、方便快捷的多种服务，比如食品加工、家庭住房装修、家政服务、护理保健、社区保洁、配送快递、便民零售、中介代理，满足社会各个阶层多层次、多样化、个性化的需求，极大地方便了人们日常生活。百度最新发布的数据显示：2020 年上半年"百度文库知识店铺"开店量超过 4 万家，新增内容 1.5 亿条，直接带动近 100 万名兼职或全职的内容创作者就业。这些是国有大中企业和传统就业部门难以做到的，至少是无法完全实行的。所以，灵活就业主要优点是双方可以自由控制自己的时间，可以解决自身困难的情况等，在工作时间、收入、报酬、

---

① 滴滴政策研究院调查报告：《共享经济平台的新型就业模式分析——以滴滴平台为例》（2017年）。

工作场所、保险福利和劳资关系方面十分灵活和自由。简而言之，灵活就业是一种非契约的劳务合约。

（三）加大扶贫力度

灵活就业可以加大对贫困人员的帮扶力度。我国改革开放以来，社会经济发展得到了长足的进步。与此同时，城镇居民收入、农民收入差距不断加大，社会的贫富差别开始明显，成为关系到社会稳定和国家安危的大事。鉴于社会贫困人群、社会低收入群体的平均文化程度不高，他们的职业能力不强，因此，难以进入正规机构的正规就业，而灵活就业对文化、技能和时间场地要求不高，十分合适这部分人群就业，成为解决他们就业、增加收入的重要途径，也在一定程度上推进了普惠金融事业的发展。

（四）满足用人单位和劳动者特殊需求

互联网时代，网络办公、远程就业等非全日制就业形式不断涌现，特别是 2020 年面临新冠肺炎疫情，国家稳就业政策力度不断加大，国务院办公厅 2020 年 7 月颁布《关于支持多渠道灵活就业的意见》，要求全国各地因地制宜、因城施策，清理取消对灵活就业的不合理限制，鼓励自谋职业、自主创业，全力以赴稳定就业大局。同月，上海市人民政府也出台了《关于进一步做好稳就业促发展工作的实施意见》，通过支持灵活就业和新就业形态等举措，解决阻碍灵活就业人员、就业困难人员、高校毕业生等重点群体就业问题，运用大数据、云计算、人工智能等信息技术手段，增加非全日制就业机会，根据各地实际情况采用临时工、派遣工、承包工、季节工等多种灵活就业方式，促进供需有效对接，加快推动网络零售、移动出行、线上教育、互联网医疗、在线娱乐等行业发展，为劳动者居家就业、远程办公、兼职就业创造条件，提高人力资本使用效率，兼顾工作、学习、娱乐休闲和照顾家庭等多层次需要，满足用人单位和劳动者特殊需求。

（五）适应社会老龄化需求

目前，国内老龄化日益严重，越来越多的家庭老人需要专人照顾日常起居生活，对保姆、外卖骑手、家庭钟点工、清洁工以及各种零散杂工的需求量连年激增。同时，伴随着城镇化的快速发展，大量年轻人从农村进入城镇，留下了年迈的父母在农村。这些老年人也需要钟点工、保姆、清洁工以及家庭特护工，这就在客观上为灵活就业提供了一个巨大的劳动力市场。

第二节　灵活就业存在的困难和问题

一、法律制度处于"空白状态"

虽然一些地方性政策性文件做了有益探索，但总体上灵活就业群体社会保障、劳动关系、薪酬收入均缺乏必要的法律规定规制，更多的只是临时性解决小微企业、失业人员流动性短缺问题的通知、规定或指导意见，没有从全国劳动力市场视角考虑灵活就业群体的差异性管理，适用传统用工制度的法律法规又显得张冠李戴，圆凿方枘。[①] 以《劳动合同法》为例，其适用范围、劳动用工管理以及薪酬待遇等方面规定与灵活就业并不匹配，导致灵活用工处于"无法执行"状态。《劳动合同法》第三十九条、第四十条、第四十一条解除员工的法定条件，需要经过比较严格的程序，诸如用人单位解除劳动合同，应当事先将理由通知工会，还规定了比较复杂的员工沟通和行政报备程序，显然灵活用工企业难以做到。又如，《劳动合同法》第五十条规定解除终止劳动合同原单位应出具证明；第九十一条规定用人单位招用未解除或终止劳动合同的劳动者须承担连带赔偿责任，一律要提交原单位的解除

---

① 参见《当前我国灵活就业需解决的法律问题》，载《经济参考报》，2020 年 6 月 23 日。

终止合同证明，以及用人单位雇用人员时"必须签订书面合同"的规定，显然不适应用人高度自由的灵活就业，影响劳动力正常市场流动。①

显然，传统的限制性法律法规限制了灵活用工自由的空间，造成灵活就业群体得不到保障、收入不稳定、劳务薪酬缺失，直接导致我国灵活就业的渗透率在世界范围内较为低下，灵活就业没有得到充分的发展。当今西方发达国家，灵活就业模式十分成熟。如表 5 - 1 所示，2019 年日本灵活就业渗透率已高达 42% ；美国紧随其后，达到 32% ；而中国的灵活就业占比为 9% ，除去劳务派遣，灵活用工仅占人力资源行业的 1% ，与日本和美国相比差距较大。当然，从市场增长率来看，中国灵活就业渗透率还处于发展初期，还有很大的提升空间。②

表 5 - 1　2019 年中国、美国、日本与欧盟灵活就业渗透率比较　单位:%

国家	中国	美国	日本	欧盟
渗透率	9	32	42	12

资料来源：金柚网研究院《2019 中国灵活用工及灵活就业研究报告》。

虽然 2008 年我国实施《促进就业法》，提倡实行公平就业，反对就业歧视，将"劳动者享有平等就业和自主择业的权利。劳动者就业，不因民族、种族、性别、宗教信仰等不同而受歧视"列为就业重要原则。但《促进就业法》并没有涉及灵活就业概念，只针对难以实现就业的人员并将其界定为就业困难群体和"零就业家庭"，原则规定了就业援助制度，即各级人民政府建立就业与再就业援助制度，投资开发的公益性岗位，优先安排符合岗位要求的就业困难人员，并按照国家规定给予岗位补贴。

显然，就业援助制度并不是今天的灵活就业模式，也不是一个法律概念。对应国际上"就业的灵活性"概念，灵活就业更多的只是社会学意义上一个称谓。为此，我们必须改变大多数灵活就业处于主流就业群体法规覆盖的边

---

① 陈姝文：《新型灵活就业人员社会保障问题研究》，摘自《保险研究》2020 年第 2 期。
② 参见：金柚网研究院《2019 中国灵活用工及灵活就业研究报告》。

缘状态，摆脱灵活就业民事雇佣者劳动关系"名不正言不顺"的尴尬境地，需要在法律上对灵活就业加以明确，制定相应法律法规，明确灵活就业者的民事雇佣权利义务关系，针对这个群体做研究需要对人群的类别加以细分，按照不同类别解决他们所面临的金融服务问题。例如，豁免个体工商户（10名雇员以下）、小微企业（30名雇员以下）的用人单位在劳动合同订立形式、无固定期限、解除条件、经济补偿金等方面的适用，允许双方自行约定，不必拘泥于现行法律的限制性规定，保证薪酬即时结清或者每周至少结算一次，还要增加强制性的商业保险替代工伤保险、生育保险、失业保险以及养老保险，切实保障返乡农民工的劳动权益、人身安全和身体健康。

二、缺乏长期政策支撑

（一）用工复杂性远超常规用工模式

因为工作时间按需化、用工方式多元化、工作地点无边界、结算支付无定式，灵活就业的劳动关系、工作场所、工作时间、远程管控、收入报酬、社保福利以及应聘与辞退方式有太多不确定性，而我国传统的劳动法律法规已经明显不适应灵活就业，例如按月规定的最低工资标准不适应灵活就业的特点，又如劳动时间，8小时工作时间只能对传统办公室工作者有效，对灵活就业来说不仅时间卡得太死，而且要求太高，因为每周工作时间不超过40小时和连续两个休息日的规定在小型企业里往往难以执行。

（二）灵活就业的社保待遇不完善

从现行法律来看，由于灵活就业人员没有签订劳动合同，用工企业并没有法定的社会保险缴纳义务，灵活就业者本人也没有缴纳途径。灵活就业者由于户籍地和就业地分离等因素影响，难以享受工伤、大病医疗及失业保险等基本社会保障，不仅难以加入当地基本养老保险、企业年金、补充医疗等多层次社会保障体系，甚至灵活就业者本人也没有缴纳途径。

还有一些部门和地方出台了灵活就业人员参加社会保险的政策，但基本上都是采取"打补丁"战术，参保、缴费、享受方式及待遇都是临时拼凑，没有形成一个强有力的法律保障体系。有一位江西省政协原主席、全国政协委员在参加全国政策会议时提道：辽、黑、闽、赣四省都规定，灵活就业人员每年至少缴纳相当于本地社会平均工资24%的养老和医疗保险费。这使得其中收入较低者处于两难境地：按规定缴费参保就会陷于贫困；不参保生年老病亡就会无着落。而社会救助体系尚未建立，灵活就业人员的突发性困难更是无法有效解决。[①]

另外，不少灵活就业人员还涉及为多个用人单位服务，例如许多美团骑手，同时在为达达、饿了么等多平台服务，送货的电动车上可能有多家公司的外卖，就更加难以确定工伤保险的缴交责任主体。又如，盒马生鲜、7FRESH、沃尔玛等电商平台与西贝、云海肴等餐饮店开展员工共享，共同从事装配、拣货等工作。虽然这些"员工共享"模式暂时解决失业问题，但大多数灵活就业者无法参加工伤保险，社保问题依然是横亘在每一位灵活就业者面前的一道权利屏障，成为大多数灵活就业人员无法参加工伤保险的制度障碍。

（三）灵活就业信息化管理和培训双不足

一方面，灵活就业者大量涌现，原有传统职业培训内容更新不及时，没有相应的课程，灵活就业者也找不到官方或者有组织的培训路径，无法对灵活就业的职业类型、工作时长、薪酬待遇以及劳资纠纷提供解决方案；另一方面，自主接受职业培训的意愿不强，职业培训和工作岗位不挂钩，职业培训难以跟上这些灵活就业者在不同产业间转移的需求，劳动者不愿意花时间

---

① 参见《灵活就业形势和灵活就业人员的社会保障问题必须引起关注》，载《中国政协网》，2009年8月20日。

和精力去接受无用的"岗位培训"，无论从时间还是内容上，目前的岗位培训仍难以适应灵活就业者在不同产业间转移的节奏，总体感觉就像高校很多专业课程与市场用人单位需求相脱节，大学生到新单位还需要从头再学习、重新再培训。所以，上述诸多灵活就业问题，反映出我国制定灵活就业政策没有从全国劳动力市场的宏观视角考虑，没有从互联网时代就业方式、择业手段以及个体差异方面考虑，亟待解决，刻不容缓。

三、劳动关系不明确

外卖员是经济新业态下一个庞大的灵活就业人员群体，骑手与用工平台之间的关系主要有三种类型：专送模式、外包模式、众包模式。尽管专送骑手和平台之间、外包骑手与外包公司之间法律关系较为明确，双方属于劳动关系，但是，现实中上述两类送餐员与用人单位之间签订正式劳动合同者寥寥无几。

2020 年 2 月，人力资源和社会保障部、市场监管总局、国家统计局联合向社会发布了 16 个新职业，网约配送员正式成为新职业，纳入国家职业分类目录。从此，被人们习惯称为"外卖骑手"的几百万新生代劳动者大军，但这并不是法律名称，也就是说，在劳动法上没有明确的职业地位。

四、社会保障缺位

我国现行的社会保险制度是以传统的、标准的劳动关系为基础而设计的。随着新就业形态的发展，大量非标准劳动关系爆发式增长，与传统标准劳动关系捆绑在一起的社会保险制度在保障灵活就业人员劳动权益方面存在缺位问题，以工伤保险尤为突出。

美团、饿了么等外卖平台通过人工智能技术实现自动化、智能化派单，利用时新的大数据、机器学习、算法不断减少配送时间，提高配送效率。这些"技术进步"对于外卖骑手而言，某种程度上是疯狂且要命的。为了在越来越短的配送时间内准时送单，避免超时罚款和差评，骑手们每天骑着电动车穿行在大街小巷，风雨无阻，工作超负荷，不惜违反交规，用生命和时间赛跑，造成越来越多的交通事故。

2020 年中国人民大学中国普惠金融研究院（CAFI）有一项研究表明：在北京、上海和成都这样的大城市用餐高峰期，送餐员一人可能需要配送 8～12 单，外出工作时间越变越长。实际情况是，外卖骑手学历普遍不高，这份工作是保障一家人生计的主要来源，一旦送单数量不够，就会严重影响收入，所以外卖骑手每天工作都可以说是用健康和时间赛跑，用生命和金钱博弈。这直接导致了诸如外卖骑手这样的灵活就业工作时间越来越长。根据中国物流与采购联合会发布的《2017 年中国电商物流与快递从业人员调查报告》：我国电商物流快递从业人员中，62.2% 的人平均每天工作时长 8～10 小时，24.46% 的人在 10～12 小时，12 小时以上的占 13.34%。由此可见，大部分外卖小哥每天起码要工作 8 小时，甚至不少外卖小哥每天不得不工作 10 小时以上。

其实，不仅仅是劳动时间畸长，更糟糕的是外卖骑手的健康和生命也会受到严重影响。据不完全统计，每 20 人中有 2 人遭遇过交通意外，但对于骑手们来说，一旦出现安全事故，受制于公司有关安全标准的处罚规定以及社会保险的缺失，往往不敢报备，或者无法得到及时赔偿。[①] 因为大多数外卖平台规章制度都有类似出现差评、配送超时罚款的规定。以"美团"外卖配送站点为例，这些违规行为一经发现，轻则罚款 50 元到 200 元，累犯直接扣除当月工资甚至除名。于是，送餐员为了抢时间，在送餐路上不得不逆行、闯红灯、骑车看订单信息。冰冷的时间计算、平台奖惩规定逼迫外卖骑手变成为高危职业。大量的外卖骑手被"困在算法系统里"，他们是处在"灵活就业人员劳动保障权益制度缺失"与"利用人工智能技术控制人类劳动"的

---

① 参见：《保护灵活就业者权益：给外卖骑手装上"减压器"和"限速阀"》，摘自《人民网》，2020 年 9 月 16 日。

困境中。这不仅对外卖骑手是一个安全威胁，一旦发生车祸，送餐平台根本就不管，致使许多外卖骑手在工伤认定和赔付往往十分麻烦，同时也带来公共交通隐患，让行人和车辆增加不确定的危险。

当然，灵活就业存在上述"短板"并非自身产生。主要是现有行业和法律秩序下的利益关系没有调整好，管理规范和利润模式不到位，对传统就业劳动法律关系、管理手段、人力资源服务管理、社会保障政策形成一定冲击。因为灵活就业劳动关系与传统就业形式的单一劳动关系不同，诸如作家、律师等自由职业者都是"无劳动关系"，劳务派遣、人才租赁又存在着劳动关系与劳务关系交织在一起的情况，家庭服务小时工由于从事多项工作存在多个"用工单位"的问题，临时性、季节性用工等流动性大劳动关系极不稳定，引发灵活就业劳动关系呈现多样化、复杂化特点，引发了更多需要研究的新问题。

这些问题可能会导致灵活就业出现的一些劳动争议或损害劳动者权益的事件，既有来源于我国劳动力市场长期的固有问题，也有传统的政策体系不适合新就业形态发展的问题，不可一概而论。又如，快递小哥群体参保率低是我国劳动力市场长期存在的现象，并不是灵活就业本身自带的，其中有城乡劳动力市场差距、灵活就业个体认识差异、用工单位自身问题。

五、人员信息化管理不足

虽然中国数字化时代已经到来，但很多地方仍采取传统的管理方式，所辖区域内有多少灵活就业人员、从事的什么职业、工作多长时间、待遇如何等情况依然是采取传统的统计方法，依然使用人工管理模式。没有合理利用数字化手段去管理灵活就业者。尤其是对灵活就业者遭遇非法侵害时，诸如一些雇主趁机侵权，恶意拖欠和无故克扣工资，当地市场管理部门无法知晓，或者也无法插手管理，这更导致灵活就业人员不敢讨价，职工的合法权益得不到有效保障。

第三节　灵活就业必须解决的理念问题

一、提高对灵活就业的认识

中国政府多次号召全社会"转变就业观念，推行灵活多样的就业形式"，为我国灵活就业发展指明了方向。李克强总理在很多场合都提倡发展地摊经济，这也是促进灵活就业的有效措施之一。

我们知道，中国人口基数庞大，每年新增求职人员数量众多。现阶段每年只能提供新增职位数在 800 万~1 000 万个，每年新增劳动力和需要就业的人数却远远高于新增职位数。人社部数据显示：2020 年我国城镇新增就业目标为 900 万人以上，上半年累计城镇新增就业人数 564 万人，仅完成全年目标任务的 63%，尚有 37%（约 330 万人）的人员需要就业。[①] 因此，全国就业形势依然不容乐观。在这种情况下，必须改变那种只有进入正规单位工作才算就业的旧观念，引导全社会尊重灵活就业，尊重个人选择。在滴滴平台上，有 51.5% 是农民工、12% 是退役军人、6.7% 是建档立卡贫困人员。他们不仅是国家重点关注的就业群体，更是灵活就业的实践者。[②]

形成鲜明对比的是，即便在全社会就业压力较大情况下，共享经济带动下的灵活就业仍保持了较快增长速度。根据国家信息中心《中国共享经济发展报告（2020）》显示：全国共享经济参与者人数约 8 亿人，其中提供服务者人数约 7 800 万人，同比增长 4%。各类互联网平台员工数为 623 万人，比上年增长 4.2%。

各种新型灵活就业形式犹如雨后春笋，蓬勃发展。人社部 2020 年公布拟

---

① 周琳：《让灵活就业成为稳定就业的重要抓手》，摘自《经济日报》，2020 年 8 月 17 日。
② 参见《将灵活就业打造成为长期稳就业的重要抓手》，载《搜狐财经》，2020 年 8 月 20 日。

增加的 10 个新职业中，互联网营销师（俗称直播卖货员）赫然在列。外卖平台、共享经济等新型就业平台创造出了外卖小哥、网络主播、主播经纪人、场景包装师、直播讲师等新岗位，吸引大量年轻人加入。以阿里巴巴淘宝直播为例，疫情期间淘宝直播新增各类达人主播超过 30 万人，同比上年同期增长超过 20 倍，其中专注电商助农的村播达人即超过 5 000 人，同比上年增长超过 10 倍。一些灵活就业的岗位，还为贫困人口、残疾人等提供了大量的就业机会。比如阿里巴巴提供的云客服岗位，云客服人员经过培训后，灵活上岗，在线解答用户问题，薪酬按小时计算。他们遍布中国 350 多个县市，主要集中在中西部地区，二线、三线城市人数占比 88.5%。

我们有责任通过简化手续，提高效率，利用数字经济平台带动劳动力市场，改变对就业的传统认识，开展各种非标准就业、打零工、自我雇佣等为代表的灵活就业形式，为各种原因下岗人员、失业人员、身体残疾人员以及特殊人群提供广阔的市场空间，带动更多的就业人口，享受各项政策优惠。转变择业观念，大力发展地摊经济，高效促进灵活就业。

二、对灵活就业监管提出更高要求

近年来，数字技术驱动灵活就业蓬勃发展，技术和商业模式创新加快，对传统监管模式带来挑战。从总体上看，目前灵活就业仍处在快速发展阶段，远未成熟，各地监管标准不统一，旧监管政策无法很好地应对新就业发展，很多监管政策、处罚措施都需要进一步调整，坚持必要性原则，就是在商业可持续原则下的必要监督，而不是运动式的管理。根据一个监管标准，判断哪些灵活就业行为需要监管，哪些灵活就业活动不需要监管，就是在"有限集中和确实必要"基础上，充分体现灵活就业的自治优先、市场优先、法律优先的监管规则。也就是说，但凡灵活就业能够市场机制调节的、依法合理运行的，监管部门一般不需要介入监管。例如，对网络文化、网络视听等领域违法行为轻微并及时纠正，没有造成危害后果的，不予行政处罚。只有在所有自治、市场手段都失灵的情况下，才能够进入法律监管阶段。

也就是说，监管机构必须严格限定在金融市场失灵领域，不应直接干预灵活就业正常发展，形成以政府监管为主导、行业管理为纽带、企业自律为基础、社会监督为补充的"四位一体"监管格局，无需事无巨细、面面俱到、全盘接管，体现出巴塞尔银行监管委员会在《有效银行监管核心原则（1997）》提倡的"全程、适度、持续"原则，让灵活就业拥有更好的发展环境。① 正如李克强总理强调的那样："要取消对灵活就业的不合理限制，引导劳动者合理有序自主经营。"②

今天，占据全国企业数量90%以上的中小微企业的生死存亡关乎我国地方经济发展和人口就业问题，灵活就业扮演着重要角色，攸关整体社会稳定的大局。监管高层要想达成稳定就业与风险防控之间的平衡，只能适度干预，实施防御性监管，防止监管过度而压缩社会就业发展空间。因此，对新业态更应该采取包容审慎监管态度，合理设定互联网平台经济及其他新业态新模式监管规则，探索制定共享经济平台服务和管理暂行办法。

三、先行推出顶层设计

灵活就业虽然是一剂保就业的良药，但我们必须考虑社会稳定、企业效益与法律监管三者之间关系，不能采取全国"一刀切"的老办法，在没有推出成熟的灵活就业规范性法律法规的情况下就急急忙忙在全国推广，可能造成就业市场混乱、用工政策配错、员工权益受损的后果。因此，我们必须先有一个顶层设计，稳妥推进灵活就业，从上至下进行分类指导，先有法律定位，再有市场推广。通过深化"放管服"改革，取消对灵活就业不合理限

---

① 《有效银行监管核心原则（1997）》规定：第一，监管体系的完整性。一个良好的监管体系应当具备一个操作独立、工作程序透明、治理结构良好的监管机构，一套适当的监管法律框架。第二，监管机构内部对授权和职责的明确规定、不同业务的职能分离以及相互制约、完善独立的内部审计。第三，全程、适度、持续监管。第四，以风险性监管为核心。

② 李克强：《取消对灵活就业的不合理限制》，摘自《中国政府网》，2020年7月23日。

制，落实各级政府稳就业主体责任，强化就业工作领导小组组织领导和统筹协调作用，把支持灵活就业作为稳就业重要内容，凝聚部门合力，促进灵活就业健康发展，让灵活就业者权益得到有效保障，让后疫情时代就业市场与法制社会充分融合，发挥出最大经济效率和法律公平。同时，逐步建立稳就业工作定期督促机制，定期对各部门和各区支持灵活就业政策落实情况开展督导，充分利用媒体媒介，宣讲灵活就业政策措施，宣传自谋职业、自主创业先进典型，营造支持灵活就业、鼓励新业态就业的社会氛围。

四、灵活就业与传统就业长期并存

传统就业不会因灵活就业的出现而消亡，也不会被灵活就业所替代。普惠金融学界有一些学者担心灵活就业将来会逐渐取代传统的就业，这种担忧可以理解，但没有必要。

灵活就业形态与传统就业形态各有其技术基础，在以下几个方面存在差异。首先是组织模式方面，灵活就业形态会在一些行业中替代传统就业形态，但其范围不会扩散到全部行业。就像电子媒体并不能取代纸质媒体一样。在未来很长时间内，传统就业形态仍然是劳动力市场的主流。其次在劳动关系方面，目前的制度设计仍然是以劳动认定二分法确定是否存在劳动关系。而新就业形态从业者和平台之间到底是否属于传统意义的"劳动关系"，目前在学术界和政策制定部门仍存在争议。

第四节　促进灵活就业的举措和对策

一、重新定位灵活就业法律地位

灵活就业在法律缺位导致现实中存在歧视民事雇佣现象，即便新颁布的

《民法典》也没有涉及，很大程度上是"事实劳动关系"，导致灵活就业在我国处于一个"名不正言不顺"的尴尬境地。2020 年中央政府在两会上针对疫情稳定后如何刺激经济活力提出了一系列办法，其中令人关注的就是松绑"地摊经济"，尤其是西南某城一夜间解决了 3.6 万个免费摊位，刺激了当地下岗人员的创业积极性，特点就是商品轻量化、摊位流动化、形式多样化，发挥出了地摊经济的优势力量。但是，这种一夜爆棚的地摊经济是否能够长久存活下来？是否能够得到全社会的普遍认同？

如前所述，正因为"灵活就业"不是一个法律概念，对应的只是国际上"就业灵活性"的概念，偏向于社会学的一种称谓，"灵活就业"需要有一个清晰的法律定位，对灵活就业人群的类别加以细分，按照不同类别了解他们所面临的问题和金融需求，制定相应的法规政策，明确灵活就业者的民事雇佣权利和义务关系。否则，一夜爆棚的"地摊经济"也逃不脱昙花一现的命运，灵活就业群体存在社会保障不足、劳动关系得不到保障、收入不稳定等问题，一直得不到有效解决。

(一) 从灵活就业者立法层面

我国并没有做好应对疫情时期出现的"灵活就业者"的法律保护工作，法律法规始终处于空白状态。在疫情期间的诸多劳动用工政策中，从人社部到全国各级部门都提到稳定就业岗位，政策思考的角度都是在一家企业内部保岗位、保就业，没有从全国劳动力市场的宏观视角来考虑，也没有从互联网时代的就业方式、择业手段以及个体差异方面考虑。

一些地方性和政策性文件，从开始制定政策到具体组织实施，并没有真正从保障灵活就业者合法权益角度去思考，更多的只是"临时性"解决小微企业流动性短缺可能引发的员工下岗失业问题。例如，如何引导劳动者做好卫生防护？如何指导各地编制发布农牧民工等流动人员预防手册？对重点疫区返乡劳动者，如何从法律上保护员工个人信息？如何在防疫保护、安全出行、合法维权等方面规定都是空缺的。

正因为法律上的缺位，导致现实中存在歧视民事雇佣现象，使得灵活就业民事雇佣者这一劳动关系在我国处于一个"名不正言不顺"的尴尬境地，一不小心就会成为"事实劳动关系"，导致灵活就业者很多权益得不到主张和保护。

（二）从政策法规适用性

面对严峻的就业形势，各地虽然在多方面提出促进灵活就业的政策，如浙江、成都等地人社部门做了一些有益的探索和尝试，但是总体上仍显空泛，灵活就业的政策缺乏操作性，大量灵活就业者的法律身份依然存疑，处于社会用工制度的边缘地位。

（三）从法律法规操作层面

《劳动合同法》不可能将灵活性用工的法律适用性都进行涵盖，依然有很多的灵活用工处于"无法无天"状态。例如，灵活就业者解除工作的问题，根据《劳动合同法》第三十九条、第四十条、第四十一条解除的法定条件，需要经过比较严格的程序，诸如用人单位解除劳动合同，应当事先将理由通知工会，还规定了比较复杂的员工沟通和行政报备程序。根据《劳动合同法》规定，用人单位雇用人员时"必须签订书面合同"的规定，在很大程度上不适应用人高度灵活的小型企业的实际情况。显然《劳动合同法》已不能适应灵活就业形势，严苛的限制性条款扼杀了灵活用工的空间。

为此，针对灵活就业者，我们在法律上需要不断调整，是否可以采取下列灵活措施：

第一，建议要对"灵活就业者"在法律上加以明确，需要有一个清晰的法律定位，并针对这个群体做研究，需要对人群的类别加以细分，按照不同的类别去了解他们所面临的问题和金融服务需求，进而制定相应的政策。

第二，明确豁免个体工商户（10 名雇员以下）、小微企业（30 名雇员以下）的用人单位在劳动合同订立形式、无固定期限、解除条件、经济补偿金等方面的适用，允许双方自行约定，不必拘泥于现行法律的限制性规定。

第三，明确灵活就业者的民事雇佣权利义务关系，建议明确由双方合意、没有组织依附性，薪酬即时结清或者每周至少结算一次，可以强制性的由商业保险替代工伤保险和养老保险。

今天，虽然灵活就业者是一剂保就业的良药，但我们对待灵活就业时，还必须充分考虑到社会稳定、企业效益与灵活就业三者之间的关系。如果法律不允许企业面对经济困难时解除劳动合同，企业受不了，极有可能引发新一轮的倒闭潮。如果法律允许企业面对经济困难时解除劳动合同，劳动者受不了，极有可能引发新一轮社会事件。用人单位与劳动者更要相互理解，处理好三者之间的矛盾关系。

因此，我们建议以"小微豁免"和"有益补充"原则，充分发挥灵活用工模式的优势，既要制定合适灵活就业者的劳动合同法律法规，豁免部分劳动合同法的适用，又不能太偏离劳动合同法规定的内在精神，也要保证社会公平和法律公正，最有效应对疫情挑战，尽快让闲置的产能与劳动力对接起来，确保"六稳"和"六保"的顺利实施。

二、制定保障灵活就业者的社保政策

（一）制定适合灵活就业社会保险办法

按照灵活就业者享有与正规就业者同等权益的思路，专门制定适合灵活就业人员的社会保险办法，确立没有劳动关系也可以缴纳养老保险、医疗、工伤以及生育保险规则。北京市人民政府 2020 年 8 月印发的《全力做好稳就业保就业工作措施》提出，北京地区 6 类灵活就业人员可享受社保补贴，包括高校毕业生、大龄登记失业群体及残疾劳动力、零就业家庭、初次入京的随军家属、登记失业一年以上人员，意味着北京完善了社会保险补贴政策，助推灵活就业，多措并举确保就业形势稳定。[①]

对灵活就业人员实行定额征收社会保险费的办法，使灵活就业人员首先得到养老、医疗和工伤的保险待遇。鉴于灵活就业人员缴费能力较弱的实际情况，允许灵活就业人员按最低的标准缴费，并考虑基础养老金发放与缴费基数、缴费年限的互相衔接，适当提高享受基础养老金待遇的缴费年限，适当调低基础养老金的低限水平，规避道德风险，制定医疗、工伤和生育等保险，逐步让灵活就业者享有与正规就业者同等保障权益，彰显出社会的进步和文明。

（二）简化参保程序

设立专业的社会保险业务"社会保险服务窗"，方便灵活就业人员办理参保、转移、继承、计发以及异地缴费和预缴等参保业务，根据灵活就业人员经济承受能力、收入状况、工作性质、个人健康状况等实际情况，在参保办法、待遇享受等方面进行相应调整，让灵活就业者接续社会保险关系、代缴社会保险费更加省时、快捷，吸引更多的人员参保。例如，鉴于大多数灵活就业人员平均工资低于社会平均工资，设立的缴费基数不能完全以正规职业缴费基数为标准，可以尝试实行缴费比例"双低型"制度，设立不同等级的缴费基数，由灵活就业者根据自己情况选择，还可以适当延长缴费的年度，减少每年的缴费金额，最大限度减轻灵活就业人员压力，提高参保率。[②]

》》【案例】

为鼓励下岗失业人员通过灵活就业方式实现再就业，规范和加强下岗失业人员灵活就业的社会保险补贴工作，根据广东省人民政府《关于贯彻落实

---

① 参见《灵活就业是稳就业的重要抓手》，载《新华网》，2020 年 8 月 5 日。
② 参见《我国灵活就业人员养老保险制度的发展》，载《华律网》，2020 年 3 月 11 日。

国务院关于进一步加强就业再就业工作的通知的意见》（粤府〔2006〕3号）、财政部、劳动保障部《关于进一步加强就业再就业资金管理有关问题的通知》（财社〔2006〕1号）和劳动和社会保障部《关于非全日制用工若干问题的意见》（劳社部发〔2003〕12号）的有关规定，制定本办法。

一、补贴对象和范围

凡在法定劳动年龄内、持有效《再就业优惠证》、具有本省城镇户籍的下岗失业人员，以下列方式实现再就业并以个人或个体工商户身份参加职工社会保险的，可按规定向户籍所在地劳动保障部门申请灵活就业社会保险补贴。

（一）从事社区公共管理的治安巡防员、社区管理员、出租屋管理员、卫生及计生协管员、社区劳动保障协管员。

（二）从事社区居民服务的车辆保管、保洁保绿、家居设施维护、家政服务等临时性就业人员。

（三）从事家庭手工业、工艺作坊、到农村承包种养业人员。

（四）为用人单位提供劳务服务的临时工、季节工、承包工、小时工、派遣工等。

（五）领取工商营业执照从事个体经营的"4050"人员（即女40周岁以上，男50周岁以上）。

各地级以上市劳动保障部门和财政部门，按照有利于鼓励下岗失业人员灵活就业，有利于提高灵活就业质量，有利于保障灵活就业人员合法权益的原则，可确定享受灵活就业社会保险补贴的具体对象和范围。

对已与用人单位建立劳动关系的灵活就业人员，其社会保险补贴办法按企业（单位）就业人员的社会保险补贴办法执行。

二、享受社会保险补贴的条件

申请灵活就业社会保险补贴必须同时具备以下条件：

（一）属于省和各地级以上市规定的灵活就业形式。

（二）按季度办理灵活就业备案手续。

（三）按时足额缴纳社会保险费用。

三、就业备案

（一）灵活就业人员持本人身份证、户口簿以及《再就业优惠证》复印件，向户籍所在地的社区就业服务机构（或居委会）提出申请，并填写《灵活就业人员就业备案登记表》。社区就业服务机构（或居委会）受理后，应在3个工作日内对该灵活就业人员情况进行核实，并将核实情况和有关资料上报街道（乡镇）劳动保障工作机构。

（二）街道（乡镇）劳动保障工作机构收到上述资料后，应在5个工作日内完成审核，并向灵活就业人员出具灵活就业证明。灵活就业人员备案情况应同时抄送县（区）劳动保障局。

（三）灵活就业人员应按月向社区劳动保障事务站（或居委会）报告其劳动就业情况，同时应按季度重新办理就业备案手续。不按规定履行报告义务或季度期满后未重新办理就业备案手续的，由社区就业服务机构（或居委会）报告街道劳动保障工作机构，解除其就业登记备案，并停止相关补贴待遇。

（四）灵活就业人员属失业人员的，进行就业备案后，当地劳动保障部门应注销其失业登记。

四、补贴的险种和标准

灵活就业人员应当参加基本养老保险，也可以同时参加基本医疗保险。

（一）灵活就业人员参加基本养老保险，其补贴标准为：月缴费基数×所在地市城镇个体工商户和灵活就业人员基本养老保险缴费比例×补贴月数×50%。

（二）灵活就业人员参加基本医疗保险，其补贴标准为：当地规定的缴费工资额×当地灵活就业人员参加基本医疗保险缴费费率×补贴月数×50%。

五、申请补贴程序

灵活就业社会保险补贴资金，采取先缴后补、按季结算方法划拨。灵活就业人员应按规定及时足额缴纳社会保险费，季度终了后，按规定向当地劳动保障部门申请对上季度已缴纳的社会保险费给予补贴。

（一）申请。申请人进行就业备案登记后，需持以下资料和证件到户籍所在街道（乡镇）劳动保障工作机构提出申请：

（1）本人身份证复印件；

（2）《再就业优惠证》复印件；

（3）《灵活就业人员就业备案登记表》；

（4）填写好的《灵活就业社会保险补贴审核表》；

（5）雇主或服务对象提供的工作内容、工作时间证明；

（6）社会保险征缴经办机构出具的上季度缴费的明细账（或证明）；

（7）个人在银行开立的基本账户。

（二）审核。街道（乡镇）劳动保障工作机构在5个工作日内对申请人的身份、就业登记、参加社会保险记录及收入情况进行核实，出具审核意见后，连同相关资料一起报县、区、市劳动保障部门审核。县、区、市劳动保障局在10个工作日内审核完毕后送同级财政部门核准。

（三）发放。财政部门核定后，应及时将资金划拨至灵活就业人员在银行开立的基本账户。同时将补贴发放情况抄送同级劳动保障部门。

灵活就业人员享受社会保险补贴期间出现下列情况之一的，社会保险补贴自行终止：

1. 未按规定办理就业登记备案或报告就业情况的；

2. 已实现稳定就业的；

3. 未按规定履行社会保险费缴纳义务超过30日的；

4. 经劳动保障部门鉴定为全部或大部分丧失劳动能力的；

5. 户口迁移到外地、办理退休手续或死亡的。

——案例来源：《广东省下岗失业人员灵活就业社会保险补贴实施办法》。

（三）缓缴社会保险费

对以个人身份参保的个体工商户和灵活就业人员，当年缴纳基本养老保险费确有困难的，可自愿暂缓缴费，等待今后条件允许的情况下再行缴纳。例如，天津就实行了缓交社会保险费的政策，对 2020 年未缴纳月度，可于 2021 年底前进行补缴，缴费基数在 2021 年天津市缴费基数上下限范围内自主选择。①

（四）加快社保跨区通用进程

尽快建立以省、市一级的灵活就业社会保险关系信息库，逐步实现灵活就业社会保险关系信息在省市间、地市间联网与信息共享，为灵活就业者建立、接续社会保险关系提供快捷、准确服务，最终实现全国社会保险关系信息互联互换。

三、逐步完善灵活就业服务体系

（一）完善灵活就业社区服务

目前，国外发达国家的社区就业份额约为 30%，而我国只有 5% 左右，差距依然很大。因此，要使社区服务就业潜能转化为现实，关键是增加街道和居委会在内的基层就业服务场所，构筑多层次社区灵活就业服务网络，最终与全国社会就业信息网络联网互通，完善我国灵活就业社区服务，形成省、市、县等多级政府支持的社区服务系统，为社区灵活就业人员提供各类服务。

（二）维护灵活就业劳动权益

制定平台就业劳动保障政策，明确互联网平台企业在劳动者权益保护方面的责任，引导互联网平台企业、关联企业与劳动者协商确定劳动报酬、休息休假、职业安全保障等事项，引导产业（行业、地方）工会与行业协会或行业企业代表协商制定行业劳动定额标准、工时标准、奖惩办法等行业规范。

---

① 参见：《天津：多渠道多举措支持灵活就业》，摘自《中国国家人才网》，2020 年 9 月 15 日。

依法纠正拖欠劳动报酬等违法违规行为。持续深入推进工程建设领域农民工按项目参加工伤保险，有针对性地做好工伤预防工作。诸如做好农民工工伤保险，切实保障个人在灵活就业过程中的工伤权益保障。

（三）利用数字技术拓展职业培训

深入落实国务院办公厅 2019 年 5 月 24 日印发的《职业技能提升行动方案（2019—2021 年）》，利用金融服务站点，利用互联网技术、数字技术和人工智能技术，线上培训与线下指导方案，提供免费在线课程和就业指导服务，建设劳动者终身学习的"数字学堂"，传授专业技术知识，端正工作态度，加强合作精神，开设创纠纷解决指导等专业指导，改变有资金"不敢用、不够用、不愿用"的老问题，最终实现与国有企业人员接受同等的职业技能培训和就业指导。① 同时，将有创业意愿的灵活就业人员纳入创业培训范围，组织开展开办店铺、市场分析、经营策略等方面的创业培训，促进提升创业能力和创业成功率，特别是组织开展养老、托幼、家政、餐饮、维修、美容美发等技能培训，增强劳动者就业能力，以保障和服务新就业形态从业者的身心健康和可持续发展。②

（四）构建数字化信息管理平台

将大数据、人工智能、云计算的技术优势、信息优势与管理优势相结合，对灵活就业人员实行求职登记、职业介绍、社会保险关系接续"一站式"服务，提供就业咨询、项目咨询、政策咨询的指导，不仅让灵活就业者增加劳动技能，还要让灵活就业者具备更多的维权意识，减少互联网对劳动者"工具性"的放大，增强对个人安全、尊严、可持续发展的考量。

---

① 刘燕斌：《完善就业优先政策工具确保实现稳就业目标》，摘自《中国劳动保障报》，2020 年 3 月 5 日。
② 参见：国务院办公厅《关于支持多渠道灵活就业的意见》（国办发〔2020〕27 号）。

（五）利用数字化科技赋能

在数字经济时代，利用互联网技术对灵活就业需求和职位进行有效匹配，诸如利用网约车、共享住宿、外卖小哥、网络销售以及直播等灵活就业，不仅工作时间自由灵活，劳务收入也呈现较高水平。2020 年 2 月《中国企业家》调查显示：1 000 家企业中大约三成以上企业和个人表示要加快向线上转型，准备利用大数据、人工智能技术优化配置劳动力资源。可见，兼顾自由和收入的灵活就业已经成为数字经济时代就业新形式（见表 5 - 2）。

表 5 - 2　我国灵活就业市场输出的产值总量　　　　单位：亿元

年份	2014	2015	2016	2017	2018	2019	2020	2021（预）	2022（预）	2023（预）
市场总值	232	296	374	472	592	738	916	1 132	1 393	1 770

数据来源：公开资料整理。

未来，我们必须支持发展新就业形态，促进数字经济、平台经济健康发展，加快推动网络零售、移动出行、线上教育培训、互联网医疗、在线娱乐等行业发展，为劳动者居家就业、远程办公、兼职就业创造条件。合理设定互联网平台经济及其他新业态新模式监管规则，鼓励互联网平台企业、中介服务机构等降低服务费、加盟管理费等费用，创造更多灵活就业岗位，吸纳更多劳动者就业。

（六）运用普惠金融支持灵活就业

稳小微企业、保灵活就业应该成为当前金融机构的一项使命。对灵活就业经济组织、小微企业以及个体工商户实行不抽贷、不断贷、不压贷，将财政、担保等相关优惠政策整合运用，实施临时性延期还本付息、下调贷款利率、提高征信容忍度、减免罚息等差异化金融服务措施，加大信用贷款、中长期贷款投放力度，降低客户融资成本，助力企业轻装上阵，加大对困难灵活就业人员帮扶力度。

对于缴纳基本养老保险费确有困难的灵活就业人员，可按规定自愿暂缓缴费。对符合条件的灵活就业人员，及时按规定纳入最低生活保障、临时救助范围，加大困难灵活就业人员帮扶力度。例如，天津将符合条件的灵活就业人员，及时纳入最低生活保障、临时救助范围。对最低生活保障、低收入救助家庭中的无业人员和毕业生首次成为在职人员后，自就业当月起一年内，核定收入时，按规定抵扣就业成本每月 600 元。对外出务工、返岗复工的低保对象，核定家庭收入时每月扣减务工成本 500 元，至疫情结束。①

（七）优化人力资源服务

定期向社会发布劳动力市场职业供求信息，把灵活就业岗位供求信息纳入公共就业服务范围，例如开辟灵活就业专区专栏，免费发布供求信息，组织专场招聘，组织劳务对接洽谈，指导企业规范开展用工余缺调剂，帮助有"共享用工"需求的企业精准、高效匹配人力资源，鼓励各类人力资源服务机构为灵活就业人员提供规范有序的求职招聘、技能培训、人力资源外包等专业化服务，按规定给予就业创业服务补助。②

截至 2019 年底，全国共有各类职业介绍机构 3.8 万个（含民办约 2.2 万个），每年为近 2 000 万人次提供就业服务，成功介绍约 1 000 万人/次实现就业。③ 但这与全国每年 4 000 万～6 000 万新增就业者相比，信息辐射范围和数量依然是远远不够的。因此，必须加强灵活就业的信息披露，以目前我国近 100 座大中城市劳动力市场信息网为基础，为灵活就业求职者提供充足、有效的就业岗位信息服务，让更多的灵活就业者享受到正规的岗位信息培训和指导。

---

① 参见：《天津：多渠道多举措支持灵活就业》，摘自《中国国家人才网》，2020 年 9 月 15 日。
② 参见：国务院办公厅《关于支持多渠道灵活就业的意见》（国办发〔2020〕27 号）。
③ 参见《人民群众获得感不断增强》，载《中国青年报》，2020 年 1 月 7 日。

四、优化灵活就业自主创新环境

（一）严格审批管理

市场监管总局和地方各级人民政府负责开通行业准入办理绿色通道，对需要办理相关行业准入许可的，实行多部门联合办公、一站式审批。在政府指定的场所和时间内销售农副产品、日常生活用品，或者个人利用自己的技能从事便民劳务活动，无须办理营业执照。加大"放管服"改革力度，引导劳动者有序规范经营。

（二）取消部分收费

合理设定互联网平台经济及其他新业态新模式监管规则，鼓励互联网平台企业、中介服务机构等降低服务费、加盟管理费等费用，取消涉及灵活就业的行政事业性收费，对经批准占道经营的免征城市道路占用费，建立公开投诉举报渠道，依法查处违规收费行为。

（三）提供低成本场地支持

有条件的地方可将社区综合服务设施闲置空间、非必要办公空间改造为免费经营场地，优先向下岗失业人员、高校毕业生、农民工、就业困难人员提供。落实阶段性减免国有房产租金政策，鼓励各类业主减免或缓收房租，帮助个体经营者等灵活就业人员减轻房租负担。

五、拓宽灵活就业渠道

（一）鼓励个体经营发展

持续深化商事制度改革，提供便捷高效的咨询、注册服务。引导劳动者以市场为导向，依法自主选择经营范围。鼓励劳动者创办投资小、见效快、易转型、风险小的小规模经济实体。支持发展各类特色小店，完善基础设施，增加商业资源供给。对下岗失业人员、高校毕业生、农民工、就业困难人员等重点群体从事个体经营的，按规定给予创业担保贷款、税收优惠、创业补贴等政策支持。

（二）增加非全日制就业机会

落实财政、金融等针对性扶持政策，推动非全日制劳动者较为集中的保洁绿化、批发零售、建筑装修等行业提质扩容。增强养老、托幼、心理疏导和社会工作等社区服务业的吸纳就业能力。加强对非全日制劳动者的政策支持，对就业困难人员、离校 2 年内未就业高校毕业生从事非全日制等工作的，按规定给予社会保险补贴。

（三）支持发展新型就业形态

实施包容审慎监管，促进数字经济、平台经济健康发展，加快推动网络零售、移动出行、线上教育培训、互联网医疗、在线娱乐等行业发展，为劳动者居家就业、远程办公、兼职就业创造条件，创造更多灵活就业岗位，吸纳更多劳动者就业。

（四）开展"监管沙盒"试点

建议可以放宽灵活就业者劳务派遣在劳动力密集行业的适用条件，在全国搞一些试点，类似监管沙盒试验田，对诸如服务行业、制造业、物流业等互联网特定行业，所有的用工制度都暂不与现行的《劳动合同法》对接，采用全新的劳动就业政策和用工措施。例如，对传统社会保险制度进行必要改造，允许工伤、医疗的单独缴纳，允许社保按照实际工作天数缴纳，允许多账户缴纳，设置可选择保险费率与待遇挂钩。这样可以极大地方便灵活就业者权利得到有效、及时保护。比如，现行的法定经济补偿金和赔偿金程序冗长和复杂，涉及各方关系、机构和人员太多。灵活就业群体用工、自雇用工、平台用工等方面需要区别对待，制定出适应失业人员、辞职人员、自谋职业人员、退休人员、未就业人员、个体劳动人员、个体经济组织从业人员的劳动规范，提升风险承担能力，政府和平台达成共同管理的机制，共同把平台建设好，把平台上的灵活就业者服务好。

其实，当前的社会保险制度成本高、效率低，不能适应灵活用工的要求。目前社保与劳动关系、用人单位绑定的方式，在社保制度设立初期是有其积极意义的，但在促进灵活用工上已成阻碍。灵活用工要求不同的缴费主体、便利的缴费方式、可选择的缴费费率，都需要传统社会保险制度的改造和突破。显然，这些复杂的程序是不合适灵活就业者的，必须进行改良，需要将灵活用工进行分类，比如人力资源服务的用工、自雇用工、平台用工等，对不同的类型在政策上需要区别对待，制定出适应灵活就业者的劳动规范。今天的中国，灵活就业已经迈入到了由数字平台组织的新阶段，平台上积累的劳动者数据和普惠金融高度相关，灵活就业者完全可以被平台赋能，提升风险承担能力，政府和平台也可以达成共同管理的机制，共同把平台建设好，把平台上的灵活就业者服务好。

总之，上述建议是从金融监管、社会稳定以及员工就业角度提出的。我们不赞成全国采取"一刀切"的老办法，在没有很好地制定出灵活就业的规范性文件就急急忙忙推广，这极有可能造成就业市场混乱、员工权益受损以及监管失当问题，必须先有一个顶层设计，再进行分类指导，先有法律定位，再进行市场推广，让灵活就业者的权益得到有效保护，让后疫情时代的金融市场、就业市场充分融合，发挥出最大社会效能，真正实现"六稳"和"六保"。

第六章
小微企业业务创新与监管

当前宏观经济形势严峻，国际经济复苏缓慢，外贸形势依然面临挑战；国内经济下行压力仍然较大，市场需求不足，诸如生产成本持续攀高，原材料价格波动较大，市场销售疲软，产品库存上升，用工成本上涨，而产品出厂价格却下降，利润空间受到多重挤压，导致越来越多的小微企业普遍出现业务订单减少、开工不足，发生部分中小微企业关停甚至倒闭。对此，小微企业必须增加信贷支持，才能渡过当前难关，但要解决小微企业融资难和融资贵问题，商业银行、非银行金融机构和互联网金融平台就必须采用数字化技术，尽可能地提高融资效率，缩短放款流程，提供一揽子、一体化融资流程支持，从建立专门的小微企业放款热线到小微企业企业专员再到小微企业信审专员，最大限度地提高运转速度，为小微企业提供优质的融资服务，帮助小微企业建立良好的财务管理制度和财务规划，为小微企业业务创新提供稳定、持久的资金来源。

第一节　小微企业面临的困难和原因分析

一、小微企业发展存在的主要问题

（一）融资难、融资贵问题仍未得到解决

虽然各大商业银行积极落实国家普惠金融扶持政策，对小微企业开展了一些优惠金融政策，但是出于自身金融风险考虑，大多数商业银行仍然设置了较严的放贷限制条件。小微企业发展资金依赖商业银行依然不太现实，依靠自我积累和民间融资又太过缓慢，小微企业融资难、融资贵问题仍未得到根本解决。

（二）家族式管理思维落后

从我国小微企业发展历史看，很多小微企业主管理思维十分落后，家族式小微企业管理思想跟不上互联网时代步伐，无法代表互联网时代的先进理念和成功经验，家族式小微企业管理思维落后，缺乏战略眼光。如果一味地坚持从前的经营理念，继续使用固化思维管理小微企业，缺乏战略眼光，只能导致小微企业发展缓慢和滞后。例如，小微企业人事管理观念陈旧，以个人意志代替企业章程，用个人好恶取代规则制度。不关注员工身心发展，只注重员工工作结果，无法激发员工的进取心，导致员工在企业管理中严重缺乏凝聚力和向心力，往往不能公平客观对员工并作出正确的评价，不能有效激发员工主观能动性，影响提高企业效率，造成企业的人才流失给企业的人才储备造成极大的负面作用。

也就是说，不少小微企业尚未建立真正的属于小微企业自己特色的核心文化，很难用科学管理思路指导企业自身发展，大多数员工对企业的归属感和认同感，在利润的驱使下只注重追求经济效益，漠视内部管理，管理者眼中只有利润指标，没有明确的小微企业发展规划，不仅缺乏完善的企业管理体系，也没有建立专门的企业管理部门和人员，对企业管理的重要性认识不够。

（三）"散"和"乱"无序竞争突出

在市场实践中，小微企业集中度比较差，同质化严重，产品不规范，经常无序竞争。本来是两个非常好的企业，在自己的领域中各有各的优势，但没有合理安排好各自的产品定位，经常发生恶性竞争。如果两家能够各自发挥特长，营造良性的竞争环境，对双方发展都是有利的，但是两虎相争常常是两败俱伤，实在让人惋惜。当然，这里面既有国家监管的问题，也有市场自身的管理问题，更有小微企业自己的问题。

（四）资金来源渠道单一

由于种种原因，长期以来国家对小微企业信贷投放不足，使小微企业无法通过金融途径增加自身的股本实力。小微企业的资金短缺已经成为小微企业战略发展和业务创新的制约。

这直接导致了小微企业资金来源相对简单，都是管理层的私人入股，或者当地商业银行、农商银行或信用社贷款，因此，小微企业的资金量小、企业经营和发展受到严重影响。而小微企业能够快速发展的前提条件就是充足的资金供给，资金才是促进小微企业发展不可或缺的重要资源。现实情况是，传统银行大多为国有大中型企业提供稳定、低利率的信贷支持，给中央和地方政府的基础性设施建设以及房地产开发项目提供大量的信贷资金。

二、小微企业面临发展瓶颈原因

（一）数字化转型困难

按理说，小微企业更应该立足时代背景，紧跟数字化时代发展步伐，借助各项经济政策红利，进行企业转型和升级，但事实上，除了互联网型小微企业、数字化小微企业和金融科技型小微企业外，我国大多数小微企业在数字化时代转型过程中还会面临诸多困难，比如产品同质化的现象愈发严重，与数字化时代发展脱轨。企业寻求产品创新、品牌创新遇阻，更多是依旧靠打价格战争取市场份额，最终陷入行业竞争的恶性循环中，既不利于推广产品，也不利于行业塑造行业的口碑，让自己在市场竞争中处于劣势地位，企业发展到一定时期必然会陷入困局。

（二）融资渠道不畅通

融资难是很多小微企业发展过程中经常面临的问题。从理论上来讲，小微企业的融资渠道包括内源融资和外源融资。内源融资是指企业不断将自己的积累资金转化为投资。但内部资金实力有限，不可能有飞跃式发展，小微企业单纯依靠内源融资很难快速成长，而外源融资渠道长期以来并不通畅，发展也存在局限性。

外源融资是指企业利用外部主体的资金转化为投资的过程，包括银行借贷、民间借贷、股权融资三种手段。但是，小微企业不像国企、央企等大企业，相关财务制度健全、日常管理规范，部分中小微企业往往会被银行评估为负债率高，导致缺乏完善的征信信息，难以通过金融机构的审核。而民间借贷可以弥补金融借贷的不足，但是相关民间借贷机构存在着管理不规范、内部系统不安全、高风险的问题，由此造成的法律案件逐年增多。因此，民间借贷让很多中小微企业家们不敢轻易接触。股权融资虽是比较流行的一种融资方式，资金使用期限长、没有定期偿付的财务压力，风险较小，适合小微企业。但事实上，股权融资业存在巨大风险，比如股权稀释导致控制权丧失，创始股东在经营方式与投资股东发生分歧，导致经营决策困难等。

而通过发行股票、债券方式筹集资金对小微企业来说还更难上加难，不仅是财务状况不符合上市标准，股权结构也不符合 IPO 要求。事实上，大多数小微企业只能从小贷公司、商业银行获取贷款资金。但是商业银行出于风险控制的角度，往往希望选择实力雄厚、信誉良好的大型企业作为客户，或者要求提供固定资产作为抵押品，信誉良好的公司作为担保人。而小微企业资信状况普遍不高、财务制度不健全、资产结构不合理，不易提供合适的抵押品和担保人，在实务中很难得到商业银行青睐。一旦银行信贷收紧，一部分相对弱势又急缺资金的小微企业往往最先被银行催逼归还债务，并被挤出银行信贷市场。于是，恶性循环导致了小微企业融资渠道长期不畅通。

（三）市场风险影响

新常态经济在长周期内处于增长较缓的状态，对企业造成了一定的压力，例如产能过剩使市场竞争加剧，企业赊销比例加大、账期延长，企业应收账款规模越来越大，企业需要保理服务加快回收应收账款，使财务状况更为稳健、企业效益进一步提升。同时，市场营销风险增大，小微企业需要保理服务分担和帮助管理应收账款风险，但事实上很多小微企业并不符合保理要求，无法及时盘活应收账款，加快资金周转，企业财务状况无法有效扭转，收款风险和应收账款管理和催收的负担得不到减轻，小微企业在市场竞争中长期处于被动局面。虽然小微企业经常使用信用销售方式，可以及时抢占市场、占据一定的销售份额以及受到买家青睐，但是信用销售也给小微企业带来一些问题：

1. 收款的风险问题。卖方先发货再收款，由于该收款是建立在买方商业信用的基础上的，没有银行信用作保证。一旦买方由于各种原因发生违约而拒绝支付货款，卖方可能面临钱货两空的局面。

2. 资金周转问题。一般对企业而言，从原材料采购、产品生产、运输到收款需要一个周期，整个周期越长，企业对资金需求就越大，在信用销售下卖方的收款需要的时间较长，这就相应地延长了这个周期，这就使卖方面临流动资金短缺的压力。而对于许多企业，特别是业务处于快速成长阶段的企业来说，流动资金周转是其得以生存和扩张的基础。

3. 账务管理和催收的负担问题。信用销售意味着卖方必须对大量的应收账款进行管理，包括记账、催收、收取和纠纷处理等。由于世界经济复苏缓慢和国内经济下行压力的扩大，企业应收账款拖欠和坏账风险明显增加。据业内人士估计，全国企业的应收账款规模在20万亿元以上。而这些对于专注于产品的研发和生产的企业来说是一项沉重的负担。

4. 人员缺乏、人才紧缺。多年来，小微企业招人难、用人难的问题一直制约着企业的发展。虽然小微企业短时间可以用高薪聘请人才，但总体上看，小微企业用人制度依然不健全，比如福利体系不健全、薪酬待遇不高、晋升机制存在漏洞等，很难吸引到优秀的人才入驻小微企业，企业内部优秀人才流失长期得不到有效解决，加之一些小微企业法律意识淡薄，导致劳资双方矛盾加剧，给小微企业带来大量的劳动争议，也不利于企业的招人和用人，导致小微企业跳槽事件频频发生，用人荒问题一直得不到有效解决。

5. 内部财务制度混乱。一般来说，财务管理与税务制度是一家企业长久生存发展的要义。小微企业由于自身发展的单一性，其财税部门规模受到限制，存在财税机制不健全的问题，小微企业财务经常由一人来管理，没有专业的人负责。即使有专业的会计，也是知识技能单一的，财务管理流于表面，做一些日常进出账工作没有问题，如果涉及更深层次的税务问题，则很难操作，导致企业面临巨大的税务风险，如果相关部门进行审查，很容易给小微企业带来不堪设想的后果。

（四）农村金融机构负面影响

中国银保监会2018—2020年组织了"农村中小银行股东股权三年排查整治行动"。总体上看，我国农村中小银行股东数量多、结构极为复杂，呈现"小""散""弱"特点。三年排查整治共涉及持股1%以上股东38.5万个、股权3 889亿股，累计发现问题1.99万个，集中反映在以下四个方面：

第一，股东资质不合格。部分问题投资者通过粉饰报表、财务造假等方式入股，为机构健康发展埋下隐患。如某农村信用社改制组建农村商业银行时，第一大股东在审计报告中虚增收入，将实际经营亏损篡改为盈利，隐瞒真实资质。这也为向当地小微企业放贷埋下了风险隐患。

第二，入股资金来源不合规。部分股东以委托资金入股，最终酿成股权纠纷，影响机构经营稳定，还有的甚至贷款入股，导致资本严重不实。

第三，违规的关联交易数量众多。违规的关联交易数量众多，违法程序或超出额度向股东授信，还有的通过多种手段掩盖关联交易以规避监管和信息披露。诸如有些农村商业银行以不足该行最低执行利率一半的水平向多个关联方发放超亿元贷款，一些农村商业银行还在未履行关联交易审查程序情况下，其股东及多家关联公司以"化整为零"方式从该行获取大量贷款，最终大部分形成不良资产，引发农村商业银行巨额亏损，严重影响对当地小微企业和个体工商户的信贷质量。

第四，股权质押不受约束。部分股东未履行对机构的事前告知义务，高频次、高比例地对质押股权进行融资；部分机构直接或变相接受本行股权质押，最终形成资本流失。诸如一些农村商业银行利用"股权质押反担保"形式接受本行股权作为质押，向股东提供巨额授信，严重影响对当地小微企业贷款的质量。还有的村镇银行主要股东未按程序向董事会提出申请即将所持股权全部质押，影响了村镇银行信用。

第二节　小微企业金融风险防控

一、避免"法无可依"需构筑法律防控高墙

（一）改变缺少专门立法的现状

多年来，金融法律政策倾向于大中型企业，特别是国有企业或上市公司。虽然近年来对小微企业进行了有效法律规范，但大多数规范文件只是散见在一些行政法规中，侧重于政府部门对小微企业的行政管理。例如，2002 年颁布了《中小微企业促进法》，多是原则性规定，具体可操作性条款并不多见。2011 年工业和信息部、国家统计局、国家发展改革委和财政部重新发布的《中小微企业划型标准规定》，部属行政规定，层次较低，法律效力不高。其余的有关小微企业的规定都散见于《公司法》《关于鼓励和引导民间投资健康发展的若干意见》（国发〔2010〕13 号）、《关于促进信息消费扩大内需的若干意见》等法律法规中，没有形成统一的规范性文件。

今天，虽然小微企业总数和工业总产值均占全国总数和总产值的绝大部分，但立法上却长期处于空白状态，不法分子利用法律、政策漏洞，实施金融诈骗、非法集资行为，侵害小微企业合法权益的案件时有发生。为此，我们建议尽快制定我国《小微企业基本法》，明确小微企业法律地位以及权利义务，实施负面清单、权力清单和责任清单，为小微企业发展营造稳定、透明和公平竞争的营商环境。所以，从立法上有力保障小微企业的合法权益，确定我国小微企业的法律地位是应有之义，为小微企业行业发展划定法律边界，明确小微企业市场准入条件、交易规则、权利义务，避免因政令频繁变动而产生的负面影响，用法律为小微企业在"六保""六稳"中保驾护航，与大中型国有企业融合发展也是互联网时代的责任所在，确保小微企业政策长期性、法律稳定性和规章严谨性。

（二）防止地方法规与上位法冲突

应严格禁止地方法规、部门规章与上位法产生冲突，避免小微企业法条竞合现象，推动小微企业专项金融监管立法。不仅要关注小微企业地方法规实效性，制订可操作的实施细则，还要对小微企业违法违规、失信行为施以重拳，整治市场乱象。

二、"数字化转型"应加固防控经营性风险圩堤

（一）设立"数字化转型"示范窗口

设立"数字化转型"示范窗口，以新一代信息技术与应用为支撑，提供从信息对接、供应链支撑、能力扶持、软硬件支持、平台基地建设等全方位、全链条服务，提升小微企业应对突发危机的能力，借助大数据、算法为驱动的数据智能技术，赋能小微企业智能化变革，提升小微企业运营效率，为小微企业节省成本，以数据分析替代人工核查，构建全新的小微企业数字普惠

金融风控体系，提高风险判断力，帮助小微企业认识到"未来工业"技术是发展的机遇，始终控制小微企业在合理的风险系数之内。

（二）提供产品创新特别贷款

国家投资银行、商业银行、城商银行和小贷公司向小微企业提供改造生产工具的特别贷款，就小微企业创新产品试验、增材制造机器、生产管理软件、传感器等设备进行专项支持，加快孵化小微企业创新研发项目，为中小微企业设计高技术产品与解决方案，破解小微企业准入屏障，打通电信、通讯、理财等行业的障碍，增强小微企业市场竞争力。

第三节　疫情期间金融财政政策得失考量

一、政策性支持策略考虑

（一）突出包容性统合思维

新冠肺炎疫情暴发早期，全国各地防控措施不断加码。封村封路、商铺关门、工厂停工等，整个社会生产和生活几乎处于停摆的状态。小微企业也处于停业状态，尤其是轻工制造、食品、餐饮、旅游、批发零售和物流等行业，销售不振，经营收益更是雪上加霜，大多数小微企业步履艰难，尤其是抗风险能力较弱的小微企业和个体经营户，经济上蒙受巨大冲击，陷入了"至暗时刻"。为此，我国政府相关部门本着挽救小微企业目的，避免小微企业出现大量倒闭局面，出台了一系列金融和财政稳控措施。

2020年2月1日，中国人民银行、中国银保监会等五部委联合出台了《关于进一步强化金融支持防控新型冠状病毒感染肺炎疫情的通知》，要求金融部门通过公开市场操作、常备借贷便利、再贷款、再贴现等多种货币政策工具，保持金融市场流动性合理充裕，适当提高存款准备金考核的容忍度，加强对受疫情影响较大的批发零售、住宿餐饮、物流运输、文化旅游行业的小微企业、民营企业信贷支持，要求各金融机构不抽贷、不断贷、不压贷，确保中小微企业流动性富裕，特别是采取适当下调贷款利率政策，对受疫情影响严重的小微企业到期还款确有困难的，予以展期或续贷，适当延期还款、减免利息费用。这对于保障目前全国大多数小微企业按时复工、复产和复市起到了关键作用，这些金融与财政政策也是过去历史上从没有使用过的。

毫无疑问，面对日益严重的新冠肺炎疫情，我国政府果断采取了"法无禁止即可为"原则，及时调整市场经济与政府监管的关系，临时性发布了一系列金融财政优惠政策，帮助小微企业渡过经营困难期，彰显出各级政府和监管部门对民营经济的人文关怀和政策倾斜，为广大小微企业、民营企业拓展了生存空间。

（二）坚持灵活性管理手段

在新冠肺炎疫情时期，监管部门采取灵活的管理措施，按照特事特办、突破常规、精准施策原则，适当提高监管容忍度，在监管指标上给予一定宽限期。例如，优化小微企业、农户等重点领域利润考核目标，放宽商业银行发行小微企业专项金融债的申请条件，提高小微企业贷款享受风险资本优惠权重的单户额度上限，简化业务流程，精准续贷，缓解受困小微企业的流动资金压力，让更多的小微企业、民营企业平安渡过疫情。

与此同时，进一步放宽市场限制，对小微企业市场准入、业务范围核准、产品研发、销售渠道环节及时开放，采用更开放的姿态管理小微企业创新业务。例如，扩大贷款抵质押担保物范围，构建小额信用贷款、抵押担保贷款、担保机构保证贷款"三位一体"普惠型信贷产品体系，破解新冠肺炎疫情期间小微企业抵押物瓶颈困局，实行创新激励机制，引导小微企业快速复工复产复市。

二、强化财政与金融政策的协调

（一）做到统筹兼顾合理配置

强化金融政策体系不是一个简单的疫情专项财政补贴可以完成的。在抗击疫情特殊时期，各地方政府、银保监局和银行业金融机构运用再贷款、再贴现等货币工具，运用财政贴息、税收优惠、差别税率、先税后补等财税工具，必须统筹兼顾，合理配置保险、证券、租赁、信托资源，避免"一哄而上、有始无终"老毛病，不仅要有包容态度，更要有理性观念，必须考虑全局性问题。新冠肺炎疫情暴发以来，我国出台了许多经济刺激政策，但从持续发展来看，各项应急政策可能埋伏着一定的风险，不能变为常态化政策，必须有退出机制，其关键就在于解决好何时退出和如何退出的问题。有学者指出，为了应对新冠肺炎疫情对国内经济的冲击，财政与金融帮扶政策弱化了市场的出清功能，在一定程度上损害了经济中长期的结构平衡。受疫情影响面临财务危机的小微企业并不一定都是有价值的小微企业，但为了稳就业、稳民生，政策难以区分这些小微企业。由此也就带来了小微企业逆向选择、过剩产能存续等问题，资源配置效率会变低。①

这是有道理的。疫情期间，政府对小微企业更多的是帮助救济，国家财政给予小微企业、民营企业一些特殊的普惠政策，商业银行也不断出台各种各样优惠信贷，但不加区分地一哄而上也是不可取的。因为临时性的金融与财政应急优惠政策并不能变为常态化政策，从长期看其对金融健康发展并不一定完全有利，应该有适当的退出机制，例如，新冠肺炎疫情期间很多财政补贴优惠政策在 2021 年 6 月 30 日即将到期，是否对所有的小微企业都需要延期这些财政补贴优惠政策？这是一个新问题，还没有机构或个人专门研

①　吴建杭：《关于疫情背景下应急经济政策退出的几点思考》，摘自《清华金融评论》2021 年第 2 期。

究过。

从世界范围看，历次经济大萧条之后，各国几乎都会深入介入经济复苏的全部过程中，无论是 1932 年罗斯福新政，还是 2008 年国际金融危机，各国政府出台刺激性政策似乎已经成为惯例。虽然这些经济和金融挽救政策对各国恢复经济和金融市场有着重要意义，从某种情况下也是势在必行，但并非没有代价，比如，货币政策要考虑流动性陷阱，不能一味宽松；财政政策也要考虑"周期性平衡"规则，不可永久补贴。否则，造成的负面影响也是深远的，对本国经济和金融市场持久、健康发展并非是一件好事情。

各国出台的金融财政政策也不是一成不变的。在大萧条过后 4 年，美国于 1936 年就开始不断缩小财政赤字规模，连续采取了紧缩的货币政策，多次大规模地提高准备金率，大规模地吸纳之前货币当局注入市场的流动性，调整大萧条期间的金融政策。亚洲金融危机之后，日本中央银行在 2000 年 8 月开展了一次升息，由 0% 提升到 0.25%，实施改变金融危机期间出台的"零利率"货币政策。由此可见，应对金融危机或者经济危机的各种金融财政应急政策并不是永久的，而是根据国家经济情况随时作出调整和改变的。

从我国疫情期间出台的大量金融财政优惠政策情况看，目前国内经济恢复较好，2020 年我国 GDP 增幅为 2.3%，这是全世界唯一的经济大国 GDP 指标正增长的，2021 年的 GDP 指标在两会《政府工作报告》定为 6% 以上，这就说明目前我国经济形势大为好转。因此，为了避免地区利益至上、各自为政的局面，整合了金融与财政政策互动功效，在未来适当调整疫情期间的金融财政政策也是应有之义。

简单地说，我们必须尊重市场优胜劣汰规律。在金融财政政策的执行上，盲目跟风、一哄而上或过分积极都不成熟，都是对金融财政政策认知偏差的表现，必须进行调整。当然，考虑到"两个一百年"奋斗目标和"十四五"第一个执行年度任务，疫情期间的金融财政应急政策退出还是需要谨慎对待的，也不能操之过急。我们认为最快也要等到疫情考验经历完整周期，延期还本付息政策终止后（2021年3月31日），再根据我国经济恢复情况决定。在统筹协调好"双循环"与"六稳""六保"等重大布局后，才可以作出适当政策退出安排。

（二）优惠政策必须有所选择

各大监管部门一直在推动降低全国范围的小微企业融资成本，但要突出重点，合理布局，分清轻重缓急。一是对受疫情严重的地区，金融信贷政策应该有所区别。例如，对受疫情影响的普通零售批发、住宿餐饮、物流运输、文化旅游小微企业应该给予一定的优惠政策支持，但对重点医疗防控物资和生活必需品生产、运输和销售的中小微企业，应该加大金融和财政政策的优惠调整，必须保证特定领域中小微企业的现金流，保障继续开工生产，不能再搞全国"一刀切"政策，有所侧重。否则，对受疫情影响最严重地区小微企业同样是不公平的。

三、特别需要注意的几个问题

（一）考虑商业银行经营成本问题

一些地方对不完全符合《通知》要求的小微企业发放了抗疫专项贷款，提高了存款准备金考核容忍度，对辖区内不在"名单制管理"里的批发零售、住宿餐饮、物流运输等小微企业、民营企业也提供低成本专项再贷款、中央财政贴息支持，还倒逼地方银行在优惠幅度在贷款基础利率下浮5%～10%，大大低于正常时期的企业经营贷款利率。这就等于把小微企业信贷风险一部分或全部传导至商业银行，增加还款困难小微企业对商业银行造成监管指标达标的压力。

现阶段是特殊时期，存在大量偿还贷款困难小微企业，许多小微企业在复工阶段仍有新的贷款需求。因此，商业银行可以考虑与其他金融机构分担风险，针对某一类产业链上骨干型小微企业、民营企业，与小贷公司、互联网金融平台、金融科技公司、财务公司、保险机构以及基金公司开展合作，设计合理的股债组合，合理配置资源，共同分担风险，提供协调式、组合式的金融服务，分担损失，带动整个产业链上各类企业恢复生产，为小微企业、民营企业提供可得的金融服务。但是，一个成熟的商业银行应该始终不放松风控，始终保持既有的内控制度和风险管理原则，不能此一时彼一时。商业银行也是有成本核算的，应该考虑后疫情时期商业银行如何渡过不良信贷危险的问题。如果 2021 年或 2022 年依然维持这种特殊金融信贷政策，商业银行将在未来面临巨大的金融风险。

2020 年 2 月 25 日，人民银行与国家发展改革委、工信部协商之后，已有位列防疫重点企业名单的 48 家中小企业不再列入专项再贷款名单。这意味着，银行将不得对这些中小企业进行专项再贷款的投放。这些在防疫专项再贷款名单内的中小企业，因为不符合专项要求被"除名"了。即使银行已经对这些中小企业投放了贷款，这些贷款也不会得到人民银行的专项再贷款的优惠政策。同时，人民银行 2020 年也向六大行发出通知，要求商业银行不得通过降低利率等方式抢夺客户，新增优惠贷款利率不能低于贷款市场报价利率（LPR）减 200 个基点，否则不予报销，专项再贷款"打补丁"的，商业银行优惠再贷款利率不得低于 2.05%。

显然，这从侧面反映出监管部门和金融机构对小微企业新增优惠政策的谨慎态度，也是防范利益博弈与道德风险的措施。对纳入重点医疗防控物资、住宿餐饮、防护产品应急需求、百姓生活必需品生产、物流运输和销售的小微企业给予一定优惠政策支持外，对于初创发展动力充足、创新产品、服务良好，商业模式和营销方式先进的小微企业有选择施以援助，这些都是可以理解的，但不能一哄而上，不分良莠，为完成上级任务而忽视信贷自身规律。如果现在不加选择地给予大幅优惠政策，等到疫情过后，尤其是微型家庭式企业，大概率是有一部分小微企业挺不过来，进而破产倒闭，将会产生巨大的不良资产，对银行造成的冲击也是可想而知的。

因此，对于接受信贷财政优惠政策以后，依然无法恢复生产销售，且依然存在延迟交货、延期还贷、合同逾期等严重失信行为，应该考虑将其列入失信名单，不必继续施以信贷财政优惠支持。虽然救灾是政府一部分责任，但金融财政优惠政策并不是慈善公益，不可以没有边界地向所有小微企业开放，必须体现出"经济利益和社会责任"双重目标。总之，监管机构不仅要考虑当下，更要放眼未来，对小微企业、民营企业的支持要从坏处着眼，好处着手。

（二）小微企业风险承担问题

疫情期间，首先是小微企业要修炼好内功，以线下业务为依托，采取积极自救措施。越是艰难时刻，小微企业越要开拓最具创意的商业模式，加强与互联网金融平台、金融科技公司、消费金融公司合作，从线下向线上业务转型，通过网店销售或社交化营销提升销量，通过精斗云产品实现客服与仓库的无缝衔接，通过数据化管理实现精准营销，最大限度地挽回疫情期间的经济损失。

➤➤【案例】

盒马生鲜超市推出"共享员工"，自2月3日发出第一封"招工令"以后，短短几日就"借兵"1 800余人。这个商业模式解决了三个问题：（1）分担了其他企业因停工带来的人力成本，减轻其他企业的薪酬费用压力；（2）盒马超市劳力得到了及时补充，日常经营活动有保障；（3）减少了社会失业率，维持社会稳定。

其次要调整自身的心态。这场疫情最可怕之处在于社会性恐慌，企业员工恐慌心理造成的损害要远远大于企业实际经济损失。越是疫情期间，小微企业越是要及时调整经营模式，稳住心态。"阿米巴模式"就是应对疫情一个最佳模式，适当下放经营权激发员工潜力，提高员工积极性和创造力，企业上下团结一心，达成"熬得住就是胜利"共识，一起渡过疫情难关。

（三）财政赤字救急方案需要谨慎

有学者提出，疫情期间考虑实施中央财政为主导的非常规财政扩张政策，把 2020 年中央财政赤字提高，幅度在 1%～3%，提高专项债规模，发挥专项债券扩大有效需求、稳增长的作用。

我们认为，必须处理好财政赤字与通货膨胀之间的平衡关系，谨慎对待财政赤字问题。我们不赞成有些学者提出的"专项债规模可以提高到 3 万亿元"口号。因为规模超大的专项债必然导致人为抬高国内通胀压力，政府很难在疫情过后平复通胀的。毫无疑问，提高财政赤字导致的通货膨胀对国内经济是长期利空的，对老百姓日常生活也是有负面影响的。这方面在前几年我们是有教训的，前车之鉴，今天不应该忘记。

第四节　"双中小"数字化融合与对接

一、信贷投放对小微企业的重要性

截至 2020 年末，我国大约有 3 800 多家中小银行。作为商业银行重要组成部分，在银行体系中家数占比为 98%，数量众多、分布广泛，但单个规模不大，抗风险能力相对较弱。2020 年以来，受新冠肺炎疫情影响，中小银行在放贷能力、资本消耗等方面压力陡增，需要政策予以支持。2020 年 5 月 4 日，国务院金融稳定发展委员会召开第二十八次会议，再次部署加快金融机构改革并更好服务实体经济，其中最核心问题就是中小银行如何帮助中小微企业渡过当前疫情难关，抓紧落实中小银行深化改革和补充资本的工作方案。

要知道，疫情影响最大的就是住宿与餐饮、旅游、批发零售、交通等行业。根据有关专家初步统计，本次疫情仅对住宿与餐饮业的影响就造成亏损

1 万亿元，对批发零售业造成的亏损达到 2 万亿元。关键是，中小银行主流客户基本集中在住宿与餐饮、旅游与批发零售业。因此，受到关联受损影响，中小银行业绩已经遭受冲击，利差收窄、中收减少、业务量下降已成定局。

本次疫情虽然给中小银行和中小企业带来严重经济损失，但同时也带来了两个机遇：一是因为封城封社区，这就使过去从未使用移动互联网的客户群体有了较大的增加，中老年客群不得不开始在线上预约口罩、线上买菜、预约购买其他生活用品，年轻人也开始了远程办公、在线学习，移动互联网用户进一步下沉，直接导致客群线上渗透率大幅提升。二是微商、在线教育、线上生鲜、在线办公、微游戏、短视频等行业在疫情期间得到快速发展。这就使原本没有网银、手机银行、微信银行使用习惯的群体只能借助手机满足生活需求，于是，新形势对中小银行渗透率与服务能力提出了更高要求，这些新生代客群接力成为小企业一大批稳定客户。

因此，能不能在第一时间服务到从线下转到线上的人群，是现阶段我国中小银行和中小企业共同面临的挑战。如果不能提供体验式服务，将可能面临缺失客户的困境。但是，线上提供数字化服务，客户所有问题能否全部在网上办理，所有服务是否能够线上完成，能否真正达到"非必要不来网点"的效果，让客户决定继续留在线上消费，使中小银行与中小企业无缝对接，这是"双中小"继续生存下去的关键所在。

为此，在抗疫期间多项针对中小银行发展的举措陆续出台，增强中小银行的市场竞争力。诸如 2020 年 4 月初，对中小银行定向降准 1 个百分点，有效增加中小银行支持实体经济的稳定资金来源；将中小银行拨备覆盖率监管要求阶段性下调 20 个百分点，释放更多信贷资源。4 月 21 日国务院常务会议确定推动对承租国有房屋的服务业小微企业和个体工商户，免除上半年 3 个月租金等政策旨在有效降低小微企业固定成本压力。4 月 27 日，又新增 1 万亿元额度重点加大对涉农、小微企业和民营企业的信贷投放。为此，金融委第八次、第九次、第十次连续三次会议都提出要重点支持中小银行多渠道补充资本，多次支持中小银行增加资本金。

我国中小企业的数量大、分布广，中小银行本身就是扎根基层，天然具有普惠金融特点。"双中小"共处于同一地域，地方经济是"双中小"生存与发展的前提和基础，可以讲是"门当户对"，有着天然的相容性和契合度。大力发展中小银行，有助于填补我国大型金融机构无法或无力顾及的市场，优化和完善金融机构体系，改善金融服务不充分、不均衡状况。

由此看，中小银行对接中小企业应该是回归普惠金融本源。中小银行未来服务对象要以当地的"三农"、民营企业、中小微企业为主，发挥其贴近客户的体制机制优势，为客户提供差异化、特色化金融服务，中小银行对接中小企业也符合中央最近提出的"六稳"中"稳就业"。未来，中小银行无论是抗击疫情，还是自身改革发展，都必须做好以下四方面改革措施。

（一）强化中小银行数字分析能力

一般而言，数字化程度越高，银企信息越对称，中小商业银行对中小微企业的支持效果就越好。早在 2020 年 1 月 26 日疫情暴发初始阶段，中国银保监会就要求各银行保险机构"加强线上业务服务，提升服务便捷性和可得性"。2月 14 日，监管部门进一步通知强调"提高线上金融服务效率"、提倡中小银行用"优化丰富'非接触式服务'渠道"服务小微企业。显然，监管高层是鼓励"提高"和"优化"银行数字化服务的。有数据表明：自疫情暴发以来，16.6% 的微型企业和个体经营者已通过线上化运营转型销售，12.8% 已开启了远程办公。但是，这些比例对于我国庞大的中小企业来说，依然是杯水车薪。

因此，必须提升"双中小"融合度，打通与税收、工商、住房公积金及所有涉及企业及个人的大数据信息通道，不断为大数据信息库扩源、扩量，对数据进行分类、清洗，打造全面的数据生态系统，从分析数据对客户活动、投资偏爱、行为习惯以及购买力进行跟踪，为"双中小"合作打下更多的信源渠道，建立强大的数据分析基础设施进行科学决策。

（二）提供和整合无缝客户体验

中小银行的经营模式必须适应互联网时代，从实体网点为主逐渐转变为线上与线下融合模式，根据客户需求提供金融服务，开发出符合中小微企业这些特点的专属、个性化产品，提供无缝对接的全新客户体验，提升产品专业化与特色化，通过结构化产品的设计与使用，实现中小微企业产品批量化、专制化、流程化，改善客户跨渠道及跨产品体验，满足客户对金融服务的期望。例如，全国工商联关注底层小微经营者难以享受到国家优惠政策，与网商银行发起了"无接触贷款助微计划"，短短两个月，114 家中小银行就服务客户 724.56 万户，累计发放贷款 3 051.6 亿元。全国工商联研究室一项调查显示：70% 获得贷款的小微经营者认为，"无接触贷款"有效促进了经营回暖。小微经营者每支付 1 元钱的利息，能产生约 2 元钱利润，进一步满足了金融供给与金融消费之间的交易需求，在市场竞争中保持生存状态。

（三）提高自身数字化营销能力

一是中小商业银行要通过技术手段，提高大数据分析能力，掌握数字媒体、核心营销、营销运作技巧，将数据资源、信息资源转化为信用资源，探索大数据、人工智能、数字孪生、5G、工业互联网、物联网和区块链等数字技术应用和集成创新，形成更多有创新性的共性技术解决方案及标准。

二是中小银行与中小微企业实现数字信息共享，构建企业数字化管理平台，实现中小企业管理平台与中小银行的金融服务平台互联互通，针对中小微企业转型需求，培育产业平台化发展生态，面向重点行业、特定场景丰富模型库、知识库、创新 APP 增值服务，编制中小企业数字化转型指南，推出普惠化、低成本、多样性产品或服务，保证银企之间的数据能够实时互换交流，发挥数字化工具在企业管理中作用，提升管理效能。

三是在银行运营方面，中小银行要利用敏捷开发和持续交付等手段来加快软件开发速度，简化流程，利用人工智能技术提升商业银行智慧化程度，提高客户业务服务能力，跟上创新的步伐，采用灵活高速、成本低廉的处理和存储技术，淘汰老旧系统，构建数字化流程精简成本，对核心流程进行数字化革新，实现真正的流程数字化。

四是中小银行要充分发挥金融科技在风险控制中的作用，运用大数据技术掌握中小微企业的发展信息，逐步将区块链技术应用到中小银行的结算业务中，提高信贷风险决策的科学性。例如，分布式记账技术能实现低成本存储及迅速清算与结算交易，运用物联网的信息流、物流、资金流三合一优势，使中小微企业的所有经营行为都能在中小商业银行可控范围内，为中小银行在后台运营中赢得先机，具备与金融科技公司开展竞争。

（四）建立支持数字化的组织架构

近年来，金融委针对中小银行发展明确提出"要健全适应中小银行特点的公司治理结构和风险内控体系，从根源上解决中小银行发展的体制机制问题"。中小银行数字金融服务的潜力远远大于目前取得的成果，应加快数字金融服务发展，服务好中小企业。

1. 建立法律法规框架，为"双中小"进行必要的立法，可以制定专门适用于"双中小"对接数字化业务的法规，既确保中小微企业能够受益于数字金融服务，又保证中小银行的利益不受不良信贷困扰，确保普惠金融生态系统具有合法的竞争环境，最大限度地保护"双中小"合法权益。

2. 中小银行建立移动宽带基础设施，尤其是在偏远地区，建立符合中小微企业本地现金转换需求的代理人网络。针对中小微企业转型需求，中小银行培育产业平台化发展生态，面向特定场景丰富模型库、知识库、创新 APP 增值服务。扩大开放应用程序界面，开发使用公开可用的方式访问专有软件，使新的应用程序可以相互沟通和互动，比如，中小银行扩大数字身份认证，包括生物认证系统、风险预警系统、加强数字化金融统筹与运用。

3. 中小银行为中小企业注入应急流动性资金，使之能够进行资金转移，包括跨境汇款，在社区、市场或商店支付账单，无需身体接触，快速、安全地为中小企业提供现金转移支付及其他形式的资金救助。

总之，数字技术可以向长期缺少服务的中小企业提供可得的金融服务成为可能，金融科技通过规模经济最大化地降低了成本，提升了交易速度、安全性与透明度，使中小银行能够根据利润低且不稳定的中小企业的需求为其量身打造可持续的金融产品，消除阻碍提供金融服务的障碍。我们相信，中小银行与中小企业的双赢局面不再遥远。

当然，不同的银行面临不同的制约条件，需要探索不同的可循路径。中国银保监会数据显示：2019 年国有大中型银行不良贷款存量约为 1 万亿元。而中小型上市银行，在新的金融资产分类方法下，不良信贷信息披露充分，不良资产加速出清，整体中小型银行资产质量正在不断改善。

国有大中型银行应该发挥资金成本和综合实力优势，提升智能化运营的决策效率，股份制银行应该调整战略、重塑模式，追赶已经走在前面的同业，而中小银行应该克服资金、人力、技术障碍，找准本地市场、核心客群，实现跨界融合，成为中小微经营者的重要融资渠道。有研究数据表明，疫情期间近八成有融资需求的长尾小微在互联网银行获得过经营性贷款。这足以说明，互联网银行在业务模式上积极创新，与传统银行差异化融合发展，在一定程度上弥补了我国现有金融体系的结构性失衡。中小银行业数字化程度直接关系到我国数字普惠金融的整体能力。

二、减税退费对小微企业的必要性

清华大学经济管理学院一项调查证实了税收优惠的重要程度。在调查对象中，期望最高的是获取税收优惠（69.34%），获得财政性成本补贴（32.08%）。显然，现阶段税收方面优惠对于挽救中小微企业渡过难关是非常必要的。

（一）加大地方财政一般转移支付力度

中央财政应加大对地方财政一般转移支付力度，通过定向减税、发放补贴方式对受疫情影响较大的中小微企业救助扶持：

1. 对缴纳房产税、城镇土地使用税确有困难的中小微企业，申请房产税、城镇土地使用税减免。

2. 对在疫情期间已经为承租的中小微企业减免租金的科创园、科技企业孵化器、创业基地等科技园区（大学城），优先予以专项财政补贴的扶持。

3. 对纳入政府防疫安置点（病房）的酒店、学校（党校）、厂区仓库、体育场馆在疫情结束前产生的实际水、电、气费用，按其实际发生额予以100%的减免，转由财政补贴。

4. 鼓励出租车经营企业在防控疫情期间适当减免出租车司机承包费用，对出租车、滴滴车行、专车行业在疫情防控期间应缴税费形成的支出，地方财政研究制定相关政策予以适当补贴。

（二）开展财政贴息支持

鼓励各级财政局（厅）针对直接参加疫情防控工作和受疫情影响较大的小微企业，按照贷款实际支付利息的100%给予小微企业财政贴息支持，单个小微企业贴息额度最高不超过100万元，从侧面帮助小微企业的资金回笼，促进小微企业生产的恢复和发展。

（三）突出财政救急重点扶助

中央财政应该加大对地方财政一般转移支付力度，救急扶助突出重点，通过定向减税、发放补贴方式对受疫情影响较大的小微企业支持，对疫情直接关联的小微企业和个人进行财政补助。例如，对纳入政府防疫安置点（病房）的酒店、学校（党校）、厂区仓库、体育场馆在疫情结束前产生的实际水、电、气费用，按其实际发生额予以100%减免。对疫情期间的出租车大幅减免出租车司机承包费用，对出租车、滴滴车行、专车行业在疫情防控期间应缴税费，地方财政予以全额免除或补贴。

（四）实施非常规财政扩张政策

考虑实施以中央财政为主导的非常规财政扩张政策，把2020年中央财政赤字适当提高，幅度在1%～2%，可以适当提高专项债规模，发挥专项债券扩大有效需求、稳增长的作用。当然，具体的财政赤字数额还要视疫情发展灵活调整，但不宜超过1万亿元，必须谨慎处理好财政赤字与通货膨胀之间的平衡关系。我们不赞成国内有学者提出的"专项债规模可以提高到3万亿元"口号，因为规模超大的专项债必然导致人为提高国内通胀压力，在疫情过后，很难平复通胀压力。

三、融资担保对小微企业的辅助性

中小企业一般没有足够的担保进行抵押，这要求中小银行创新风险管理的模式，用好银税贷互动贷款等产品，用好大数据、数据挖掘等技术，而不是像过去依赖于担保抵押。因此，中小银行必须掌握移动端技术、敏捷开发、云计算等新一代技术，为客户精准画像，有效防控风险，用最短时间了解客户的要求和愿望，制定如何与服务供应商打交道的最佳方案，提高对中小微企业贷款的能力，多实行信用贷款，少使用过去的抵押式、担保式贷款。

（一）加大担保的延伸宽度

鼓励担保机构加大对中小微企业融资担保政策的延伸宽度，重点突出对小微企业个人的担保措施：

1. 针对直接参加疫情防控工作的小微企业和受疫情影响较大的中小微企业，全额免除疫情期间产生贷款的担保费用，鼓励引导担保机构加大对中小微企业融资支持力度。

2. 对受疫情影响暂时失去收入来源的小微企业，为其提供融资担保服务的政府性融资担保机构，视疫情影响情况适当延长追偿时限，或者申请贷款时予以优先照顾。

3. 对已发放个人创业担保贷款，借款人患新型冠状病毒感染肺炎的，可向贷款银行申请展期还款，展期期限原则上不超过 1 年，财税部门继续给予贴息支持。

（二）发挥政策性融资担保基金作用

对防疫物资重点保障企业和受疫情影响较大的小微企业，进一步发挥政策性融资担保基金作用，对新申请中小微企业贷款的融资担保费率适当降低，再担保费率减半收取，对创业担保贷款继续采取免收担保费措施。

（三）完善小微企业信用修复功能

协助受疫情影响出现失信行为的小微企业开展信用修复工作，对因参与防疫工作而导致的小微企业延迟交货、延期还贷、合同逾期等失信行为，不将其列入失信名单。

第五节　构建我国小微企业监管体系

一、探索差异化监管策略

（一）差异化监管含义

近年来，以大数据、云计算、区块链等先进技术，驱动小微企业快速发展的同时，对传统金融监管带来极大挑战，尤其在收集、传输、使用过程中，以小微企业名义进行消费、支付、转账服务导致数据信息外泄、篡改和贩卖时有发生，给小微企业造成巨大经济损失。为此，监管部门需要探索小微企业金融服务差异化政策，通过优化绩效考核机制和配置信贷资源，以不干预金融资源配置为前提，确保各项金融政策、监管措施向小微企业倾斜。

差异化监管，就是监管者必须强调金融环境的差异性、参与主体的多元性，经营方式的多样性，充分考虑互联网金融市场信息和资源的各种差异，在监管目标、准入条件、监管措施、人员构成以及风险处置手段上采取差异化管理，具体情况具体分析，具体对象具体对待，必须对不同种类互联网金融创新采取不同方式监管，根据不同的违法行为采取不同的监管措施，实现公平与效率的统一。

差异化考核是专门为了配合差异化兼顾设立的一种激励方案。在专项金融债、风险资本、不良贷款容忍度等方面突出不同导向，指导商业银行细化授信尽职免责，激活差异化考核，表现突出的商业银行，在资本计算、监管评级、市场准入方面给予特殊奖励，健全基层支行"敢贷、愿贷"机制，实施差异化银行放贷激励政策。

>>> 【案例】

在疫情防控时期内，重庆银保监局对小微贷款不良率超过自身各项贷款不良率3个百分点以内，且贷款规模增长的，在非现场监管中确定其监管评级和绩效评级，密切监测受疫情影响较大的小微企业的不良预警，对确系疫情影响形成的不良，暂不纳入银行机构"剪刀差"考核，很好地施行了差异化监管措施，受到了当地小微企业和个体工商户的好评。

——案例来源：2020年3月9日《新华网》。

金融机构应该针对不同客户的情况，充分发挥自身优势，建立差异化的转贷款客户准入管理制度，强化转贷款台账管理制度，推出无还本续贷、尽职免责等配套制度，实施小微企业差异化信贷支持措施。

▶▶▶【案例】

中国进出口银行结合自身特点，探索符合进出口银行特点的小微企业服务模式，加强对普惠客户资金流、信息流、物流监控，强化风险监测和预警能力，对合作对象进行科学分类和差异化管理，健全利率定价管理，设置小微企业转贷款模式成本控制机制，避免贷款利息层层加价，防止金融政策"惠而不实"，开展小微企业特色管理和专业化金融服务。

——案例来源：2019年3月10日《证券时报》。

（二）完善差异化考核评价

差异化考核包含以下两个相互关联的监管原则：

1. 有限监管。所谓有限监管原则，就是在"有限集中和确实必要"基础上，充分体现对小微企业自治优先、市场优先、法律优先的监管规则。根据一个监管标准，判断哪些小微企业生产行为需要监管，哪些小微企业经营活动不需要监管，而不是运动式的管理，也就是说，但凡市场机制能够调节的、依法合理运行的，监管部门一般不需要介入监管，保持住监管确实必要的度，保持住监管集中治理的量。

如果对中小微企业依旧管得过多、过严和过深，压抑了中小微企业的创新空间和主观能动，将导致中小微企业无法恢复生产，最后导致破产和市场危机，这是监管层不愿意看到的结果。监管必须遵守有限、必要和无可替代的规则，在确有必要的情况下才进行监管。

2. 适度监管。所谓适度监管，就是在守住不发生系统性风险底线的同时，对互联网金融的监督和管理要留有余地和空间，以保障消费者的资金安全、信息安全和人身安全的前提下进行监管，而不是一味从严管束。

我们知道，占有全国90%以上数量的中小微企业生死存亡，不仅关乎地方就业和经济活力，也攸关整体社会稳定。因此，监管高层要想达成普惠金融市场利益和风险控制之间的平衡，最好的方法就是适度监管。互联网金融往往具有混业经营特征，涉及或嵌套多项金融业务，形态多样易变，不容易准确辨识业务实质。虽然有些业务分段来看可能不符合监管要求，但总体上就不能过严监管，否则就会使大量互联网金融新业务"胎死腹中"。例如，金融科技监管不可避免地存在着金融效率和监管安全之间的对冲可能，监管者不能简单地采取"一竿子到底"的监管方式，需要针对金融科技发展内在规律和属性，给予互联网金融企业一定的创新空间。

简单地说，就是不要大包大揽，面面俱到，而是实行防御性监管控权，防止监管过度而限制中小微企业的生存空间。在有效控制风险前提下，适度扩张提供普惠金融的生存与发展空间，针对性地解决普惠金融发展中的短板问题，推动"双创"组织、"三农"机构生产力转化，最大限度地减少因新冠疫情导致中小微企业的经济损失。

适度监管的重点是监管的广度和深度，主张适度监管，并不是不要监管。2019年世界银行最新一项研究认为，过度监管将损害数字经济创新和社会就业扩容。[①] 监管高层要想达成稳定就业与风险防控之间的平衡，只能适度干预，实施防御性监管，防止监管过度而压缩社会就业发展空间。也就是说，监管机构不应直接干预小微企业正常经营行为，监管范围必须严格限定在市场失灵领域，限定在法律失控范围，形成以政府监管为主导、行业管理为纽带、企业自律为基础、社会监督为补充的四位一体监管格局，无须事无巨细、面面俱到、全盘接管，充分体现出巴塞尔银行监管委员会在《有效银行监管核心原则（1997）》提倡的全程、适度、持续原则，让小微企业拥有更好的发展环境，亦如 Mathias Dewatripont 和 Jean Tirole 在《银行监管》中曾经指出："适度监管就是力争在鼓励银行提高服务质量、激发竞争活力与维持该行业的清偿力与稳定性之间寻求一种最优的权衡。"[②]

---

① 许可：《过度监管或有损东亚数字经济创新》，摘自《对外经济贸易大学数字经济与社会》，2020年2月14日。

② Mathias Dewatripont、Jean Tirole（美），石磊、王永钦译，《银行监管》，复旦大学出版社2002年版。

为此，我们要激发竞争活力与维持该行业的清偿力与稳定性之间寻求一种最优的权衡，改变"病急乱投医"的错误习惯，不再用"一刀切"的老办法对付小微企业。相反，应通过深化"放管服"改革，取消对小微企业不合理的监管限制，让小微企业主权益得到充分保障，让就业市场与法制社会充分融合，发挥出最大经济效率和最佳法律公平，注重小微企业"特色发展"，注重差异化监管，开创小微企业发展特色业务道路。

当然，仅仅有监管原则是不够的，还要坚持数字普惠金融为核心，以数字化科技促进小微企业快速发展，关注小微企业利益，针对小微企业痛点，提供高效的小额信贷、理财、支付结算以及理赔服务，将最新科技成果应用到小微企业生产领域，比如，人工智能技术、生物识别技术等，敢于做数字普惠金融的"先行者"，提高小微企业信贷服务效率，让小微企业可以享受到高效便捷的金融服务（见表6-1）。

表6-1　疫情初期支持小微企业的政策一览

时间	发文机关/政策名称	支持小微企业政策点
1月26日	中国银保监会：《关于加强银行业保险业金融服务　配合做好新型冠状病毒感染的肺炎疫情防控工作的通知》（银保监办发〔2020〕10号）	1. 保障金融服务顺畅。各银行保险机构要根据疫情防控工作需要，合理安排营业网点及时间，保障基本金融服务和关键基础设施稳定运行。对受疫情影响临时停业或调整营业时间的网点，要主动做好解释说明，提供替代解决方案。鼓励积极运用技术手段，在全国范围特别是疫情较为严重的地区，加强线上业务服务，提升服务便捷性和可得性。 2. 开辟金融服务绿色通道。各银行保险机构要进一步加大对疫区的支持，减免手续费，简化业务流程，开辟快速通道。要充分发挥银行信贷、保险保障、融资担保等多方合力，加强对社会民生重点领域金融支持。 3. 强化疫情防控金融支持。各银行保险机构要主动加强与有关医院、医疗科研单位及企业的服务对接，积极满足卫生防疫、医药产品制造及采购、公共卫生基础设施建设、科研攻关等方面的合理融资需求。要按照特事特办、急事急办原则，切实提高业务办理效率，提供优质高效的疫情防控综合金融服务。鼓励向疫情防控一线的相关单位和工作者提供更加优惠的金融服务

续表

时间	发文机关/政策名称	支持小微企业政策点
2月1日	财政部：《关于支持金融强化服务　做好新型冠状病毒感染肺炎疫情防控工作的通知》（财金〔2020〕3号）	1. 对疫情防控重点保障企业贷款给予财政贴息支持。对2020年新增的疫情防控重点保障企业贷款，在人民银行专项再贷款支持金融机构提供优惠利率信贷的基础上，中央财政按人民银行再贷款利率的50%给予贴息，贴息期限不超过1年。 2. 加大对受疫情影响个人和企业的创业担保贷款贴息支持力度。对已发放的个人创业担保贷款，借款人患新型冠状病毒感染肺炎的，可向贷款银行申请展期还款，展期期限原则上不超过1年。 3. 优化对受疫情影响企业的融资担保服务。鼓励金融机构对疫情防控重点保障企业和受疫情影响较大的小微企业提供信用贷款支持，各级政府性融资担保、再担保机构应当提高业务办理效率，取消反担保要求，降低担保和再担保费率，帮助企业与金融机构对接，争取尽快放贷、不抽贷、不压贷、不断贷。国家融资担保基金对于受疫情影响严重地区的政府性融资担保、再担保机构，减半收取再担保费。对于确无还款能力的小微企业，为其提供融资担保服务的各级政府性融资担保机构应及时履行代偿义务，视疫情影响情况适当延长追偿时限，符合核销条件的，按规定核销代偿损失
2月1日	中国人民银行、财政部、中国银保监会、中国证监会、外汇局：《关于进一步强化金融支持防控新型冠状病毒感染肺炎疫情的通知》（银发〔2020〕29号）	1. 对受疫情影响较大的批发零售、住宿餐饮、物流运输、文化旅游等行业，以及有发展前景但受疫情影响暂遇困难的企业，特别是小微企业，不得盲目抽贷、断贷、压贷。对受疫情影响严重的企业到期还款困难的，可予以展期或续贷。通过适当下调贷款利率、增加信用贷款和中长期贷款等方式，支持相关企业战胜疫情灾害影响。 2. 加强制造业、小微企业、民营企业等重点领域信贷支持。金融机构要围绕内部资源配置、激励考核安排等加强服务能力建设，继续加大对小微企业、民营企业支持力度，要保持贷款增速，切实落实综合融资成本压降要求。增加制造业中长期贷款投放。 3. 建立银行账户防疫"绿色通道"。银行业金融机构要在风险可控的前提下，做好与防控疫情相关的银行账户服务工作，简化开户流程，加快业务办理。 4. 加大电子支付服务保障力度。支持银行业金融机构、非银行支付机构在疫情防控期间，采用远程视频、电话等方式办理商户准入审核和日常巡检，通过交易监测强化风险防控

时间	发文机关/政策名称	支持小微企业政策点
2月7日	财政部、国家发展改革委、工业和信息化部、中国人民银行、审计署：《关于打赢疫情防控阻击战　强化疫情防控重点保障企业资金支持的紧急通知》（财金〔2020〕5号）	1. 通过专项再贷款支持金融机构加大信贷支持力度。每月专项再贷款发放利率为上月一年期贷款市场报价利率（LPR）减250个基点。再贷款期限为1年。金融机构向相关企业提供优惠利率的信贷支持，贷款利率上限为贷款发放时最近一次公布的一年期LPR减100个基点。 2. 中央财政安排贴息资金支持降低企业融资成本。在人民银行专项再贷款支持金融机构提供优惠利率信贷支持的基础上，中央财政按企业实际获得贷款利率的50%进行贴息。贴息期限不超过1年
2月8日	国家发展改革委办公厅：《关于疫情防控期间做好企业债券工作的通知》（发改办财金〔2020〕111号）	1. 鼓励信用优良企业发行小微企业增信集合债券，为受疫情影响的中小微企业提供流动性支持。允许债券发行人使用不超过40%的债券资金用于补充营运资金，同时将委托贷款集中度的要求放宽为"对单个委贷对象发放的委贷资金累计余额不得超过5 000万元且不得超过小微债募集资金总规模的10%。 2. 设立申报"绿色通道"。受疫情影响较大的企业以及疫情防控重点保障企业新申请企业债券的，企业可直接向国家发展改革委报送申报材料，实行"即报即审"，安排专人对接、专项审核，并比照国家发展改革委"加快和简化审核类"债券审核程序办理
2月15日	中国银保监会：《关于进一步做好疫情防控金融服务的通知》（银保监办发〔2020〕15号）	1. 积极帮扶遇困小微企业、个体工商户。做好辖内小微企业和个体工商户的服务对接和需求调查，对受疫情影响暂时遇到困难、仍有良好发展前景的小微客户，积极通过调整还款付息安排、适度降低贷款利率、完善展期续贷衔接等措施进行纾困帮扶。加大对普惠金融领域的内部资源倾斜，提高小微企业"首贷率"和信用贷款占比，进一步降低小微企业综合融资成本。加大企业财产保险、安全生产责任保险、出口信用保险等业务拓展力度，为小微企业生产经营提供更多保障。 2. 各银行保险机构要积极推广线上业务，强化网络银行、手机银行、小程序等电子渠道服务管理和保障，优化丰富"非接触式服务"渠道，提供安全便捷的"在家"金融服务。在有效防控风险的前提下，探索运用视频连线、远程认证等科技手段，探索发展非现场核查、核保、核签等方式，切实做到应贷尽贷快贷、应赔尽赔快赔

续表

时间	发文机关/政策名称	支持小微企业政策点
2月28日	商务部、国家开发银行：《关于应对新冠肺炎疫情发挥开发性金融作用支持高质量共建"一带一路"的工作通知》（商合函〔2020〕61号）	对于符合条件的高质量共建"一带一路"项目和企业，国家开发银行将通过提供低成本融资、外汇专项流动资金贷款，合理设置还款宽限期，开辟信贷"绿色通道"和提供多样化本外币融资服务等方式给予支持
3月1日	中国银保监会、中国人民银行、国家发展改革委、工业和信息化部、财政部：《关于对中小微企业贷款实施临时性延期还本付息的通知》（银保监发〔2020〕6号）	1. 对于2020年1月25日以来到期的困难中小微企业（含小微企业主、个体工商户）贷款本金，银行业金融机构应根据企业延期还本申请，结合企业受疫情影响情况和经营状况，通过贷款展期、续贷等方式，给予企业一定期限的临时性延期还本安排。还本日期最长可延至2020年6月30日，免收罚息。 2. 对于少数受疫情影响严重、恢复周期较长且发展前景良好的中小微企业，银行业金融机构可根据实际情况与企业协商确定另外的延期安排。 3. 银行业金融机构应为湖北地区配备专项信贷规模，实施内部资金转移定价优惠，力争2020年普惠型小微企业综合融资成本较上年平均水平降低1个百分点以上。 4. 银行业金融机构应开通线下和线上等多种渠道，为企业延期还本付息申请提供便利。要及时受理企业申请，限时回复办理
3月27日	中国银保监会：《关于加强产业链协同复工复产金融服务的通知》（银保监办发〔2020〕28号）	1. 加大产业链核心企业金融支持力度。银行业金融机构要强化产业链核心企业金融服务，加大流动资金贷款等经营周转类信贷支持，给予合理信用额度。提高核心企业信贷资金向上游企业的支付效率。支持核心企业为下游企业提供延期付款便利。 2. 优化产业链上下游企业金融服务。加强对核心企业上游企业的信贷支持。强化对核心企业下游企业的信贷支持。优化供应链融资业务办理流程。加大疫情防控期间对相关企业的金融支持力度。 3. 加强金融支持全球产业链协同发展。增加外贸信贷投放，对优质外贸企业授信和适用放款建立"绿色通道"，合理确定分支机构授权，提高效率。落实好中小微企业贷款临时性延期还本付息等政策。鼓励保险机构进一步拓宽短期出口信用保险覆盖面，在风险可控的前提下，适当降低费率。 4. 提升产业链金融服务科技水平。鼓励银行业金融机构开发供应链业务系统，通过线上线下相结合的方式，为企业提供方便快捷的供应链融资服务。鼓励银行业金融机构通过与政府机构、核心企业相关系统实时交互交易数据，建立交易风控模型，创新供应链金融模式。在依法合规、风险可控的前提下，有条件的银行业金融机构可探索创新产业链金融服务产品，研究开发服务电商平台、物流等领域大型核心企业的金融产品

时间	发文机关/政策名称	支持小微企业政策点
1月1日， 3月16日， 4月3日	中国人民银行	1. 1月1日，中国人民银行决定于2020年1月6日下调金融机构存款准备金率0.5个百分点。 2. 3月16日，中国人民银行实施普惠金融定向降准，对达到考核标准的银行定向降准0.5~1个百分点。在此之外，对符合条件的股份制商业银行再额外定向降准1个百分点，支持发放普惠金融领域贷款。 3. 4月3日，中国人民银行决定于2020年4月对中小银行定向降准。中国人民银行决定对农村信用社、农村合作银行、村镇银行和仅在省级行政区域内经营的城市商业银行定向下调存款准备金率1个百分点，于4月15日和5月15日分两次实施到位，每次下调0.5个百分点，共释放长期资金约4000亿元。中国人民银行决定自4月7日起将金融机构在央行超额存款准备金利率从0.72%下调至0.35%

资料来源：根据相关部门公布信息整理。

二、差异化监管的优劣取舍

在三令五申的密集监管政策下，关于"互联网金融监管"话题的讨论不绝于耳。有的部门提出参照海外资本市场经验对互联网金融行业实行"一刀切"的穿透式监管，部分从业人员认为"不需要监管，只需监测，同样能实现风险控制"。而部分专家则认为"既非穿透式监管，也不是监测，互联网金融行业需要的是包容性监管"。究竟孰优孰劣？

不少博士认为：对于互联网金融市场没有必要进行监管，监测一下就可以了。其主要理由是监管的最终目的不过就是发现金融风险，而监测也完全可以找到金融风险。既然监测也可以达到监管目的，而且事半功倍，就不再需要金融监管了，只需要金融监测就可以了。

我们认为，鉴于当前国内金融市场、金融行业的复杂情况，绝不是简单的监测就可以完全替代监管的，尤其是互联网金融领域，新生事物越来越多，交易结构越来越复杂，关联纵横越来越频繁，唯有监管才能有效防控金融风险，唯有监管才能有效避免财富损失。当然，这里的监管并非传统意义上的旧式监管，也不是"一刀切"的穿透式监管，而是包容性监管。

（一）监测不能代替监管

互联网金融发展以来，确实有个别地方开始使用"金融监测"概念，数量极其有限，范围也非常狭小。例如，2017 年 5 月，广东首创地方金融风险监测防控平台，主要体现在地方金融监管体系、建设广州金融风险监测防控中心、建立首席风险官制度、防范处置非法集资工作四个方面，但其监测范围也仅仅局限在地方金融监管工作范围，如小额贷款、融资担保、区域性股权市场、互联网借贷信息中介等类金融业态、机构统一纳入地方金融管理体系，没有扩张到整个互联网金融范围，更不用说传统金融领域。又如，2018 年 8 月苏州金融风险大数据监测预警平台正式上线，利用互联网与大数据，对苏州全市 1.9 万余家投资理财类企业实现系统化监测，集中在发现和处置非法集资风险范围，没有扩张到整个互联网金融和传统金融领域。

由此可见，监测功能较为单一，适用范围较窄，充其量只有监督功能，没有管理职能，这才是问题的关键。监测，最初是在非金融领域使用的，诸如警察监测违法犯罪行为、气象监测、海洋监测和环境监测等方面，并没有在金融行业使用，更不存在用监测替代监管的说法和市场实践。广东首创的"广东省地方金融风险监测防控中心"，其防控中心虽然也是利用大数据、云计算、人工智能等开展两大模块——信息监测和资金监管业务，但说到底，只不过是用监测手段去实施金融监管罢了，依然没有离开金融监管范畴。

这是因为监管的功能更为丰富，不仅能够使用诸如观察、分析和测算等监测手段，还具有整顿、清理、重塑市场的管理功能，具备了管理、拓展、限制和处置所有金融市场行为的综合作用，而这些是监测所不具备的，在功能上更是无法企及。

大数据分析平台通常会以形象化的界面显示相关业务运行状态。从国外金融市场发展来看，大多数西方互联网发达国家金融监管起步早，发展较为成熟。以美国为例，美国政府对互联网金融业一直采取适度宽松多元化监管的策略，长期以业务监管为主，结合互联网的特点，采取双重监管机制即联邦和州双重立法。联邦法是全国性的，旨在维护消费者权利、打击洗钱、打击金融犯罪等违法行为。比如《保密法》《反洗钱法》等。美国互联网金融的监管主体多元化，包括国会、美联储、联邦存款保险公司、财政部货币监理署等机构。国际金融危机后，美国成立了专门保护消费者的金融保护局，专门进行保护性监管。

欧盟国家实行的是一套以审慎原则为核心的联合监管制度。对互联网金融业从事的非金融机构支付业务，颁布了一系列专门法律法规，如《境内市场支付服务指令》《电子货币发行机构指引》等。虽然欧盟没有成立统一的监管机构，但在互联网金融监管方面，欧洲各成员国都采取一致的监管原则和标准，同样能起到统一监管标准进行有效监管，并没有各国用监测手段对互联网市场进行管理的惯例。

我们认为不能用监测替代监管，不仅没有先例，而且在我国互联网金融初创时期，国内金融市场环境更没有国外金融市场发达和健全。虽然互联网金融模式创新不断，诸如传统金融网络化、大数据金融、第三方支付、P2P网络借贷、第三方金融平台和众筹模式，使互联网金融降低金融交易成本的同时，金融风险也在不断上升，法律政策风险、技术安全风险、信用风险、流动性风险与日俱增，不可小觑。举个例子，互联网金融离不开云计算、物联网等大数据信息，这些信息基础设施如果出现技术安全问题，后果不堪设想。目前，计算机病毒具有扩散速度快、传染性强的特点，计算机操作系统本身可能就存在漏洞，从而给黑客提供了机会。据统计，2016年境内感染网络病毒的终端达到200万个以上，被篡改的网站数量达12 000多个云计算平台，涵盖了大量的金融业务和客户的隐私信息，容易受到攻击。如果我们的互联网金融企业对这些技术风险仅仅是监测的话，远远不足以有效预防和控制这些现实风险，极易引发互联网金融市场混乱、非法行为充斥以及侵权行为不能及时得到遏制的局面。显然，这是我们不愿意看到的一个危机四伏的市场。

（二）穿透式监管的重大缺陷

当然，我们所主张必须要对互联网金融市场进行监管，并不是穿透式监管，而是包容性监管。

最早的穿透式监管起源于资本证券市场。穿透式监管能够促进市场健康有序地发展，这一经验也得到了国际货币基金组织和国际证监会组织的认可和好评，不断鼓吹中国资本市场必须学习西方国家的"先进"监管理念，其中就包括在互联网金融市场也必须采取穿透式监管。

所谓穿透式监管，简单地说，就是不论传统金融还是互联网金融，只要是做相同的金融业务，监管的政策取向、业务规则和管理标准就应该相互一致，也就是采用一套标准，不存在区别对待的情况。穿透式监管的最大特点是可以打破金融行业"分业监管"障碍，对互联网金融领域混业经营进行"一站式"监管。穿透式监管可以有效避免市场主体的监管标准宽严不一，有效避免监管套利。

我们认为，资本市场并不能完全等同于互联网金融市场。在我国，不能完全照搬、照套国际资本市场的经验，我国的文化背景、经济发展阶段，以及整个经济发展与资本市场的环境，都与发达国家几百年来形成的资本市场有很大不同。

可以说，"一刀切"是穿透式监管最大标签，也是最大问题。虽然这种穿透式监管方式在某些时期可以起到整肃互联网金融市场乱象的作用，但由此带来的对互联网金融市场的过度伤害也是显而易见的。在很多情况下，采取穿透式监管极容易"误伤"那些没有必要监管或者没有必要严厉监管的互联网金融业务。特别是在互联网金融刚刚起步的今天，盲目采取穿透式监管并不利于互联网金融市场发育和成长。因此，我国互联网金融市场的发展，一定是在借鉴国际市场经验的同时，根据互联网金融市场特点来设计监管制度和市场规则，单纯地移植监管模式，对互联网金融市场是有害的。

（三）柔性监管更适合小微企业

柔性监管，就是对互联网金融市场中的纷繁复杂的经营行为，不能简单采取刑事处罚措施加以监管，更不能将改革过程中的所有不符合现行规定的金融市场行为统统认定为金融犯罪，而是可以根据不同市场行为、产生的社会危害性以及造成的侵权程度，采取不同的民事处罚、行政处罚等方式。例如，监管者是否可以设立适当容错空间，可以借鉴英国"监管沙盒"原理，针对互联网金融市场中尚在观察的金融产品、服务或机构，在一定条件下，利用真实或模拟的市场环境展开测试，采取一种更为宽容的态度对待出现的市场问题，用更为融合的监管理念去管理矛盾冲突，平衡好风险防范和金融创新之间的相互关系。

总之，柔性监管目的不是"保证不出事"，而是促进互联网金融行业更快、更健康发展。一个持续健康的互联网金融市场，需要在创新和监管之间找到一个平衡点，既要有效监控潜在风险，又要为互联网金融企业发展提供足够空间，是一种张弛有度的管理方式，而不是简单"一禁了之"的严厉措施。当然，如何找到这个平衡点，实践中确实很难，是监管者今后一个时期需要深入探讨的重大课题，关乎互联网金融市场能否健康、稳定发展的现实问题。

第六节　小微企业参与数字普惠金融的机遇和策略

一、参与数字普惠金融的现实意义

（一）助力小微企业拓展客户资源

数字普惠金融的蓬勃发展吸引互联网金融机构纷纷布局，为小微企业参与数字普惠金融提供了借鉴。一般而言，传统金融机构主要服务于机构客户和高净值客户，产品设计和服务理念围绕这一群体打造。而数字普惠金融则以规模庞大的小微企业和中低收入阶层客户为主，尤其是互联网金融强大的客户获取功能，有助于小微企业以较低成本快速拓展客户。通过与数字普惠金融机构合作，小微企业可以较低成本获取大量客户资源，并通过传统金融机构实现客户引流，拓展小微企业客户和私人客户资源，夯实公司小微企业综合金融服务业务特色。尤其在激烈的市场竞争形势下，有助于小微企业快速步入商业化发展新阶段，不断拓展客户群体，发掘商业机会。

（二）提高资金募集能力

依托庞大的客户群和便捷的互联网技术，数字普惠金融大幅提升了融资能力，为小微企业提供广泛快速的资金支持。这一特点尤其表现在金融产品网络销售方面。例如，2013 年 6 月成立的天弘余额宝货币基金，通过嫁接第三方支付工具——支付宝，实行网络基金在线销售，仅两年时间，基金规模已达 6 133 亿元，2020 年已经达到 11 908.16 亿元，天弘基金也借此大幅跃升至国内货币市场基金第一位。因此，突出的资金募集能力可以为公司改善资本约束、做大小微企业提供支持。

（三）提供在线营销渠道

运用互联网技术和互联网企业的入口，数字普惠金融可以推动创新产品的销售，搭建平台开展数字普惠金融业务，诸如成立个体网络借贷平台，与数字普惠金融平台建立战略合作关系，诸如与蚂蚁金服约定在投融资综合金融服务、信用增级等业务板块加强合作。实践显示，银行、证券、保险等金融机构通过做精互联网技术，能够有效促进小微企业产品网络销售能力，大幅促进产品销售水平，借助互联网金融实现营销能力和经营收入的"弯道超车"。根据 Wind 资讯 2020 年 10 月统计数据显示，借助数字化网络，小微企业营销渠道与流量展示出一定优势，市场份额由 2013 年底的 0.69% 大幅提升至 2020 年 9 月底的 5.07%。

二、数字普惠金融框架下的机遇

（一）资产经营业务机遇

《关于网络借贷信息中介机构转型为小额贷款公司试点的指导意见》（83 号文）第八条对个体网络借贷平台"信息中介"性质及业务边界的规定，将导致平台数量及业务结构出现大幅调整，可借此进一步拓展资产经营业务。

小微企业可选择与大型互联网机构或门户网站合作，建立创新产品线上销售平台，将创新产品由线下拓展至线上、由公司官网拓展至合作平台，扩大产品销售渠道，扩大关注度与客户群，提高销售效率与产品收益。同时，发掘具有较强股东背景的互联网平台，例如，控股股东为上市公司、国有企业、地方龙头企业等，与其控股股东建立战略合作关系，拓展小微企业储备客户资源。

（二）并购重组业务机遇

进一步激发小微企业之间通过并购重组等手段拓宽融资渠道、提升企业价值，尤其是通过股权众筹融资业务，推动股权众筹融资业务发展，释放和激发小微企业股权融资需求，增加小微企业开展股权投资的时代机遇。

（三）与金融机构或互联网金融平台合作的机遇

小微企业自行与银行、证券、信托、保险、基金等平台建立网络平台或与电商平台、门户网站进行合作，拓展资金募集渠道，提高资金募集能力，扩充集团第三方资产管理业务的"资金池"，例如，小微企业可与淘宝、网易等机构合作，丰富网络销售渠道，增加保险资金储备，开发互联网金融产品，做大客户流量，做精互联网金融业务，做强盈利能力。

三、小微企业参与数字普惠金融策略建议

（一）引领数字普惠金融业务

研究制定数字普惠金融发展战略，可以明确、清晰的发展战略，以小微企业整体战略规划为引领，互联网金融战略作为必要补充，平台搭建要基于小微企业现实业务构架，对小微企业开展数字普惠金融业务起到指导作用。

平台既是战略实施的载体，也是小微企业开展业务必不可少的媒介。鉴于互联网金融"客户为王"的盈利特点，探索合作建立数字普惠金融平台，开展数字化业务。

在平台建设上，小微企业可研究与大型互联网金融机构（如蚂蚁金服）、电商平台（如京东、淘宝）、知名门户网站（如网易、东方财富）合作，依托现有经营网络优势，对接小微企业综合金融服务类项目，拓展和创新产品销售及资产处置渠道，发挥合作机构的客户引流和渠道销售优势。同时，平台对外发挥集团交叉销售和组合销售能力，提升在线营销水平，打造金融产品超市，进一步扩大集团品牌效应与行业影响力，统筹产品创新与金融服务，增强产品创新和服务创新能力。

（二）创新金融产品及服务

小微企业可借鉴经验，积极创新互联网金融产品及服务，从组织结构、技术开发、业务升级、产品创新等层面，拓展互联网金融业务和产品，提升小微企业数字化金融业务盈利能力，将数字普惠金融技术发展到位，不断创新开发普惠金融产品，满足客户金融需求。

（三）调整小微信贷政策

现阶段，我国受新冠肺炎疫情影响最严重的小微企业，集中在旅游、餐饮、交通运输、住宿、教育培训、文艺演出、商贸流通、影剧院、体育等行业。虽然新冠肺炎疫情暴发之初，相关部门陆续下发了一些帮扶小微企业的金融政策，但随着疫情不断蔓延，持续引发订单下降、人员不足、资金缺乏、经营成本负增大、供应链中断等一系列问题，越来越多的小微企业出现现金流中断、关门倒闭问题。

当前最需要调整的金融政策是信贷和财政政策。清华大学经管学院一项调查显示：在信贷政策支持方面，要求贷款利息减免占37.26%，希望金融信贷支持占34.43%，希望出台针对性政策占28.3%，以及要求贷款还贷期限调整占19.34%。

自2020年11月疫情暴发以来，财政部、发展改革委、工业和信息化部和中国人民银行下发《关于打赢疫情防控阻击战，强化疫情防控重点保障企业资金支持的紧急通知》，鼓励通过适当下调贷款利率、完善续贷政策安排、增加信用贷款和中长期贷款等方式，要求各级银行对受疫情影响较大的文化旅游、批发零售、物流运输、住宿餐饮中小微企业不得盲目抽贷、断贷、压贷。可以说，这些金融信贷政策对支持我国小微企业战胜疫情影响起到了很大作用，但从帮助小微企业及员工角度看，依然有进一步完善的空间。

第一，加强国家开发银行、农业发展银行、进出口银行以及出口信用保险公司等国家政策性银行对接帮扶小微企业，拓展疫情专项信贷拨款业务，给予专项利率优惠支持，确保贷款利率低于同期贷款市场报价利率水平，特别是对纳入重点医疗防控物资、防护产品应急需求、生活必需品生产、运输和销售的小微企业，在此基础上至少再降低30%，贷款利率在1%以下，通过线上续贷机制，简化操作流程，降低成本。对这部分小微企业融资到期需要续贷且符合审批条件的，通过变更还款安排、延长还款期限方式，按无还本续贷规定办理，允许小微企业继续使用贷款资金。

第二，支持金融机构通过发行特定用途债券，筹集资金用于与疫情防控相关的科技创新型小微企业，支持其开展发行股票上市、再融资、并购重组、资产支持证券，鼓励其在上海证券交易所科创板上市，引导社会资本、民间资本投向医疗设备、疫苗药品研发类小微企业。

第三，进一步扩展融资绿色通道，惠及小微企业员工。2020 年 1 月 27 日，中国银保监会下发《关于加强银行业保险业金融服务配合做好新型冠状病毒感染的肺炎疫情防控工作的通知》，要求各银行保险机构，减免手续费，简化业务流程，为小微企业提供审批"绿色通道"，但只是对参加疫情防控工作的小微企业，没有针对小微企业员工的专项规定。因此，我们建议"绿色通道"进一步扩大，增加小微企业中因新冠肺炎住院治疗、疫情防控隔离观察人员以及受疫情影响暂时失去收入来源的员工，在信贷政策上予以适当倾斜，及时调整他们的住房按揭、信用卡等个人信贷还款期限，为小微企业员工也提供差异化的金融服务。

第四，加大地方金融机构服务力度，对小额贷款公司、融资租赁、商业保理应根据小微企业受疫情影响实际，酌情增加贷款、租赁、保理额度，缓收或减免租金、利息，诸如对受疫情影响出现暂时困难但发展前景较好的小微企业，给予不超过基准利率 50% 的贷款贴息。

第五，利用中国人民银行征信中心应收账款融资服务平台，有条件、有选择地开展应收账款较多的供应链核心企业与平台进行系统对接，支持纳入重点医疗防控物资和生活必需品生产、运输和销售的小微企业开展应收账款融资，扩大融资规模，缓解资金紧张局面。

虽然现阶段增加小微企业现金流十分重要，但流动性本身也一直是信贷政策的两难课题。有学者就曾经提出宽松流动性不利于小微企业贷款反而有害于小微企业贷款，宽松流动性并不是解决小微企业贷款的最有效办法。[①]

---

① 朱民：《宽松货币政策并不利于小微企业贷款》，摘自《上海证券报》，2019 年 3 月 27 日。

但究竟如何追加那些具体措施才能有效发挥信贷效能、有效缓解小微企业生存压力，作者并没有给出实际解决方案。

宽松货币政策导致大量资金流向金融股票市场，不是流向小微企业，在金融向实体经济的传导上发生了问题。但这次情况有所不同。流动性信贷是直接作用于小微企业，资金解决了小微企业的生存困境，等于是直接流向了实体经济，这就解决了传导机制的分叉问题。

另外，近期几次人民银行对中小银行的定向降准，也反映出我国货币政策的用意，可以更有效地实现货币政策的结构性目标。根据第一财经研究院测算：如果不采取新货币政策，从支出法的角度估算，2020 年第一季度 GDP 增长在 3.3% ~ 4.0%，全年 GDP 增长区间为 4.9% ~ 5.4%。从生产法的角度测算，压力极为严峻，第一季度 GDP 仅增长 0.4%，全年 GDP 增长 4.6%。所以，在非常时期我们只能用非常规政策，不能套用常规的金融货币政策，否则预后效果不佳。

首先，可以考虑利用专项再贷款、再贴现保证受困小微企业以较低的贷款利率的贷款展期，鼓励商业银行向重点医疗防控物资和生活必需品生产、运输和销售的小微企业提供优惠利率贷款，帮助这些经营稳健、短期受疫情冲击的小微企业纾困，渡过难关，防范可能出现的大批中小微企业倒闭、大量人员失业以及由此引发的社会动荡问题。

其次，各级金融办、地方金融监督管理局要求小额贷款公司、融资租赁、助贷机构、商业保理等类金融机构根据中小微企业受疫情实际情况，酌情增加贷款、租赁、保理额度，缓收或减免租金、利息，缓解中小微企业的日常现金流压力。

最后，那些因受疫情影响在股票质押、公司债兑付、信息披露等方面遇到困难的中小微企业，可以通过适当展期、发新还旧和延期披露等方式，及时化解中小微企业流动性危机。

（四）组建小微数字普惠金融团队

专业的团队支持是顺利开展互联网金融业务的必要保障，建议从业务创新、技术支持、研究探索等层面组建团队，建立部门联动、功能协同机制，统筹小微企业数字普惠的客户开发、市场拓展、业务合作、产品创新等功能，为数字化平台运转、产品开发、资金流转、风险管控等提供技术支持，密切跟踪和研判监管政策及业内动态，不断扩大小微企业数字普惠业务参与程度，推动小微企业数字普惠业务发展。

第七章
普惠金融违规业务的认定与处罚

关于违法发放贷款罪、高利转贷罪、非法集资罪的认定，司法界、学术界以及监管层的看法和认识不尽相同。争议焦点在于司法部门和金融机构对小贷公司法律地位的不同认识，以及对"非法性"的不同认识。如何分析和判断这些争议焦点，与普惠金融的发展关系极其密切。

第一节　非法集资行为的"非法性"分析

一、"非法性"认定和判断标准

（一）如何认定集资行为"非法性"

目前，金融市场上经常有非法放贷发生，借款人背负沉重经济负担，而且经常面临暴力催收。仅2018年，全国公安机关就立非法集资案件1万余起，同比上升22%，涉案金额约3 000亿元，同比上升115%，波及全国各个省市，平均案值达2 800余万元，同比上升76%。一些案件涉案金额上十亿元甚至上百亿元，造成人民群众巨大损失。为此，2019年10月28日，最高人民法院、最高人民检察院、公安部、司法部联合发布的《关于办理非法放贷刑事案件若干问题的意见》，剑指非法放贷、暴力催收等与黑恶势力勾结等违法犯罪，明确非法放贷行为入刑标准，建立刑事制裁体系内部衔接机制，就高利贷入刑对稳定金融市场以及清理非法放贷行为进行了规制，第一次对金融市场高利贷入刑进行了明确规定，有效打击了非法放贷行为，保护了广大借款人的合法权益，稳定了我国金融信贷市场，让更多的小微企业、低收入群体、弱势群体和个体工商户能够享受到可负担的、阳光的、健康的金融服务。从刑事法律制度上，对普惠金融信贷市场健康发展意义重大。

《关于办理非法集资刑事案件若干问题的意见》全面回应了当前非法集

资违法犯罪案件的新情况，就实体法律适用、诉讼程序、刑事政策和量刑幅度作出具体规定，第一条明确了认定"非法性"是以违反国家金融管理法律法规作为主要依据。也就是说，互联网金融平台或非银行金融机构业务行为是金融创新还是涉嫌犯罪，关键看行为是否具备"非法性"特征。这也是区分互联网金融平台或非银行金融机构是金融创新还是非法集资的主要界限。如果国家金融管理法律法规没有规定的，参考中国人民银行、中国银保监会、中国证监会制定的部门规章予以认定。也就是说，互联网金融平台或非银行金融机构平台从事网络借贷业务的，必须严格遵守国家金融管理部门、监管机构的规范性文件。如果互联网金融平台或非银行金融机构平台违反上述规范性文件，从事或接受委托从事自融、变相自融、设立资金池提供担保或承诺保本保息、发售金融理财产品、开展类资产证券化等超出信息中介业务范围活动，其业务行为就具有"非法性"了，可以视为非法集资行为。

当然，"非法性"并不容易认定，是否包括互联网金融平台或非银行金融机构互联网金融平台没有相关金融牌照，抑或小贷公司非法吸收公众存款，不可一概而论，需要具体分析。互联网金融平台或非银行金融机构行业虽没有专门行政许可牌照，并不意味着所有互联网金融平台或非银行金融机构平台就是非法集资行为，而私募基金产品本身虽有完善的登记备案，也不意味着一定不会涉嫌非法集资行为。因为"非法性"主要看募资行为是否违反相关国家金融管理法律法规。诸如中国人民银行、中国证监会和中国银保监会颁布的法规都位列"国家金融管理法律法规"范畴，诸如《网络借贷信息中介机构业务活动管理暂行办法》监管重点就是禁止设立资金池，禁止自融和债权转让；《关于小额贷款公司试点的指导意见》（23号文）监管重点就是防范面向公众吸收资金；《私募投资基金监督管理暂行办法》《私募投资基金募集行为管理办法》监管重点是否违反销售禁止要求和履行投资者适当性义务。也就是说，所有互联网金融平台都不能违反各自领域的法律法规、部门规章禁止性规定，否则，这些业务活动就具备非法集资"非法性"特征，可以视为非法集资行为。

（二）如何辨别放贷机构"合法性"

金融市场非法放贷行为层出不穷，借款人常常为无法有效辨别放贷机构的优劣而烦恼，也是经常上当受骗的主要原因。借款人辨认一个放贷机构是否合法的主要标准有以下五点。

1. 看公司名称

一般来说，很少有公司直接命名为放贷公司或者资金管理公司。如果直接这样命名，就有可能是非正规放贷机构。而真正意义上的放贷公司应该是小额贷款公司、信用社、村镇银行或者农商银行。

2. 看公司经营环境

借款人需要到贷款公司进行实地调查，查看放贷机构的营业执照，以及放贷机构是否有正规办公场所和办公设备等。如果公司宣传广告中与实际情况相差很大，基本上就是皮包公司，这样的放贷机构一定要谨慎了。

3. 看贷款审核程序和放贷条件

一般来说，正规放贷机构对放款对象审核是比较严格的，需要借款人提交的材料比较详细，有一定审批程序，并根据贷款者收入和偿还能力确定利率档次。如果是不需要任何条件就进行贷款的，借款人就要格外小心了。

4. 看贷款利率高低比例

正规放贷机构的贷款利率私人会高于银行贷款利率，但如果明显超过36%（年化率）或15.4%（年化率）的，就一定是非法放贷了。当然，如果贷款利率太低，或者不收取贷款利率的公司，借款人也要小心，不能排除最后通过非正常手段（暴力催收）进行催要的可能。

5. 看收取费用高低

正规放贷机构都是事后收取相关费用，一般也只有一种费用，诸如手续费或中介服务费，而且收费都低廉公道。如果提前收取或收取名目繁多，诸如介绍费、中介服务费、咨询费、管理费、审批费、逾期利息和违约金等，借款人就应该提高警惕，避免上当受骗。

总之，借款人如遇到非法放贷，可以搜集证据，报警求助，并在律师的帮助下，请求司法解决，千万不要轻易私下解决，否则，极有可能陷入以贷还贷的怪圈无法自拔，遭受更严重的人身伤害和经济损失。

二、全力保护非法集资受害人

（一）退赔被害人集资款优先于民事债务

非法集资案件往往集资参与人数众多，非法吸收资金数额巨大，最大的难点是涉案集资款返还的顺序问题。为此，《关于办理非法集资刑事案件若干问题的意见》提出了"退赔集资参与人的损失一般优先于其他民事债务以及罚金、没收财产的执行"主张，相较以往的规定，在退赔被害人集资款方面具有较大进步。

虽然早在 2014 年 11 月 27 日最高人民法院就颁布了《关于刑事裁判涉财产部分执行的若干规定》，规定退赔被害人财产款项位列其他债务、罚金、没收财产刑罚之前，由于涉案人员并不多，没有引起广大案件受害者的关注，加之法律知识缺乏等原因，过去大多数人都以为，被公安机关查封扣押的涉案财产全部被国家没收了，或者作为高额罚金的一部分处理了，不会返还给受害人。

近年来，由于非法集资案件与日俱增，涉案人员众多，退赔集资款就成为受害人挽回损失的唯一希望，《关于办理非法集资刑事案件若干问题的意见》将最高院此前的规定进行了重申，即对并非属于被告人的涉案财产，首先应该无条件地按比例退赔给集资参与人。如果是被告人自身合法财产，也应该优先退赔被害人，然后再支付各类债务（比如供应商欠款），最后才是法院的罚金和没收财产。这也是法制社会对金融领域受害人的一种法制关怀，可有效地保护金融消费者合法权益。

（二）按参与人集资比例返还涉案财物

向社会公众吸收的资金属于违法所得，应当予以追缴或者责令退赔。但是，当涉案财物不足全部返还时，究竟按照什么方式返还集资参与人呢？

针对非法集资涉案财物追缴比例问题，《关于办理非法集资刑事案件若干问题的意见》规定按照集资参与人的集资额比例返还。简单来说，就是被查封、扣押、冻结的涉案财物，一般在诉讼终结后都应该返还集资参与人。如果涉案财物不足全部返还的，按照集资参与人的集资额比例返还。这也是充分体现退赔集资参与人的损失一般优先于其他民事债务以及罚金、没收财产的原则，确保最大限度地追赃挽损，对审判时尚未追缴到案或者尚未足额退赔的违法所得，人民法院应当判决继续追缴或者责令退赔，最大限度地减少受害人实际损失。

（三）首次明确涉案参与人可到庭维权

长期以来，非法集资参与人是不允许到场参加庭审的，最多是出具相关证人证言、书证等，无法直接面对合议庭维护自身的合法权益，之前所有司法解释也都没有规定。《关于办理非法集资刑事案件若干问题的意见》首次予以明确回应，第十条"关于集资参与人权利保障问题"中作了规定："集资参与人可以推选代表人向人民法院提出相关意见和建议；推选不出代表人的，人民法院可以指定代表人。人民法院可以视案件情况决定集资参与人代表人参加或者旁听庭审"，集资参与人还可以选出代表与办案机关沟通，不仅可以出具相关的证人证言、书证和物证，还可以直接出庭发表意见，大胆维护自身的合法权益。

显然，《关于办理非法集资刑事案件若干问题的意见》填补了刑事诉讼案件参与人到庭参与维权的一项空白，彰显出我国司法机关对当事人权利的尊重，是一种值得点赞的法制进步。我们希望，这一原则能在今后所有互联网经济案件得以贯彻和执行，切实保护诉讼参与人的合法权益。

（四）慎防将经济纠纷当作犯罪处理

办理非法集资案件，《关于办理非法集资刑事案件若干问题的意见》特别强调"宽严相济"刑事政策，惩处少数、挽救多数，合理把握追究刑事责任范围，防止将经济纠纷作为刑事犯罪处理，最大限度地保护互联网平台健康发展。

一是严格把握定罪处罚的法律要件，防止将经济纠纷作为经济犯罪处理。对于非法吸收公众存款行为，如果没有非法占有目的，用于正常生产经营活动，能够及时清退资金的，可以免予刑事处罚；情节显著轻微的，不作为犯罪处理。

二是对涉案人员按照分类原则区别对待。重点惩处非法集资犯罪活动组织者、领导者和管理人员，包括单位犯罪中的上级单位（总公司、母公司）的核心层、管理层和骨干人员，下属单位（分公司、子公司）的管理层和骨干人员。而对于参与非法集资的普通业务人员，一般不再作为直接责任人员追究法律责任，只追究组织者、领导人的刑事责任。与往年刑事政策相比，这是一次很大的法制进步，充分体现出"区别对待"和"宽严相济"的刑事政策，有利于社会的安定团结，有利于金融市场的稳定发展。

三是切实贯彻认罪认罚从宽制度，对于涉案人员积极配合调查、主动退赃退赔、真诚认罪悔罪的，可以依法从轻处罚；其中情节轻微的，可以免除处罚；情节显著轻微、危害不大的，不作为犯罪处理，最大限度地体现"坦白从宽"的刑事政策。

三、非法集资立法存在的问题

（一）亲友投资款前后定性不一致

《关于办理非法集资刑事案件若干问题的意见》出台前，行为人及其近亲属的投资不计入犯罪数额。2017 年 6 月 1 日最高人民检察院公诉厅《关于办理涉互联网金融犯罪案件有关问题座谈会纪要》（高检诉〔2017〕14 号）规定："负责或从事吸收资金行为的犯罪嫌疑人非法吸收公众存款金额，根据其实际参与吸收的全部金额认定。但以下金额不应计入该犯罪嫌疑人的吸收金额：（1）犯罪嫌疑人自身及其近亲属所投资的资金金额……"但是，《关于办理非法集资刑事案件若干问题的意见》对此作了否定性规定，只要符合"明知""放任"条件的近亲属投资款，统统计入非法集资犯罪数额。

大多数情况下，非法吸收公众存款罪行为人往往没有非法占有的犯罪故意，而是有用自有资金及向亲友借款投资血本无归的情况，也就是很多非法集资案中犯罪嫌疑人既是被告人又是被害人的原因。在这种情况下，如果司法机关仅仅以"明知""放任"为条件将近亲属借款计入犯罪数额，可能会把涉案数额处于边界状态的投资者无端推向有罪的危险境地。从某种意义上说，现在对犯罪嫌疑人近亲属所投资的资金金额是否应计入非法吸存金额的司法解释，增加了司法实践中的争议和执行难度，也与最高人民法院提出的"绝不能将民事纠纷当成刑事案件来处理，绝不能将民事证人转化为刑事责任，绝不能因为一些小的瑕疵和不规范行为而置民营企业和企业家于死地"（江必新语，2019）的要求大相径庭。总之，我们要让法律成为民营企业和企业家的护身符，而不是紧箍咒，更不是杀手锏。

（二）涉案金额存在重复计算之嫌

《关于办理非法集资刑事案件若干问题的意见》第五条规定："集资参与人收回本金或者获得回报后又重复投资的数额不予扣除，但可以作为量刑情节酌情考虑。"最高人民法院、最高人民检察院、公安部（"两高一部"）本意是防止不必要的重复计算。但是，上述表述似有不清晰之处，容易引发歧义。

从法理上分析，只有在集资参与人收回本金或者回报后，有重复投资的数额才不扣除。但是，如果参与人没有收回本金，或者拿到回报，而是直接续投，不能重复计算，而应该扣除。由此，"两高一部"应该对涉案金额范围进一步厘清，否则，就有重复计算之嫌，冤枉当事人。因此，我们建议在第五条"关于犯罪数额的认定问题"增加一款：

对于没有收回本金的续投，或者直接扣除利息的投资，可以扣除，不再计算为涉案金额。

如此，既不妨碍被害人的追偿，也与最高检 2017 年 6 月 2 日《互联网金融犯罪案件座谈会纪要》计算规则一致。因为最高检《互联网金融犯罪案件座谈会纪要》第十二条早就规定"投资人在每期投资结束后，利用投资账户中的资金（包括每期投资结束后归还的本金、利息）进行反复投资的金额应当累计计算，但对反复投资的数额应当作出说明"。同时，有理由延伸到互联网金融平台或非银行金融机构互联网金融平台、小贷公司孳息物，不再重复计算，予以扣除。不仅保护了投资人、被告人合法权益，而且体现出我国立法的延续性和一致性，不留遗憾。

（三）先期退赔资金范围应该明确

对于一些没有归集到资金池中且有明确归属权的资金，可以规定先期直接退赔到权属人，不宜将所有追回资金不问青红皂白地归集到普通退赔账户或者财政没收账户，因为这类找到原主的资金，既不需要按比例参与退赔，也不需要等到案件审理结束才退赔。但遗憾的是，《关于办理非法集资刑事案件若干问题的意见》没有这样区分，而是统统归集到普通退赔账户或者财政没收账户，立法上显得比较粗线条，应该对先期退赔资金范围加以明确。

其实，不少地方法院早就这样实践了，比如深圳"投之家案"中，就是在审判前退赔和追缴资金的，受到了当事人一致好评。因此，"两高一部"可以结合实际，作出更明确的范围划定，在审判前的财务退赔特定资金。毫无疑问，这将更有利于投资者，特别是被害人合法权益的保护。

总而言之，解决非法集资问题，使用市场经济手段将会更高效。我们由衷希望"两高一部"今后出台司法解释，更多地从保护当事人合法权益角度考虑问题，更好地协调各方利益。当然，存在总比空白好，哪怕是亮点和遗憾并存，也预示未来的一种希望。因为互联网时代就是在希望之中寻求生存机遇，不断探索未来，不断前行完善。

四、打击非法集资最新动向

长期以来，我国政府对防范非法集资行为一直高度重视。2021 年 1 月 26 日，李克强总理签署第 737 号国务院令，公布《防范和处置非法集资条例》，将于 2021 年 5 月 1 日正式施行。《防范和处置非法集资条例》从三个方面加强监管力度，表达了监管机构对非法集资的惩治态度。司法机构、监管机构将持续关注非法集资的复杂性和外溢性，及时精准"拆弹"，消除新的系统性风险隐患。

（一）参与者经济损失弥补趋严

清算非法集资经济损失关系到人民群众切身利益和社会稳定大局。《防范和处置非法集资条例》明确非法集资人、非法集资协助人应当向集资参与人清退资金，包括非法集资人从非法集资中获得的经济利益，非法集资人隐匿、转移的非法集资资金，在非法集资中获得的广告费、代言费、代理费、好处费、返点费、佣金、提成以及可以作为清退集资资金的其他资产，任何单位和个人均不得从非法集资中获取经济利益。

当然，对于广大投资参与者来说，最为关键的一条是对待参与非法集资以后产生个人经济损失的规定。《防范和处置非法集资条例》规定了清退资金的来源，沿袭了《非法金融机构和非法金融业务活动取缔办法》有关"因参与非法集资受到的损失，由集资参与人自行承担"的规定。也就是说，所有参与非法集资的个人和机构（组织），无论是出于何种动机、何种原因、何种结果，产生的一切经济损失都由自己承担，国家不会再承担任何经济损失的赔偿、垫付或回购。

这条新规从侧面提醒所有非法集资参与人珍惜自己的财产，不要将非法集资的"陷阱"误认为"馅饼"，认准正规融资渠道，以免因投机心态误入非法集资的圈套，给个人和家庭带来沉重的债务负担和心理压力，体现处置非法集资过程中追求法律效果、经济效果和社会效果的辩证统一关系。

（二）惩处对象延伸

在惩处对象方面，不仅对非法集资人、非法集资协助人、未履行防范非法集资义务的金融机构和非银行支付机构、有关国家机关工作人员进行行政惩处，还对非法集资单位的主要负责人和直接责任人、未履行非法集资防范义务的广告经营者和发布者、互联网信息服务提供者、金融机构、非银行支付机构也同样予以处罚，形成全方位、无死角震慑。

（三）处罚种类和力度趋重

按照处罚力度与危害程度相匹配原则，规定给予警告、处以罚款、责令停产停业、吊销许可证、吊销营业执照或者登记证书不同的处罚种类，加大了处罚种类和处罚力度，对非法集资人处集资金额20%以上1倍以下的罚款，对非法集资协助人处违法所得1倍以上3倍以下的罚款等。这是最近十年以来对非法集资机构和个人最严厉的行政处罚。

（四）非法集资追责范围扩大

《非法金融机构和非法金融业务活动取缔办法》只规定中国人民银行、公安机关和工商行政管理机关的渎职行为，诸如玩忽职守、滥用职权、徇私舞弊，给予行政处分或追究刑事责任。显然，追究法律责任局限在中国人民银行、公安机关和工商行政管理机关范围之内。但是，非法集资"利诱性"产生越来越多的不良"社会性"影响，各种非法集资关联行为层出不穷。因此，《防范和处置非法集资条例》追责行为模式也相应扩大，诸如明知所主管、监管的单位有涉嫌非法集资行为，未依法及时处理，未按照规定及时履行对非法集资的防范职责，或者不配合非法集资处置，在防范和处置非法集资过程中滥用职权、玩忽职守、徇私舞弊，支持、包庇、纵容非法集资行为，造成严重后果的，都必须纳入追责行为范围。如此新规不仅契合社会治安新形势，持之以恒打击金融领域非法集资及其"保护伞"，而且有助于追赃挽损，让金融监管机关更清廉公正，让市场更有秩序、金融更加安全、群众更感安全。

（五）互联网金融平台登记和名称使用趋紧

在互联网金融风险专项整治防范风险工作中，有关部门总结吸收各方面经验教训，对企业名称登记管理采取了一系列措施，明确除法律、行政法规和国家另有规定外，企业、个体工商户名称和经营范围中不得包含金融、交易中心（包括交易所）、财富管理、理财、股权众筹等字样，遏制不正当竞争行为，防止非法集资在金融领域的无序扩张和野蛮生长。

长期以来，一些工商企业、个体工商户在名称和经营范围中使用金融、财富管理、理财、股权众筹等字样，欺骗、误导社会公众，非法从事金融业务。从当前金融市场实际情况看，这些似是而非的字眼已经成为非法集资的挡箭牌，更是不法分子惯用的诈骗手段。例如，2020 年 12 月 14 日，市场监管总局根据《反垄断法》规定，对阿里巴巴、阅文、丰巢等企业三起未依法申报案进行调查，并予以行政处罚。12 月 24 日，市场监管总局又根据举报，依法对阿里巴巴集团控股有限公司实施"二选一"等涉嫌垄断行为立案调查，正式开启我国对互联网机构反垄断调查，意义深远。这些投机取巧之徒假借互联网创新，披着"金融创新"或"普惠金融"的外衣，利用非法集资网站、APP、广告，大肆开展非法集资，谋取暴利，侵害了参与者合法权益。

总之，我国数字普惠金融服务的标准、渠道、质量差异很大，缺乏全国统一的数字普惠金融服务标准与数字金融技术应用审核和验证体系，导致个别大型互联网机构违反市场化、法治化原则，造成不良影响。为此，金融监管机构反垄断重拳频出，对互联网金融平台登记和名称使用趋严趋紧。今后企业、个体工商户名称或者经营范围中包含与集资有关字样的，金融监管部门将会作为非法集资予以重点关注。

第二节　非法放贷入刑的法律逻辑与金融思考

一、非法放贷构成要件

2019 年以来，我国司法机关开展了多次专项行动，主要瞄准没有金融牌照、打着私募基金、消费返利、电子商务、虚拟货币、爱心慈善和养老扶贫幌子的非法放贷案件。

2019 年 1 月，互联网金融风险专项整治工作领导小组办公室、P2P 网贷风险专项整治工作领导小组办公室联合发布了《关于做好网贷机构分类处置和风险防范工作的意见》（175 号文），将坚持以机构退出为主要工作方向，除部分严格合规的在营机构外，其余机构能退尽退，应关尽关，加大整治工作的力度。7 月，最高人民法院、最高人民检察院、公安部、司法部（"两高两部"）颁布《关于办理非法放贷刑事案件若干问题的意见》，旨在依法防范因非法放贷诱发涉黑涉恶的犯罪活动，第一次将非法放贷行为入刑，即符合条件的非法放贷行为可按《刑法》第二百二十五条非法经营罪论处，切实维护国家金融市场秩序与社会和谐稳定，保护公民、法人合法权益。10 月 28日，最高人民法院、最高人民检察院、公安部、司法部联合发布的《关于办理非法放贷刑事案件若干问题的意见》，剑指非法放贷、暴力催收等与黑恶势力勾结等违法犯罪，对"非法放贷行为"进行了最新界定，就是"违反国家规定，未经监管部门批准，或者超越经营范围，以营利为目的，经常性地向社会不特定对象发放贷款，扰乱金融市场秩序，情节严重的"行为就是非法放贷行为，可以构成非法经营罪。当然，不是所有非法放贷行为都可以构成犯罪，必须符合以下四个要件的非法放贷行为，才可能构成非法经营罪。

（一）未经监管部门批准

"未经监管部门批准"是指发放贷款没有经过国家监管部门、中国人民银行批准或者许可，擅自向社会发放贷款的行为。如果经金融监管部门、中国人民银行同意的，不能视为非法放贷行为，就不构成非法经营罪。

（二）以营利为目的

"以营利为目的"专门指商业性运作行为是以营利为目的的，而不是指无偿捐款、慈善捐助等公益行为，也不同于个人之间的借贷。借钱给朋友、邻居、亲戚或同事，即便有一些利息，只是非营利的，个体之间的接济或友情成分更多一些，并不具备商业化运作性质。

（三）贷款利率超过监管红线

2020 年 8 月 20 日，最高人民法院宣布以中国人民银行授权全国银行间同业拆借中心每月 20 日发布的一年期贷款市场报价利率（LPR）的 4 倍为标准确定民间借贷利率的司法保护上限，取代原《规定》中"以 24% 和 36% 为基准的两线三区"的规定，大幅度降低了民间借贷利率的司法保护上限。例如，以 2020 年 7 月 20 日发布的一年期贷款市场报价利率 3.85% 的 4 倍计算，民间借贷利率的司法保护上限为 15.4%，相较于过去的 24% 和 36% 有较大幅度的下降，分别下降了 8.6% ～ 20.6%，可谓是大幅下调了民间借贷利率上限，与我国经济社会发展实际水平和市场信贷利率水平比较接近了。

2020 年 8 月 20 日以前，年利率超过 36% 且符合情节严重的，构成非法经营罪。如果年利率小于或者等于 36%，不能构成非法经营罪。8 月 20 日以后，利率标准按照最高人民法院颁布的 15.4% 执行。只有超过 15.4% 利率的放贷行为，才视为非法放贷行为，如果低于 15.4% 利率的放贷行为，均不能构成非法经营罪，受到法律保护。

（四）向不特定对象发放贷款

"经常性向不特定对象发放贷款"是指 2 年内向社会不特定多数人（包括单位和个人）以借款或其他名义出借资金 10 次以上的行为。

需要强调的是，如果仅向亲友、单位内部人员等特定对象出借资金，不能视为非法经营罪。但具有下列情形之一的，定罪时应当与向不特定对象非法放贷的行为一并处理：（1）通过亲友、单位内部人员等特定对象向不特定对象发放贷款的；（2）以发放贷款为目的，将社会人员吸收为单位内部人员，并向其发放贷款的；（3）向社会公开宣传，同时向不特定多人和亲友、单位内部人员等特定对象发放贷款的。

（五）非法放贷行为情节或者后果严重

1.《关于办理非法放贷刑事案件若干问题的意见》规定，具有下列情形之一的，属于《刑法》第二百二十五条规定的"情节严重"：

（1）造成借款人或者其近亲属自杀、死亡或者精神失常等严重后果的；

（2）个人非法放贷数额累计在 200 万元以上的，单位非法放贷数额累计在 1 000 万元以上的（见表 7-1）。

表 7-1　个人情节严重的情形

具体情形	情节	期间	利率
放贷数额	200 万元以上	2 年内	年超 36%
放贷所得	80 万元以上	2 年内	年超 36%
放贷对象	50 人以上	2 年内	年超 36%
造成借款人	自杀	2 年内	年超 36%
造成借款人	死亡	2 年内	年超 36%
造成借款人	精神失常	2 年内	年超 36%

（3）个人违法所得数额累计在 80 万元以上的，单位违法所得数额累计在 400 万元以上的；

（4）个人非法放贷对象累计在 50 人以上的，单位非法放贷对象累计在 150 人以上的。

2. 具有下列情形之一的，属于《刑法》第二百二十五条规定的情节特别严重：

（1）2 年内因实施非法放贷行为受过行政处罚 2 次以上的；

（2）以超过 72% 的实际年利率实施非法放贷行为 10 次以上的；

（3）个人非法放贷对象累计在 250 人以上的，单位非法放贷对象累计在 750 人以上的（见表 7 - 2）。

表 7 - 2　机构情节严重的情形

具体情形	情节	期间	利率
放贷数额	1 000 万元以上	2 年内	年超 36%
放贷所得	400 万元以上	2 年内	年超 36%
放贷对象	250 人以上	2 年内	年超 36%
造成借款人	自杀	2 年内	年超 36%
造成借款人	死亡	2 年内	年超 36%
造成借款人	精神失常	2 年内	年超 36%

二、非法放贷对低收入群体的影响

（一）极易产生经济纠纷引发社会矛盾

民间借贷自古有之，是民间经济往来的一种形式，也是银行借贷的一种补充。但是，非法放贷是一把搜刮民财的尖刀，更是一种陷阱，对借贷人、金融行业乃至整个消费社会产生不良影响。因为非法放贷行为多为借贷双方自行商定，有的是口头约定，有的也只打了张欠条。一旦借款人不按约定还款，极容易产生经济纠纷。特别是一些涉世未深的学生，过早地背负起沉重的债务负担，最后牵连家长，产生一系列社会矛盾和经济纠纷。

（二）酿成刑事案件伤害无辜借款人

"714 高炮"、套路贷平台诱导或迫使借款人过度负债，甚至会引发刑事案件甚至命案。例如，一些借款人就因为还不上借款，个人或家人遭受放高利贷者逼债、恐吓或是遭到非法拘禁，双方矛盾不断恶化，又得不到法律保护和解决，最后引发刑事案件。为此，当今很多国家都通过刑事手段对非法放贷行为予以打击制裁，如德国、日本、韩国就对高利贷入刑了。

（三）背负高利而无法偿还

破坏了正规信贷机构的合法营商环境，使原本稳定发展的金融信贷市场出现不和谐之音，不少投机者甚至打着普惠金融的旗号，干着投放高利贷的不法勾当，还大言不惭地声称为贫困人群和社会弱势群体提供可得的金融服务，这是对普惠金融的一种亵渎。

在我国历史上，"高利贷"轻者卖儿卖女，重者家破人亡的情况自古有之。鉴于此，"非法放贷罪"入刑符合社会大众的心理需求。如果漠视非法放贷长期存在，是对社会低收入人群、贫困人群以及小微企业的不负责任；如果放任不法机构对信贷普惠性的粗暴践踏，是对金融市场的最大伤害。

今天，我们不能因为个别商贩对金钱的贪婪追逐，就放任软暴力毁灭社会大众对普惠金融最后的一丝期盼。《关于办理非法放贷刑事案件若干问题的意见》在一定程度上解决了以往法律规定不清晰、法律适用不统一、依法打击不精准的问题，成为一个专门治理金融信贷黑恶势力的有力武器，进一步推动金融行业向安全、健康方向发展。

三、非法放贷屡禁不止的原因

（一）信贷审批过严

传统银行业机构信贷审批条件较高，周期也较长，民营企业难以达到其放款要求；贫困人群、社会低收入人群、弱势群体以及个体工商户更是难以从这些传统银行业机构获得必要的金融信贷。

（二）商业银行机构下沉太少

国有大中型银行、股份制银行、城市商业银行分支机构下沉成本过高，分支机构数量太少，而且难以延伸到偏远地区、贫困山区以及落后地区，对个人、小微企业等数量巨大的信贷需求方难以满足，客观上助长了非法放贷组织的野蛮生长。

（三）放贷快速

从实际案例看，大多数非法放贷机构从受理、审核到放款，都在线上完成，一般都不会超过几分钟，个别的甚至在 10～30 秒钟内就完成了所有程序放款到位。

（四）立法不完备引发监管无依据

对于非法放贷虽然一直受到官方和社会舆论的谴责和抵制，在《关于办理非法放贷刑事案件若干问题的意见》（以下简称《意见》）之前的漫长期间，监管依据并不充分，不法者始终得不到应有的处罚，导致非法放贷行为愈演愈烈。

四、非法放贷入刑与社会治理刑罚过度化的问题

（一）慎用刑罚手段解决信贷纠纷

不少金融界人士担心，《意见》将高利贷入刑将不可避免地对小贷行业、典当行业以及民间借贷机构产生负面影响，还会带来社会治理的刑罚过度化问题。这种担心是可以理解的。

因为不能简单地放大其打击黑恶势力的一面，还要考虑到金融市场的繁荣和发展问题。《意见》明确了对非法放贷行为定罪处罚依据、定罪量刑标准，切实做到宽严有据、罚当其罪，有效防范了因非法放贷诱发涉黑涉恶以及其他违法犯罪活动，实现了政治效果、法律效果和社会效果的统一，最大限度地保护了借款人不受非法侵害。如果非法放贷人或机构，纠缠、雇佣他人采用滋扰、哄闹、聚众造势等手段强行索要债务，即便尚不单独构成非法经营罪，也可以根据情节轻重，按照其他犯罪酌情处罚，让更多的贫困人群、弱势群体能够在一个安全、规范的社会环境中。

（二）法律处罚与社会整治并举

着眼点是帮助互联网金融市场合法放贷机构健康成长，并不是单纯为了打击黑恶势力。刑事惩治与市场发展必须共生，核心是营造线上线下社会综合治理新格局，提供一个长治久安的经营环境，绝不是抓捕非法放贷的罪犯越多越好的问题。

需要指出的是，虽然这次最高人民法院、最高人民检察院、公安部、司法部发布的《关于办理非法放贷刑事案件若干问题的意见》是作为本次扫黑除恶专项斗争的配套文件之一，但并不能简单理解为非法放贷就一定是黑恶势力，更不能从对金融市场违规行为整顿演化为对黑恶势力的打击，在司法和金融实践中都要分辨清楚，区别对待。

五、民间借贷新规对信贷市场的影响

2020 年 8 月 18 日，最高人民法院修订了《关于审理民间借贷案件适用法律若干问题的规定》，并于 2020 年 8 月 20 日正式实施。也就是说，民间借贷逾期利息必须按照新规定执行，2020 年 8 月 20 日之后，民间借贷利息最高不超过约年利率 15.4%，即一年期贷款市场报价利率 4 倍。实际上，按照"一年期贷款市场报价利率"计算，即"全国银行间同业拆借中心自 2019 年

8 月 20 日起每月发布的一年期贷款市场报价利率",差不多就是按照最高人民法院颁布的 15.4% 执行。只有超过 15.4% 利率的放贷行为,才有可能视为非法放贷行为,如果低于 15.4% 利率的放贷行为,就受到法律保护。于是,对当前信贷市场产生了两个后果:

(一) 信贷产品利率继续调整

民间借贷机构的利率大多处于 15.4% 之上,民间借贷利率大幅下调以后,后续信贷产品利率也将随之调整,重新梳理客群分层。如果达不到标准产品将下架,短期借贷产品供给会出现大幅下降,产品将进行大规模整改,短期大量产品将下架调整。

(二) 不合规放贷机构加速退出

由于利率上限的大幅调低,使互联网金融及民间借贷可见的利润空间大幅下降,进行制度套利的投机平台将失去生存空间,不能继续扮演"职业放贷人"角色,不得不离场或转行。

第三节　小贷公司法律地位辨析与定罪反思

一、小贷公司属性界定

"非法发放贷款罪"和"高利转贷罪"是目前我国小贷公司面临最多的两宗大罪,也是小贷经营者最为头疼的刑事法律风险。截至 2020 年 12 月,全国共有小额贷款公司 8 000 多家。小贷公司作为互联网金融的主力之一,为我国实体经济尤其为小微企业提供了重要的融资渠道,助推了普惠金融,但是,近年来频频爆发的"暴雷潮"却让小贷公司背负种种罪名。

《刑法》第一百八十六条规定，"非法发放贷款罪"的主体必须是金融机构，但监管机构、司法部门对小贷公司是否属于金融机构存在不同解读，甚至审判机关内部也有不同认识，有的法院判定构成犯罪，有的法院却认定无罪，罪与非罪界限模糊不清，司法判决结果难以服众。为此，必须先厘清小贷公司法律属性，才能正确认清罪与非罪界线。

（一）金融监管部门的观点

2017 年，中国银监会对政协十二届全国委员会第五次会议第 2752 号（财税金融类 275 号）提案的答复（银监函〔2017〕199 号）：作为不吸收存款、主要以自有资金发放贷款的机构，小贷公司的业务具有一定的金融属性，但与银行、证券、保险机构相比，在管理体制、交易规则、风险防控等方面存在较大差异。显然，中国银保监会没有认定小贷公司为正牌金融机构，至少目前没有。

（二）司法机关的认定

最高人民法院在 2016 年 9 月 19 日针对第十二届全国人大代表提交的《关于明确小额贷款公司享受金融机构法律诉讼待遇的建议》答复如下：目前法律、法规没有明确小贷公司属于《最高人民法院关于审理民间借贷案件适用法律若干问题的规定》第一条所指的经金融监管部门批准设立的从事贷款业务的金融机构及其分支机构，在司法实践中对小贷公司的借贷纠纷均以民间借贷纠纷案件立案审理。显然，最高人民法院并没有认可人大代表要求小贷公司享受金融机构待遇的提议，依然视小贷公司为一般民事法律主体。

（三）财政税务部门的意见

财政部、税务总局《关于金融机构小微企业贷款利息收入免征增值税政策的通知》（财税〔2018〕91 号）中"非银行业金融机构"只包括经银监会批准设立的金融资产管理公司、企业集团财务公司、金融租赁公司、汽车金融公司、货币经纪公司、消费金融公司、境外非银行金融机构驻华代表处等机构。显然，小贷公司依然属于非金融机构征收范围，不能享受金融机构优惠税收政策。

（四）地方司法机关的看法

相比最高人民法院，全国各个地方人民法院对小贷公司的认定比较复杂，存在着两种截然相反的认定。

一类是以浙江地方人民法院为代表的"否定说"。例如，2008 年 11 月浙江省高级人民法院在一份《金融纠纷案件若干问题讨论纪要》中记述道：经批准成立的村镇银行属于金融机构，其与客户签订的借款合同属于金融机构借款合同。但地方政府批准的小贷公司不是金融机构，只能作为一般工商企业对待，与客户签订的贷款合同，不属于金融机构借款合同。如果双方发生重大资金往来纠纷的，只能作为一般民事借贷纠纷处理，不能认定违法发放贷款罪。

另一类是以上海地方人民法院为代表的"肯定说"，认定小贷公司应该属于其他非银行金融机构。例如，在《刑事审判参考》2014 年第 2 辑（总第 97 集）第 962 号案例中，上海市闵行区人民法院认为小贷公司已经纳入中国人民银行《金融机构编码规范》，并据此认定小贷公司具有金融机构性质，并推定得到中国人民银行认可，完全可以作为非法发放贷款罪处罚。

但是，这种看法是值得商榷的。

中国人民银行《金融机构编码规范》虽然将小贷公司纳入其中，只是为了金融统计信息系统建设，不是对机构性质的认定，属于统计范畴，与监管范畴是两码事。举个例子，全国金融标准化技术委员会在《金融机构编码规范行业标准应用》指出"根据相关工作需要，将部分非金融机构纳入了金融机构编码体系的编码范围，如珠宝行、拍卖行、典当行等"。如果据此就认定拍卖行、典当行是金融机构了，那是大错特错。因为拍卖行、典当行从来就没有得到中国人民银行正式承认为金融机构。同样，小贷公司也不是金融机构，同样不应该背负着"张冠李戴"的刑事责任，这与"罪刑法定"原则大相径庭。

目前，法律是预设的、公开的。只要经营者尊重法律，无谓的法律风险就应该避免。但是，由于我国金融立法并不完善，尤其互联网金融法制建设更不健全，导致小贷经营者刑事法律风险极高。

刑法作为国家公权力保障的最后一道环节，至少在《非存款类放贷组织条例》出台明确小贷公司是"非存款类金融机构"之前，小贷公司就不应该承担刑事责任与其法律地位不匹配的法律责任，全国各地人民法院对小贷公司追究刑事责任必须慎之又慎，杜绝小贷公司法律罪责的"张冠李戴"现象。

二、非法发放贷款罪的反思

（一）从犯罪主体上看

违法发放贷款罪，是指银行或者其他金融机构的工作人员违反国家规定发放贷款，数额巨大或者造成重大损失的行为。显然，行为人必须是具备银行或者其他金融机构的工作人员身份，否则就不构成此罪。从司法实践中看，违法发放贷款罪属于特殊主体，只能由中国境内设立的中资商业银行、信托投资公司、企业集团财务公司、金融租赁公司、城乡信用合作社等金融机构的金融工作人员构成，其他任何单位包括外资金融机构（含外资、中外合资、外资金融机构的分支机构等）的工作人员都不能构成违法发放贷款罪主体。如前所述，既然目前小贷公司并没有被认同是金融机构，其员工自然不应视为金融从业人员，属于一般主体，当然不属于违法发放贷款罪主体之列。

（二）从调整范围上看

违法发放贷款罪是指银行或者其他金融机构的工作人员违反国家规定发

放贷款的行为，认定小贷公司是否构成该罪，就必须考虑小贷公司在放贷业务上是否受"国家规定"调整。

就目前而言，关于小贷公司的规范性文件，效力等级最高的也就是中国保银监会、中国人民银行《关于小额贷款公司试点的指导意见》（23 号文），但这只是帮助小贷公司建立健全贷款管理制度，明确业务流程和操作规范的行业性部门规章文件，并不具备国家规范的法律性质。这就决定了调整小贷公司的部门规章不可能上升到国家规范的法律层面。

（三）从侵犯客体上看

违法发放贷款罪侵犯的是国家的金融管理制度，诸如《贷款通则》《商业银行法》。那么，这些法律法规调整范围是否包括小贷公司呢？

《贷款通则》第二十一条规定，只有经中国人民银行批准经营贷款业务，持有中国人民银行颁发的《金融机构法人许可证》或《金融机构营业许可证》的机构才受其调整。目前小贷公司恰恰还没有拿到《金融机构法人许可证》或《金融机构营业许可证》，所以《贷款通则》就不能作为认定小贷公司"犯罪"法律依据。

《商业银行法》第十一条规定，设立金融机构，应当经国务院银行业监督管理机构审查批准。而小贷公司作为由省级政府金融办批准设立的企业法人，并不在银行业监督管理机构的监管之列，自然不应接受《商业银行法》调整。

综上所述，小贷公司作为金融创新事物，有其特殊的性质地位和功能。截至2020 年12 月，全国小额贷款公司接近8 000 多家，如今小贷公司非但得不到国家承认的金融机构身份，反而要背负只有正规金融机构才可以构成的金融犯罪罪名，这是否显失公正？长此以往，助长借款人利用刑事手段达到拒不归还贷款的恶劣之风，让小贷公司背负不应有的恶名，严重损害小贷公司正当经营权利，有碍于我国普惠金融的推广和有序发展。

三、如何杜绝刑事法律风险

（一）切实转变司法理念

2018 年 11 月 5 日中央召开民营企业家会议，强调必须依法平等保护各类企业合法权益，建设合适民营企业良好经营的法治环境，不能以维护国有经济和公共利益为借口，置民营企业和企业家的合法权益和正当诉求于不顾。就小贷行业而言，坚持各类市场主体诉讼地位平等、法律适用平等、法律责任平等，凡是对小贷公司权益保护不利的都要作出新规定，依法保护好小贷行业公平竞争的经营环境，在追究法律责任上有所区别，不应再把小贷公司与无牌无照的非法金融机构或互联网中介平台（P2P）混为一谈。

（二）尽快出台司法解释和实施细则

最高人民法院出台司法解释，监管机构发布规范性文件，明确小贷公司和经营者在经济纠纷中罪与非罪的界线，防止利用刑事手段干预经济纠纷，特别要防止有些人抓住小贷经营者一些瑕疵行为，无限上纲，置小贷经营者于死地，坑害小贷公司的恶劣行为。司法机关要以发展的眼光看待小贷经营者历史上的一些不规范行为，严格遵循"罪刑法定、疑罪从无"原则，严格非法发放贷款罪、高利转贷罪的构成要件，防止随意扩大适用，增强小贷经营者的安全感。

同时，最高人民法院应该尽快出台实施细则，对小贷行业保护不平等的规范，及时进行修改，补充原先规范性文件中的疏漏和不足，避免出现"类案不同判"情况，提升司法权威和公信力。

（三）保护正常的业务活动

司法机关全力保护小贷公司自主经营权，警惕金融市场一些利用小贷公司轻微违规而进行恶意诉讼，减少利用虚假诉讼坑害小贷公司和经营者的行为，减少利用司法活动干涉小贷公司正常生产经营活动。

四、高利转贷罪的逻辑分析

《刑法》第一百七十五条"高利转贷罪"是指以转贷牟利为目的，套取金融机构信贷资金再高利转贷给他人，违法所得数额较大的行为。小贷公司放款行为是否构成《刑法》第一百七十五条高利转贷罪呢？

最高人民法院、最高人民检察院在 2015 年印发了《关于审理民间借贷案件适用法律若干问题的规定》，大多数小贷公司坚决按照司法解释进行了放贷，很少有超过规定的 36% 利率高限。但也确实存在一些小贷公司利用高利牟取经济利益，司法实践中也有小贷公司被视为高利转贷机构，其放贷行为更多地被打上了高利转贷罪的烙印。

我们认为，认定小贷公司高利转贷罪是值得商榷的。关键是，对于小贷公司是否构成高利转贷罪，应该看是否具备以下三个构成要件：一是是否破坏了国家的信贷管理制度，也就是信贷资金市场秩序。二是是否符合套取行为构成要件，即套取金融机构信贷资金高利转贷他人的行为。三是是否满足"高利"的违法所得数额条件。只有全部满足上述三个构成要件的，才能够称为高利转贷罪，否则，就不应该认定犯罪。

（一）没有破坏国家的信贷管理制度

这必须要从我国设立小贷公司的初衷说起。我国小额贷款公司是从 2005 年发展起来的，当时国家设立小贷公司是为了引导民间资本，转移和分散金融机构的信贷风险，解决贫困人口和小微企业的资金短缺问题，弥补传统银行在小额信贷领域的不足。根据《关于小额贷款公司试点的指导意见》规定："小额贷款公司是由自然人、企业法人与其他社会组织投资设立，不吸收公众存款，经营小额贷款业务的有限责任公司或股份有限公司；小额贷款公司是企业法人，有独立的法人财产，享有法人财产权，以全部财产对其债务承担民事责任；小额贷款公司应执行国家金融方针和政策，在法律、法规规定的范围内开展业务，自主经营，自负盈亏，自我约束，自担风险，其合法的经营活动受法律保护，不受任何单位和个人的干涉。"

《关于小额贷款公司试点的指导意见》还规定，小贷公司的组织形式为有限责任公司或股份有限公司，申请设立小额贷款公司，应向省级政府主管部门提出正式申请，经批准后，到当地工商行政管理部门申请办理注册登记手续并领取营业执照。因此，小额贷款公司的设立并不需要银保监会审批，也不受国务院直接管控，本质上是由自然人、企业法人与其他社会组织投资设立的普通公司。

显而易见，小贷公司的借贷资金并不属于国家所控制的银行信贷资金，小贷公司并不属于金融机构，也就不是破坏信贷资金市场秩序的主体。行为人从小额贷款公司借贷后再高利贷出也并未侵犯国家对信贷资金发放的管理权和对利率的管理秩序。相反，小贷公司在这十几年的发展过程中，一直致力于对小微企业、贫困人群以及偏远地区的人们提供可得的金融服务，有效发挥地域经营优势，服务"三农"和小微企业，弥补传统金融服务下沉的不足，在很大程度上实现了民间借贷的阳光化、规范化，对于引领民间借贷的利率水平起到了很好的示范作用，开创了民间资本独立发起机构以实现放贷业务的先河，为民间资本进入金融领域打开了出路。显然，小贷公司不应该成为破坏信贷资金市场秩序的犯罪主体。

（二）不存在套取信贷资金行为

刑法理论认为，在高利转贷罪中，行为人还必须同时具有"套取"行为，才可以构成此罪。显然，如何理解"套取"成为认定小贷公司是否构成犯罪的关键环节。"套取"一词，虽然有借入、获得的意思，但从刑事法律意义上看，应该还含有"用不诚实手段借入"或者"用非常规方式获得"的意思，其中包含欺骗或愚弄的成分。小贷公司是具有金融牌照的地方放款组织，完全可以大大方方地向银行申请贷款，没有必要采取"用不诚实手段借入"银行资金，尽可以光明正大签署相关贷款协议，没有必要"用非常规方式获得"银行资金。因此，不存在小贷公司通过合法途径使用"银行业金融机构资金"放款给其他个人或企业成为高利转贷行为的可能，不能与《刑法》第一百七十五条高利转贷罪混为一谈。

小贷公司虽然从金融机构融入资金再借贷，并没有侵犯国家对信贷资金的发放管理权。原因很简单，设立小额贷款公司目的就是发放贷款，这是经国家有关部门允许的。根据《关于小额贷款公司试点的指导意见》规定，小额贷款公司可以根据中国人民银行公布的贷款基准利率的0.9~4倍，按照市场原则自主决定具体利率浮动比例。也就是说，小贷公司完全可以从银行获得的贷款以更高的利率贷出，只要不超过基准利率的4倍，就都属于其正常业务范畴。

从这个意义上讲，小贷公司从金融机构获得贷款后转贷的行为是经国家允许的，获得银行贷款后再转贷给他人的行为本身属于正常业务范畴，不构成从金融机构"套取"贷款行为，不应该构成"高利"转贷他人的行为。[①]

（三）收益不具备高利性质

是否符合高利是构成高利转贷罪又一个关键所在。所谓高利，应该参照民间借款合同中所约定的最高不得超过银行同类贷款利率的4倍，换算成最新的百分比，就是借贷双方约定的利率超过年利率36%。[②]

---

① 根据中国银保监会规定，小贷公司的资金来源有三条途径：股东缴纳的资本金、捐赠资金，以及来自不超过两个银行业金融机构的融入资金。

② 2015年9月1日最高人民法院施行的《关于审理民间借贷案件适用法律若干问题的规定》第二十六条规定：借贷双方约定的利率未超过年利率24%，出借人请求借款人按照约定的利率支付利息的，法院应予支持。借贷双方约定的利率超过年利率36%，超过部分的利息约定无效。借款人请求出借人返还已支付的超过年利率36%部分的利息的，法院应予支持。也就是说，不超过24%的利息均受保护；超过24%不到36%的利息，看做自然债务，给了的不用还，没给的不能再要；超过36%的部分一律不受法律保护。

结合我国金融市场实践看，小贷公司在 36% 以下利率的范围放贷，就应该视为符合法律规定，不构成高利。如果小贷公司放贷的利率超过了 36%（也就是以前讲的超过人民银行基准利率的 4 倍），就可以认定为高利了。

这应该简单重温一下我国近年来贷款利率的发展演变历史。2015 年，为应对新形势下民间借贷案件的审判工作，最高人民法院颁布实施了《关于审理民间借贷案件适用法律若干问题的规定》，规定了利率保护上限为 24%，并划定了利息保护的"两线三区"。关于 24% 利率上限的由来，最高人民法院杜万华大法官曾经解释为："年利率 4 倍的历史渊源流长，其实在古代的时候月利率两分，也就是大约 24% 的含义。"

关于"两线三区"，第一条线，就是民事法律应予保护的固定利率为年利率的 24%。第二条线是年利率 36% 以上的借贷合同为无效，通过这两条线，划分了三个区域，一个是无效区，一个是司法保护区，一个是自然债务区。对于 24%～36% 的这一部分我们把它作为一个自然债务看待，如果要提起诉讼，要求法院保护，法院不会保护，但是当事人愿意自动履行，法院也不反对。①

2020 年 8 月，最高人民法院对 2015 年《民间借贷司法解释》做了修订，将民间借贷利率司法保护上限调整为一年期贷款市场报价利率（LPR）4 倍，2021 年《民间借贷司法解释》延续了该项规定。

显然，在 2020 年 8 月以前，小贷公司一直是比照民间借贷的 4 倍利率执行。这种标准不仅将行为人放贷利率设置在一个合理的区域内，有利于小贷公司自身的发展和经营，也便于司法机关定罪量刑时的操作，即只要小贷公司（行为人）以最高不得超过银行同类贷款利率 4 倍的利率进行转贷，数额较大的行为，都应当认定为高利。

---

① 我国《合同法》第二百一十一条规定："自然人之间的借款合同约定支付利息的，借款的利率不得违反国家有关限制借款利率的规定"。一年期的银行贷款年利率为 5.85%，则一年期的民间借贷年利率不得超过 23.4%。由此可归纳为在银行同期贷款利率 4 倍以内的属于合法利率，超过 4 倍的，属于高利贷，而高利贷的部分是不受法律保护的。

2021 年 1 月，最高人民法院又重新调整了贷款利率政策，规定从 1 月 1 日起，由地方金融监管部门监管的小额贷款公司、融资担保公司、区域性股权市场、典当行、融资租赁公司、商业保理公司、地方资产管理公司等 7 类地方金融组织，属于经金融监管部门批准设立的金融机构，其因从事相关金融业务引发的纠纷，不适用新民间借贷司法解释，可以突破 15.4% 的上限了。

这就是说，小贷公司今后放贷依然可以按照"二线三区"原则办理：第一区间是民间借贷利率在 24% 以内，借贷当事方到法院请求保护，法院予以支持。第二区间是民间借贷利率在 24%～36%，属于自然债务，如果要提起诉讼，要求法院保护，法院不会保护，但是当事人愿意自动履行，法院也不反对。通俗地讲，如果借款方没有按照约定利率付利息，出借方起诉到法院，法院不会支持；反之，如果借款方已经支持了约定利息，到法院诉讼要求要回来，法院也不会支持。第三区间是民间借贷利率在 36% 以上，不受法律保护，法院会认定合同无效。如果借款人自愿给付了，后期一看这个合同无效要回来，也是可以的。

当然，这并不是说小贷公司可以无限制抬高放贷利率。我们反对"高利率"，但不主张无底线地放开资金利率。因为小贷公司成立的初心并不是商业化的高利工具，而是让传统金融机构无法覆盖的贫困人群、偏远地区人们和个体工商户能够及时享受到可得的金融服务，不是让本已贫困不堪的人们再背负上难以忍受的沉重包袱。

至于小贷公司放贷的最高利率究竟应该多少？这需要时间、市场和资金三方共同决定，不仅要有借款人和放款人之间的利益平衡，还要有平台机构与社会大众之间的心理平衡，更要让贫困人群、小微企业和个体工商户都能接受的利率，不能降低大众对未来美好生活的幸福指数，不应该由一个固定数值来限定借贷市场的价格趋向。

综上所述，高利转贷罪必须全部符合上述三大标准才可以构成。小贷公司既没有套取金融机构的信贷资金行为，也没有超过司法解释中 36% 的利率高限，判定小贷公司触犯高利转贷罪是值得商榷的。

第四节　网贷机构 P2P 清理与处罚违规

一、对网贷机构清退过程

（一）启动全国网贷专项治理

近年来，P2P 实在是害人不浅，不是欺骗出借人的本金，就是违规操作给借款人高利贷，严重影响了社会和谐。2017 年以来，中国银保监会多次表示将继续坚定不移彻底执行 P2P 以"退"为主的专项整治方向。特别是云南全部取缔 P2P 平台开始就引起了各地监管的实施，让许多借款人逃离了高利贷的"魔爪"，得到了人们的广泛的认可。

从 2018 年开启的网贷专项整治工作，对网贷机构进行了持续的清理整顿工作，特别是 2019 年 1 月，互联网金融风险专项整治工作领导小组办公室、P2P 网贷风险专项整治工作领导小组办公室联合发布了《关于做好网贷机构分类处置和风险防范工作的意见》（175 号文），将坚持以机构退出为主要工作方向，除部分严格合规的在营机构外，其余机构能退尽退，应关尽关，加大整治工作的力度和速度。这是继 P2P 总的法规体系 "1 + 3"（一个办法三个指引）和《P2P 合规检查问题清单》之后又一个全国性文件。

《关于做好网贷机构分类处置和风险防范工作的意见》（175 号文）把网贷机构分为六类，简称"五退一留"，归纳共性又可分为已出风险机构、未出险机构和规模大、风险高机构。具体来说：一是已出风险、已立案的，按打非处置；二是已出风险、未立案的，政府监督下主动清退，无法良性退出的按打非处置，并坚决打击逃废债行为；三是未出险机构中僵尸类平台，平台进行公告后启动注销程序；四是未出险机构中可持续经营能力不足的小规模平台，监管机构约谈，逐步压缩平台规模并按照程序退出。如果平台该退不退，将按照查出的违规行为，按打非处置，列入黑名单；五是高风险的规模大的机构，包括：（1）存在自融、假标，或者资金流向不明的；（2）项目逾期金额占比超过10%的（按出借人口径）；（3）负面舆情和信访较多的；（4）拒绝、怠于配合整治要求的（包括双降）；（5）存在"一票否决"事项的。对这些规模大的高风险机构，监管态度一直是严查平台假标自融，密切监控资金，执行双降政策，要求压实股东责任，要求有序退出，通过"四不准"防范风险向金融机构蔓延；对于资金缺口大的、不双降、不配合的机构，也将按打非处置。

上述五类机构都需要退出，有问题的平台不必再抱有侥幸心理和不切实际的备案幻想，早做良性退出的准备，反而是行业、市场正本清源、去伪存真、驱逐劣币的好事情。而当时那些合规经营的大型机构，还是可以保留的，但设定六个步骤推进：（1）检查和整改，清理违规业务，消除风险隐患；（2）持续双降；（3）集中信息披露，强化社会监督；（4）存管银行监控资金交易，防止挪用；（5）定期评估风险，如果风险高了，归为第五类，按前面的方法处置；（6）引导转型（网络小贷、助贷、导流三个方向）。因此，网贷行业最终会在全国保留若干家具有较强的股东实力、较高的风控水平、较低的经营风险的大型合规平台。综上可见，监管思路还是加快市场出清去产能，加快转型分流，降低行业风险。

《网络借贷信息中介机构有条件备案试点工作方案》规定2019年下半年开展部分省（市）的试点备案工作，于2019年末取得初步成效，完成少量机构的备案登记工作。同时，在总结试点经验的基础上，按照防范重大风险三年攻坚战的总体时限要求，2020年监管机构在全国范围内完成存量网贷机构的备案登记工作。显然，设定"备案方案"可以更加清晰地看出监管层对网贷行业的态度。

2019年6月，互联网金融整治领导小组和网贷整治领导小组联合召开了网络借贷风险专项整治工作座谈会，总结了2019年上半年整治工作取得的阶段性成效，要求各地加大工作力度，围绕存量压降、风险出清，对网络借贷机构深入开展企业自查、行业自律检查与行政核查的"三查"活动，督促企业边查边整、即查即改。"三查"过程中发现，网贷机构普遍偏离了"金融信息中介"定位，不同程度存在信用转换性质的活动。

截至2019年6月，全国已完成430余家网贷机构合规检查，网贷机构数量已清理降至707家，比2018年初下降57%；借贷余额比2018年初下降27%，出借人次比2018年初下降75%；行业借贷规模、出借人次已连续11个月下降。会议明确，专项整治工作启动以来，全国网络借贷等互联网金融行业风险持续收敛，继续化解存量风险、多措并举支持和推动机构良性退出或平稳转型，坚定持续推进行业风险出清，切实保护出资人合法权益，维护各地金融和社会稳定。

2019年下半年，网贷机构整治工作将继续严格落实降机构数量、降行业规模、降涉及人数的"三降"要求，利用合规检查、多方监测系统分析核验等手段对机构进行穿透式核查，加大良性退出力度。在合规检查、接入系统、数据核验等工作基本完成的基础上，将逐一对在线运营机构进行分类管理，多措并举化解风险。专项整治工作按照"成熟一家、纳入一家"的原则，将整改基本合格机构纳入监管试点。根据市场实践，网贷机构定位于信息中介，但撮合的是金融业务，需要具备若干必要的条件。有关部门在拟定的监管试点方案中，对网贷行业风险准备金、风险补偿金、合规保证金、股东资质等提出了明确要求，以提升网贷平台缓释风险、保护投资者的能力。对于少数在资本金和专业管理能力等方面具备条件的机构，允许并鼓励其申请改制为网络小额贷款公司、消费金融公司等。对于拟转型或清盘的机构，督导企业尽快制订兑付方案并抓紧付诸实施（见表7-3）。

表7-3　我国网络贷款法规政策一览

2015 年 12 月 28 日	《网络借贷信息中介机构业务活动管理暂行办法征求意见稿》
2016 年 8 月 24 日	《网络借贷信息中介机构业务活动管理暂行办法》
2016 年 10 月 13 日	《互联网金融风险专项整治工作实施方案》
2017 年 2 月 22 日	《网络借贷资金存管业务指引》
2017 年 8 月 24 日	《网络借贷信息中介机构业务活动信息披露指引》
2017 年 12 月 13 日	《关于做好 P2P 网络借贷风险专项整治整改验收工作的通知》
2019 年 1 月 21 日	《关于做好网贷机构分类处置和风险防范工作的意见》（175 号文）
2019 年 1 月 24 日	《关于进一步做实 P2P 网络借贷合规检查及后续工作的通知》
2019 年 4 月 8 日	《网络借贷信息中介机构有条件备案试点工作方案》
2019 年 9 月 2 日	《关于加强 P2P 网贷领域征信体系建设的通知》
2019 年 11 月 27 日	《关于网络借贷信息中介机构转型为小额贷款公司试点的指导意见》（83 号文）
2020 年 3 月 27 日	《关于加强 P2P 网贷领域征信体系建设的通知》

资料来源：根据公开材料整理。

2019 年 9 月，互联网金融风险专项整治工作领导小组、网络借贷风险专项整治工作领导小组联合下发的《关于加强 P2P 网贷领域征信体系建设的通知》，涉及支持在营 P2P 网贷机构接入征信系统，结合成立的 400 多个风险处置专班，先后将两批失信借款人和失联跑路高管人员信息纳入征信系统和"信用中国"系统，严惩违法违规和失信行为，持续开展对已退出经营的 P2P 网贷机构相关恶意逃废债行为的打击，加大对网贷领域失信人的惩戒力度，对网贷机构恶意逃废债现象进行了严肃处理，纳入征信系统，有效防范了恶意逃废债现象。

（二）清理与转型并重

2019 年 11 月 27 日，《关于网络借贷信息中介机构转型为小额贷款公司试点的指导意见》（83 号文）出台，明确转型试点工作是在国务院金融委统一领导下，由互联网金融整治办和网贷整治办负责转型试点工作的组织和协调、规则制定、培训部署、政策解读，对各地开展指导，继续做好数据监测和预警、信息披露等工作，要求各省、自治区、直辖市和计划单列市负总责，确定转型机构名单、出具转型意见并组织实施转型试点工作，引导符合条件的网贷机构转型为小贷公司，主动处置和化解存量业务风险，最大限度地减少出借人损失，维护社会稳定，促进普惠金融规范有序发展。

具体来说，（1）如果网贷平台申请转型为单一省级区域经营的小贷公司的，审核通过后，由省级地方金融监管局出具临时牌照批复文件。（2）如果网贷平台申请转型为全国经营的小贷公司，最终需要中央一级的网络借贷风险专项整治工作领导小组办公室和互联网金融风险专项整治工作领导小组办公司征求合规性评估意见，再由各地具体组织实施转型试点工作。（3）如果是停业的P2P机构，加快资产的处置力度，让投资者了解具体情况。如果是退出的P2P机构，则要按照明确时间表切实退出。（4）对没有介入实时监测系统的机构，限期停止发新标，限期退出市场。对于在线运营的268家机构，年底之前每家都要完成分类处置的路径。一些资本实力强，具备一定金融科技基础及良好内控能力的机构，推动其主动转网络小贷公司，个别符合条件的也可以转消费金融持牌金融机构。

小贷公司必须为实缴货币资本，单一省级区域经营的小贷注册资本不低于0.5亿元；全国经营的小贷公司的注册资本不低于10亿元；而且，首期实缴货币资本不低于5亿元，不低于转型时网贷机构借贷余额十分之一的要求。同时建立了转型后小贷公司新业务负面清单，在日常经营中必须严格执行9项禁止性规定，否则会面临取缔危险：

（1）禁止以任何方式吸收或者变相吸收公众存款；

（2）禁止通过互联网平台为本公司融入资金；

（3）禁止通过互联网平台或者地方各类交易场所销售、转让本公司的信贷资产；

（4）禁止发行或者代理销售理财、信托计划资产管理产品；

（5）禁止经营网络小额贷款业务小贷公司办理线下业务；

（6）禁止发放违反法律有关利率规定或违背信贷政策要求贷款；

（7）禁止通过暴力、恐吓、侮辱、诽谤、骚扰等方式催收贷款；

（8）禁止隐瞒客户应知晓的本公司有关信息和擅自使用客户信息、非法买卖或泄露客户信息；

（9）禁止在公司账外核算贷款的本金、利息和有关费用。

经过各方共同努力，政法委、公安、最高人民法院、最高人民检察院，包括社会媒体，及时曝光有问题的机构，让投资者认清了风险，工信部、国家发展改革委、信访办、市场监管等部门紧密合作，多措并举解决整治工作中的痛点和难点，网贷风险出清速度持续加快，风险形势发生根本好转，风险压降进展显著，推动金融正规军发展。截至 2019 年 12 月，北京、上海、广东、深圳、浙江等重点地区辖内机构已全部实现了良性退出。全国在线运营网贷平台降至 427 家，比上年末降低 60%，且已全部纳入监管范围内；借贷余额比 2019 年初下降了 48%，出借人比年初下降 53%，借款人比年初下降 35%，机构数量、借贷规模及参与人数已连续 15 个月下降。所有网贷机构实时数据已全部接入国家互联网应急中心。其中，正常运行机构 268 家，一些不主动申请接入的平台其经营活动也受到有关方面的实时监测，全国已立案侦查 786 家。

2020 年 10 月，网贷平台的借贷余额和出借人数分别较上年末又下降 50% 和 55%。大部分网贷机构选择退出和停业，2020 年停业的平台达到 1 200 多家。全国网络借贷等互联网金融行业风险持续收敛，网贷领域风险形势发生根本好转。

（三）P2P 网贷机构全部清零

经过不到 3 年的清理整顿，我国网络贷款风险有了根本好转，风险处置、资产清理、追赃挽损、风险隔离等项工作扎实推进，取得阶段性成效。全国实际运营 P2P 网贷机构在高峰时期约有 5 000 家，到 2021 年 1 月，P2P 网贷机构在全国已经清零，转入常规监管阶段。①

二、网贷业务清退方案与出路选择

（一）清退转型方案

对网络贷款的清理整顿总体思路是以清退为主、转型为辅，简单概括有如下几种方案：

第一类：对于已明显暴露风险的平台，不管警方有无立案必然清退。也就是已出险机构指出借人资金无法正常兑付或其他重大风险隐患，风险已经暴露，已不能正常运营的网贷机构。

第二类：对于僵尸类及规模较小平台，基本会被清退。

第三类：对于具有较高风险的大平台，争取良性清退。

第四类：对于正常运营大平台，继续整改，部分引导转型为网络小贷公司、助贷机构或为持牌资产管理机构导流。

（二）出路的选择

虽然《关于网络借贷信息中介机构转型为小额贷款公司试点的指导意见》（83 号文）在分类处置 P2P 互联网金融平台的关键词是清退，但对于正常运营的平台依然是给予出路的，并没有对 P2P 网贷机构赶尽杀绝，这就给进一步处置网贷机构预留了想象空间。

第一条出路：转型成为助贷机构。P2P 平台之所以能在 1 000 多家商业银行下存活至今，就是因为 P2P 平台与商业银行的客群存在差异性，有着商业银行无法获得的大量客户群体。可以想见，这部分 P2P 平台未来转型成为商业银行助贷机构还是有商业价值的。

---

① 参见：《银保监会刘福寿：P2P 网贷机构基本清零，"灰犀牛"得到控制》，摘自《南方都市报》，2020 年 11 月 7 日。

第二条出路：变身网络小贷公司。对于合规的大型 P2P 互联网金融平台，特别是股东和资金实力较强的网贷机构，可以在满足网络小贷申请资质要求的情况下，申请具有信用中介属性的金融机构牌照，变身成为网络小贷公司，继续发挥普惠金融作用，缓解贫困人群、个体工商户和小微企业的资金需求。

第三条出路：转型做引流平台。虽然我们说 P2P 的核心竞争力在于其对资产端的把控，但目前头部 P2P 平台的核心竞争力是在于其存量的线上出借人，这些接受过风险现实教育、具备一定风险承担能力的出借人是可以转化为金融机构资产管理类产品的投资人的，转型成为资金引流平台也不是没有可能。

第四条出路：网络债权转让。通俗地讲，就是 P2P 平台把对出借人的债权转让给其他机构。债权转让这一形式是合法合规的，也是受法律保护的，只不过这种情况通常会根据具体的业务范围、逾期程度有所折价。2019 年 1 月，P2P 平台"温商贷"就在其官网发布了"自由债权转让方案"，称即日起平台所有出借人可开放债权转让权限，由平台出借人自由设定，折让率浮动区间为 0～99%，债权的承接方为第三方债权承接机构，或有意向继续承接债权的其他出借人。

事实证明，网络债权转让模式在今天对 P2P 转型有一定帮助，在当前宏观经济持续疲软的背景下，开放债转市场不仅可以使债权转让市场得到快速发展，P2P 个人借贷市场也会随着经济周期循环，成为 P2P 平台资产处置的一种新方式。

三、网贷业务转型与清退建议

（一）转型小贷公司的几点反思

《关于网络借贷信息中介机构转型为小额贷款公司试点的指导意见》（83

号文），从金融政策、转型时效、转型条件及监管措施等几个方面提出明确要求，引导部分符合条件的网贷机构转型为小贷公司，主动处置和化解存量业务风险，最大限度地减少出借人损失，维护社会稳定，促进了普惠金融规范、有序发展。

【案例】

2020年10月22日，江西省地方金融监督管理局发布一则批复，同意江西东方融信科技信息服务有限公司依法转型为全国经营的小额贷款公司。此前，2020年6月19日，抚州市网络整治办发布公告，江西东方融信金融信息服务有限公司于2018年9月10日完成网贷业务终止清零，于2020年4月开始申请转型全国性网贷试点退出P2P网贷业务，新设立抚州市新浪网络小额贷款有限公司注册资本10亿元，北京新浪互联网信息服务有限公司出资比例99%。批复显示，新设立的抚州市新浪网络小额贷款有限公司初始注册资本为10亿元人民币（且为实缴货币资本）。

关于江西东方融信科技信息服务有限公司（原江西东方融信金融信息服务有限公司）转型为全国经营小额贷款公司试点的批复。

江西东方融信科技信息服务有限公司（原江西东方融信金融信息服务有限公司）：

你公司关于转型为全国经营小额贷款公司的申请及相关材料收悉。经研究，并征求互联网金融风险专项整治工作领导小组办公室（以下简称国家互联网金融整治办）和网络借贷风险专项整治工作领导小组办公室（以下简称国家网贷整治办）合规性评估意见，批复如下：

一、同意你公司按照国家互联网金融整治办和国家网贷整治办《关于印发〈关于网络借贷信息中介机构转型为小额贷款公司试点的指导意见〉的通知》（整治办函〔2019〕83号）精神，依法依规转型为全国经营的小额贷款公司。

二、同意设立抚州市新浪网络小额贷款有限公司（具体名称以市场监管部门核定为准）。住所：江西省抚州市抚州高新区金柅大道198号—抚州高新区新智科技园 A6 栋 2 楼。经营范围：发放网络小额贷款；与贷款业务有关的融资咨询、财务顾问等中介服务。

三、抚州市新浪网络小额贷款有限公司注册资本 100 000 万元人民币（且为实缴货币资本），其中首期实缴注册资本 50 000 万元人民币，其余部分应自公司成立之日起 6 个月内缴足。股东及出资比例：北京新浪互联信息服务有限公司出资比例 99%；自然人卢××出资比例 1%。

四、抚州市新浪网络小额贷款有限公司董事、监事及高级管理人员：李××任公司董事长、法定代表人；李××任公司董事、总经理；于××任公司董事；白××任公司监事。

五、抚州市新浪网络小额贷款有限公司应按照国家互联网金融整治办和国家网贷整治办《关于印发〈关于网络借贷信息中介机构转型为小额贷款公司试点的指导意见〉的通知》（整治办函〔2019〕83 号）及小额贷款公司监管规定，切实抓好转型实施方案落地，严格遵守相关"红线要求""黄线要求"，自觉主动接受监督管理，确保依法合规经营，提高防范风险能力。

六、抚州市新浪网络小额贷款有限公司应在本批复印发之日起 60 日内，完成验资、领取小额贷款业务经营许可证（许可证有效期 1 年），以及办理公司设立登记，并向属地监管部门报告相关情况。逾期未完成的，本批复自动失效。未取得小额贷款业务经营许可证前，不得开展经营活动。

《关于网络借贷信息中介机构转型为小额贷款公司试点的指导意见》（83 号文）不乏亮点，比如规定了转型期限，明确具体的时间，规定了注册资本及出资限制，支持新设小贷公司接入征信系统和将失信借款人纳入征信系统，纳入金融监管体系，P2P 转型更趋规范，加强行业自律，规定分级入会的标准，明确清退的"红线"和"黄线"等。但转型为小贷公司依然存在较大难点。因为 P2P 平台与网贷公司本身存在太大差异，主要集中在资金来源、放贷杠杆率和金融牌照三个方面。即便 P2P 网贷机构可以转型小贷公司，但依然会有大量 P2P 平台进入停业、清算的程序。从金融监管角度看，如何处置停业、关门和清算的 P2P 网贷机构呢？

这是一个非常棘手的现实问题。这些平台机构涉及投资人众多，资金流量巨大，资产类型多样，特别是涉嫌非法集资的平台在刑事立案后，P2P 平台很有可能进入无人管制的混乱状态。加之我国目前对非法集资平台的处置经验不足，司法机关在人员数量和专业能力不多，难以对停业、关门和清算的 P2P 网贷机构实现资产的保值增值。

一是资金来源不同。现存的 P2P 平台的资金来源都是社会公众资金，而小贷公司资金来源自有资金、捐赠资金、银行融资、ABS 融资和股东定向借款。

二是放款杠杆率不同。P2P 平台放贷规模没有杠杆率要求，而小贷公司杠杆率必须依据《关于小额贷款公司试点的指导意见》（23 号文）规定，最高不超过 1.5 倍。显然，两者杠杆率不在一个层面上，资金关联度上存在很大差异。如果按照目前主流的网络小贷公司 2～3 倍杠杆的监管，对于百亿元级的平台而言，转型网络小贷就意味着需要交纳几十亿元甚至上百亿元的实缴注册资本。这对承接原 P2P 债权关系的网络小贷主体构成了较大的补充足额实缴注册资本金压力。

三是 P2P 平台缺乏金融牌照。不像互联网小贷公司都有地方金融办颁发金融牌照，P2P 机构从诞生之日就没有牌照。如果只有《关于网络借贷信息中介机构转型为小额贷款公司试点的指导意见》（83 号文）几条规定，P2P 平台是不太可能转型小贷公司的，要么给 P2P 平台重新颁发金融牌照，要么组织有金融牌照的小贷公司收购 P2P 平台。在未来《非存款类组织条例》也很难作出类似的规定。即便有类似规定，还需要修改其他法律法规，这在短时间内也是不可能办到的事情。只有在未来《非存款类组织条例》中先对互联网小贷公司的杠杆率进行大幅提升，提高互联网小贷公司的资本金规模，避免对于百亿元级的 P2P 平台转型网络小贷需要交纳几十亿元的实缴注册资本，否则，不太可能成为"一家人"。

四是杠杆率的规定依然保守。《关于网络借贷信息中介机构转型为小额贷款公司试点的指导意见》（83 号文）提出："适当增加杠杆率，因转型设立的小贷公司通过银行借款、股东借款等非标准化融资形式，融资金额不得超过净资产的 1 倍，通过发行债券、资产证券化产品等标准化融资形式，融资金额不得超过净资产的 4 倍"。

从某种意义上说，《关于网络借贷信息中介机构转型为小额贷款公司试点的指导意见》（83 号文）虽然鼓励新设小贷公司适当增加杠杆率，特别是对于发行债券、资产证券化产品等标准化融资工具，通过发行债券、资产证券化产品等标准化融资工具，融资余额不得超过其净资产的 4 倍，有所提高。但是，通过银行借款、股东借款等非标准化融资形式，融资余额不得超过其净资产的 1 倍，依然没有突破 2008 年发布《关于小额贷款公司试点的指导意见》（23 号文）对杠杆的规定，限定了小贷公司杠杆可以 1.5 倍。在金融市场中，不少小贷公司的实际运作都在 2 ~ 3 倍。

显然，《关于网络借贷信息中介机构转型为小额贷款公司试点的指导意见》（83 号文）不仅没有增加杠杆，反而比先前小贷公司杠杆率有所下降，依然无法满足转型后的小贷公司业务发展需求，在新设小贷公司杠杆方面依然过于保守。

五是设立新小贷公司注册缴纳金额过高。《关于网络借贷信息中介机构转型为小额贷款公司试点的指导意见》（83 号文）规定，拟转型网贷机构设立的单一省级区域经营的小贷公司注册资本不低于人民币 5 000 万元；拟转型网贷机构设立的全国经营的小贷公司注册资本不低于人民币 10 亿元，首期实缴货币资本不低于人民币 5 亿元，且为股东自有资金，其余部分子公司自成立之日起 6 个月内缴足。

显然，10 亿元的注册资本红线将绝大多数平台排除在外。如此高昂的注册资金，只适用于头部机构，对于一般的小规模的 P2P 机构是无法企及的。这是否从另一个侧面反映了对小规模的 P2P 机构的一个态度？我们不得而知，但从规范要求上看，注册资金的硬性规定显然不利于大多数小规模的 P2P 机构的转型。即便是 5 000 万元的门槛，也不是一般的 P2P 机构可以承担的。

（二）纳入不良资产处置范畴

据此，结合当前 P2P 平台治理困境，我们建议是否可以参照我国 2004 年设立的金融资产管理公司不良资产处置经验，在非法集资企业进入清退程序或者被刑事立案后，即由金融资产管理公司处置这些平台机构，更专业地实现资产保值增值。具体而言，中国华融资产管理股份有限公司、中国长城资产管理股份有限公司、中国东方资产管理股份有限公司和中国信达资产管理股份有限公司以及地方各金融资产管理公司都可以接手各地符合条件的 P2P 网贷机构，按照不良资产进行处置。当然，这些 P2P 平台必须是已出险的机构，对于规模较大的机构中高风险的机构依然可以接手，但对正常运营的机构不在此列。通过购买或其他方式取得的不良信贷资产和非信贷资产，如不良债权、股权和实物类资产等，包括但不限于债务重组、诉讼及诉讼保全、以资抵债、资产置换、企业重组、实物资产再投资完善、实物资产出租、资产重组、拍卖、协议转让和折扣变现等方式，完成对 P2P 网贷机构的处置，提高对投资者兑付比例。

我们期待着有进一步的实施细则。否则，《关于网络借贷信息中介机构转型为小额贷款公司试点的指导意见》（83 号文）就只能清退 P2P 机构而无法转型，难以真正打击那些恶意逃废债和失信借款人。

因为市场需求依然存在，我们不能忽视社会对小额金融信贷的需要，更不能忽视金融消费者对美好生活的追求。前几年，我们对现金贷的监管和清理已经说明这个问题。当年现金贷平台被消除，但由于中小额零散资金的社会需求仍然存在，超利贷便悄然而生，形成了年化放贷利率高达 1 000% 以上的所谓"超利贷"市场。

前车之鉴，后者之师。我们不能忘记这些市场教训。虽然互联网金融专项清理整顿总体上起到了规范发展网贷机构作用，减少了金融监管套利的空间，这次清理整顿网络贷款平台，消灭了 P2P 机构，但大量闲置资金和多数急需资金之间的矛盾并没有解决。相反，严厉的专项整治活动加大了互联网金融机构的合规成本，使部分互联网金融机构开始放弃"阳光化"的努力，转向地下金融，加之金融科技在地下金融的应用，让地下金融抢占市场成为可能。为此，我们在消灭 P2P 机构的同时，必须重新塑造消费价值观和消费理念，既不能让金融消费者放任自流，重走高利率这条老路，再让千千万万年轻人为此付出惨重的代价，也不能完全忽视年轻人消费方式。如何与市场主体形成良性互动，以市场化方式为社会低收入群体提供小额资金，这就是我们下一阶段的重点工作。

四、金融违规与刑事犯罪的界限

针对那些存在巨大金融风险、无法正常运转的网贷机构，就应该坚决关闭，贯彻《关于网络借贷信息中介机构转型为小额贷款公司试点的指导意见》（83 号文）对整治 P2P 网贷机构是有帮助的，执行能退尽退，应关尽关原则。

但是，我们必须根据互联网金融市场总体形势作出科学合理的判断。在金融市场中，虽然有部分人遭到了砍头息、捆绑销售的盘剥，甚至有的 P2P 机构携款跑路、畏罪潜逃。为此，监管机构必须明确区分违法和犯罪的界限，不能将金融违规视为刑事犯罪。

（一）慎防经济纠纷作为刑事犯罪处理

合理把握追究刑事责任范围，惩处少数、挽救多数，最大限度地保护互联网平台的健康发展，贯彻"宽严相济"刑事政策。对于 P2P 机构前期非法吸收公众存款行为，如果没有非法占有目的，只是用于正常生产经营活动，并能够及时清退所吸收资金的，可以免予刑事处罚；情节显著轻微的，不宜当做犯罪处理。

（二）对 P2P 涉案人员区别对待

按照 2019 年 1 月 30 日，最高人民法院、最高人民检察院和公安部发布的《关于办理非法集资刑事案件若干问题的意见》，重点惩处非法集资犯罪活动组织者、领导者和管理人员，包括单位犯罪中的上级单位（总公司、母公司）的核心层、管理层和骨干人员，下属单位（分公司、子公司）的管理层和骨干人员。而对于参与非法集资的普通业务人员，建议不再作为直接责任人员追究法律责任，只追究组织者、领导人的刑事责任。

我们应该体现出"区别对待"刑事政策，不要再像以往的"惩罚有余而宽大不足"，对于涉案人员积极配合调查、主动退赃退赔、真诚认罪悔罪的，可以依法从轻处罚；情节轻微的，可以免除处罚；情节显著轻微、危害不大的，可以不作为犯罪处理。如此，不仅有利于社会的安定团结，更有利于互联网金融市场的稳定发展。

（三）对 P2P 涉事人员赔偿的建议

2021 年 1 月 29 日，北京市朝阳区金融纠纷调解中心发布公告：自即日起，曾经或在涉的 P2P 网贷广告中的代言人，需要配合开展网贷平台清退工作。这就带出一个问题，P2P 机构过去吸收的资金必须全部清退，涉及人员 P2P 机构主要责任人、财务人员、涉事工作人员甚至涵盖代言人员（见图 7-1）。

影视明星、大众文化公众艺人把自己的形象同不熟悉的理财项目挂在一起，为 P2P 非法集资的平台背书，间接导致受害人被迷惑、被欺骗，需要一同进行赔偿。

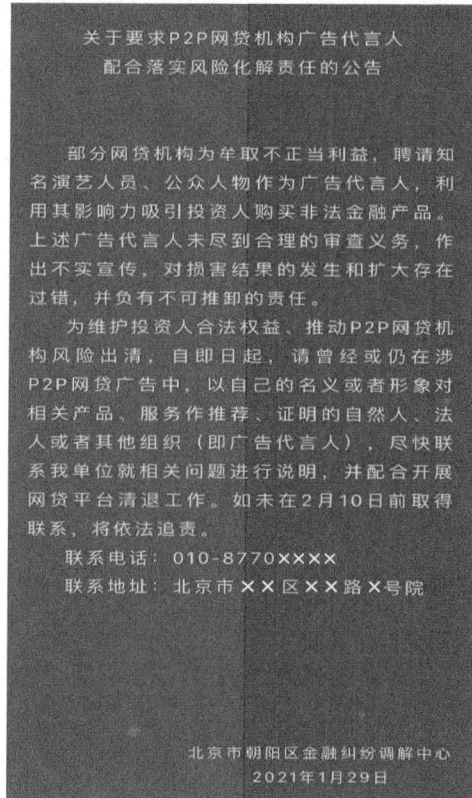

关于要求P2P网贷机构广告代言人
配合落实风险化解责任的公告

部分网贷机构为牟取不正当利益，聘请知名演艺人员、公众人物作为广告代言人，利用其影响力吸引投资人购买非法金融产品。上述广告代言人未尽到合理的审查义务，作出不实宣传，对损害结果的发生和扩大存在过错，并负有不可推卸的责任。

为维护投资人合法权益、推动P2P网贷机构风险出清，自即日起，请曾经或仍在涉P2P网贷广告中，以自己的名义或者形象对相关产品、服务作推荐、证明的自然人、法人或者其他组织（即广告代言人），尽快联系我单位就相关问题进行说明，并配合开展网贷平台清退工作。如未在2月10日前取得联系，将依法追责。

联系电话：010-8770××××
联系地址：北京市××区××路×号院

北京市朝阳区金融纠纷调解中心
2021年1月29日

图 7 – 1　P2P 机构涉事人员赔偿公告

P2P 机构的骗子们特别需要背书，证明自己产品无风险、高收益。为此，骗子们最喜欢和大明星捆绑，利用明星效应收割粉丝经济的同时，不断拉高在民众心中的信誉值。一时间粉丝们一呼百应，迅速为 P2P 平台打开知名度，为投资人塑造一种平台安全、可靠的形象。而众多名人需要巨额的广告收入，不惜用自己积攒起来的社会知名度和个人声望为金融骗局代言、做广告和站台。但是，这些明星艺人并不了解这些非法金融产品，对金融也一知半解，甚至一窍不通，就去给人家代言，让千百万不明真相或相信社会公众人物的普通民众被骗上当，有些人甚至投进了身家性命，搞得血本无归，难道这些明星名人没有责任吗？

我们初步统计一部分 P2P 机构引发的经济损失：善林金融：600 亿元，e 租宝：581.75 亿元，中晋系：400 余亿元，泛亚：430 亿元，爱钱进：200 亿元，团贷网：145 亿元，紫马财行：25 亿元，陆金所：30 亿元等。

网贷平台监管曾经历了很痛苦的阶段，现在已经走到根本性的转折点。网贷清退涉及几千万出借人，他们的资金还有 8 000 多亿元没收回，只要有一线希望，就应该积极配合公安、金融监管和税务部门追查清收，最大限度地偿还出资。

第八章
普惠金融发展概况与监管策略

普惠金融是为社会各阶层提供可负担、适当的金融服务，宗旨是让更广泛的社会群体享受到金融服务，让各个阶层都能分享到资金带来的好处，解决小微企业、个体工商户、农户或社会低收入群体融资难、融资贵的问题，推动社会朝着更公平、更平等的方向发展。

第一节　普惠金融发展概况与立法变化

一、普惠金融主要发展阶段

中国普惠金融的发展，大致经历了以下五个阶段。

（一）公益性小额信贷阶段

20 世纪 90 年代，最早的普惠金融模式为小额信贷，主要是政策性扶贫，目的是帮助减缓贫困地区的农民，彰显政府对农村贫困人群的帮扶，成为中国式扶贫的一种新尝试。

（二）扶贫式微型金融阶段

2000—2005 年，扶贫式的普惠金融形成了有规模的微型金融体系，正规的金融机构也参与其中，主要手段是小额信贷。自此，我国普惠金融开始了商业化新台阶。

（三）商业化普惠金融阶段

2006—2010 年，互联网金融平台、金融科技公司和小贷公司成为普惠金融的生力军，提供小额信贷资金，国有银行、股份制银行和农商银行也纷纷参与其中，普惠金融市场异常繁荣，但利率居高不下，商业化色彩越来越浓。

（四）数字化普惠金融阶段

2011—2017 年，互联网科技异军突起，助推数字普惠金融快速发展，各种普惠金融创新形式和产品层出不穷，形成了更便捷的新型普惠金融业务，但普惠信贷利率越来越高，普惠金融市场各种违法违规行为越来越多，诸如现金贷、校园贷、"714 高炮"等高利贷打着金融创新旗号的产品不断出现，侵害了金融消费者权益，对普惠金融市场正常秩序造成一定的负面影响。

（五）清理整顿普惠金融阶段

2018 年至今，监管机构重新评估普惠金融领域的创新和发展关系，开始对普惠金融领域的违规行为、非法产品和不法机构进行清理整顿，最典型的就是 2020 年对 P2P 网贷机构进行了彻底的清除，曾经在国内风靡一时甚至被冠以"经济救星"之名的 P2P 行业，因扰乱金融市场安全，已被全部叫停了。目前全国 P2P 机构归零，该行业正式退出普惠金融历史舞台，让普惠金融重回正轨。

近年来，网络平台企业虽然在提升金融服务效率和金融体系普惠性、降低交易成本方面发挥了重要作用，但同时也普遍存在无牌或超许可范围从事金融业务、公司治理机制不健全、监管套利、不公平竞争、损害消费者合法权益等严重违规问题。为了进一步加强对网络平台企业从事金融业务的监管，推动平台经济规范健康持续发展，2020 年 11 月 2 日，中国人民银行、中国证监会、中国银保监会、外汇局四部门对蚂蚁集团实际控制人马云等人进行了监管约谈，要求蚂蚁集团停止行业垄断，自身有效防止资本无序扩张行为。随后上海证券交易所在 11 月 3 日作出了《关于暂缓蚂蚁科技集团股份有限公司科创版上市的决定》。时隔两个月，2021 年 1 月，中国人民银行、中国证监会、中国银保监会、外汇局第二次联合约谈蚂蚁集团，就蚂蚁金服公司治理机制不健全、法律意识淡漠、藐视监管合规要求、存在违规监管套利行为、利用市场优势地位排斥同业经营者、损害消费者合法权益、引发消费者投诉问题提出了五条整改内容。

2021 年 4 月 29 日，中国人民银行、中国银保监会、中国证监会、外汇局等金融管理部门联合对腾讯、度小满金融、京东金融、字节跳动、美团金融、滴滴金融、陆金所、天星数科、360 数科、新浪金融、苏宁金融、国美金融、携程金融等 13 家网络平台企业实际控制人或代表进行了监管约谈。金融管理部门针对当前网络平台企业从事金融业务中普遍存在的突出问题提出了整改要求：一是坚持金融活动全部纳入金融监管，金融业务必须持牌经营。二是支付回归本源，断开支付工具和其他金融产品的不当连接，严控非银行支付账户向对公领域扩张，提高交易透明度，纠正不正当竞争行为。三是打破信息垄断，严格通过持牌征信机构依法合规开展个人征信业务。四是加强对股东资质、股权结构、资本、风险隔离、关联交易等关键环节的规范管理，符合条件的企业要依法申请设立金融控股公司。五是严格落实审慎监管要求，完善公司治理，落实投资入股银行保险机构"两参一控"要求，合规审慎开展互联网存贷款和互联网保险业务，防范网络互助业务风险。六是规范企业发行交易资产证券化产品以及赴境外上市行为。禁止证券基金机构高管和从业人员交叉任职，保障机构经营独立性。七是强化金融消费者保护机制，规范个人信息采集使用、营销宣传行为和格式文本合同，加强监督并规范与第三方机构的金融业务合作。

这几次监管约谈，均得到了约谈对象的积极回应，对于促进平台经济守正创新、行稳致远意义重大，表明了我国监管机构从严监管和公平监管的态度，坚持服务实体经济和人民群众的本源，一视同仁地对各类违法违规金融活动"零容忍"，全力保证金融业务合规性和市场公平性，促进了平台企业依法合规经营，进一步增强互联网金融平台的社会责任，保障普惠金融市场金融消费者合法权益，维护了公平竞争的普惠金融市场秩序。

二、财政与金融减税降费成效显著

（一）财政减税优惠政策

1. 2019 年 1 月 18 日，财政部、税务总局发布《关于实施小微企业普惠性税收减免政策的通知》，对小微企业作出了认定条件更宽、优惠税种更多的普惠性减税新政，例如，从事国家非限制和禁止行业，同时符合年度应纳税所得额不超过 300 万元、从业人数不超过 300 人、资产总额不超过 5 000 万元的都可以被纳入小型微利企业。在优惠税种上，将现行小型微利企业优惠税种由企业所得税、增值税扩大到资源税、城市维护建设税、城镇土地使用税等 8 个税种和 2 项附加，包括对月销售额 10 万元以下的增值税小规模纳税人都免征增值税，普惠性减税降费进一步得到实现。根据国税总局数据显示：2019 年我国小微企业普惠性政策累计新增减税将近 2 500 亿元。

2. 2019 年 9 月 28 日，财政部修订《普惠金融发展专项资金管理办法》，规定专项资金贴息的小微企业创业担保贷款额度由经办银行根据小微企业实际招用符合条件的人数合理确定，最高可达 300 万元，贷款期限最长 2 年，贷款利率由经办银行根据借款人的经营状况、信用情况等与借款人协商确定。

（二）金融信贷优惠政策

1. 2019 年 11 月 1 日，金融机构依据国家税务总局、中国银保监会下发《关于深化和规范"银税互动"工作的通知》，对小型企业、微型企业和个体工商户发放小额贷款取得的利息免征增值税，促进"银税互动"发展。

2. 2019 年对金融机构加大支农、支小再贷款、再贴现政策支持，发挥了扶贫再贷款政策导向作用，积极开展"两增"和"两控"指导普惠金融，力争将普惠型小微企业贷款不良率控制在不高于各项贷款不良率 3 个百分点以内，巩固了 2018 年银行业小微企业贷款减费让利成效，继续将普惠型小微企业贷款利率保持在合理水平。[①]

3. 2020 年我国累计设立了 1.8 万亿元的低息专项再贷款和再贴现资金，

---

① "两增"是指普惠型小微企业贷款较年初增速不低于各项贷款较年初增速，有贷款余额的户数不低于年初水平。"两控"要求合理控制小微企业贷款资产质量水平和贷款综合成本。

对 7.3 万亿家的小微企业贷款实行了延期还本付息的政策，发放了 4 万亿元的小微企业无抵押的信用贷款。对产业链、供应链上的中小微企业发放了 2.3 万亿元的应收账款质押贷款。①

4. 逐步降低普惠金融市场利率。2019 年 6 月 26 日，国务院确定进一步降低小微企业融资实际利率的措施，决定开展深化民营和小微企业金融服务综合改革试点。8 月 16 日，国务院部署运用市场化改革推动利率水平降低，解决中小企业"融资难"问题。8 月 17 日，中国人民银行发布改革完善贷款市场报价利率（LPR）形成机制公告，进一步推动贷款利率市场化。9 月 29 日，中国银保监会、中国人民银行发布《2019 年中国普惠金融发展报告》，提出建立差异化的信贷利率定价机制，各商业银行必须考虑资金成本、运营成本、服务模式以及担保方式等因素，合理确定其利率定价水平，实施差异化利率定价方式，进一步加大了贷款利率压降力度。

（三）特别优惠帮扶政策

如表 8－1 所示，金融机构在疫情期间发行的小微企业金融债券规模大幅超过 2019 年，支持中小微企业通过债券、票据等融资，总的融资额度已经达到 1 800 亿元以上，一定程度上缓解了小微企业、"三农"机构和个体工商户在疫情期间的融资难问题。

表 8－1　国务院帮扶政策一览

2020 年 1 月 9 日	适时预调微调，缓解民营企业、小微企业融资难融资贵，保证市场流动性合理充裕，促进扩大就业和消费
2020 年 2 月 5 日	用好专项再贷款政策，支持银行向重点医疗防控物资和生活必需品生产、运输和销售的重点企业包括小微企业，提供优惠利率贷款，由财政再给予一半的贴息，确保企业贷款利率低于 1.6%

① 陈雨露：《2021 年普惠小微企业贷款将会增长 30% 以上》，摘自《人民网》，2021 年 3 月 10 日。

续表

2020 年 2 月 25 日	确保了按市场化、法治化原则，加大对中小微企业复工复产的金融支持措施： 1. 鼓励金融机构根据企业申请，对符合条件、流动性遇到暂时困难的中小微企业包括个体工商户贷款本金，给予临时性延期偿还安排，付息可延期到 6 月 30 日，并免收罚息。湖北省境内各类企业都可享受上述政策。 2. 增加再贷款、再贴现额度 5 000 亿元，重点用于中小银行加大对小微企业信贷支持。同时，下调支农、支小再贷款利率 0.25 个百分点至 2.5%。6 月底前，对地方法人银行新发放不高于贷款市场报价利率加 50 个基点的普惠型小微企业贷款，允许等额申请再贷款资金。鼓励引导全国性商业银行加大对小微企业信贷投放力度，努力使小微贷款利率比上年有明显下降。国有大型银行上半年普惠型小微企业贷款余额同比增速要力争不低于 30%。政策性银行将增加 3 500 亿元专项信贷额度，以优惠利率向民营、小微企业发放
2020 年 3 月 10 日	畅通产业链资金链，推动各环节协同复工复产： 1. 引导金融机构增加外贸信贷投放，落实好贷款延期还本付息等政策，对受疫情影响大、前景好的中小微外贸企业可协商再延期。 2. 引导金融机构主动对接产业链核心企业，加大流动资金贷款支持，给予合理信用额度。支持核心企业通过信贷、债券等方式融资后，以预付款形式向上下游企业支付现金，降低上下游中小企业现金流压力和融资成本。支持企业以应收账款、仓单和存货质押等进行融资。适当降低银行对信用良好企业的承兑汇票保证金比例
2020 年 3 月 31 日	强化对中小微企业普惠性金融支持措施： 1. 增加面向中小银行的再贷款再贴现额度 1 万亿元，进一步实施对中小银行的定向降准，引导中小银行将获得的全部资金，以优惠利率向量大面广的中小微企业提供贷款，支持扩大对涉农、外贸和受疫情影响较重产业的信贷投放。支持金融机构发行 3 000 亿元小微金融债券，全部用于发放小微贷款。 2. 引导公司信用类债券净融资比上年多增 1 万亿元，为民营和中小微企业低成本融资拓宽渠道。 3. 鼓励发展订单、仓单、应收账款融资等供应链金融产品，促进中小微企业全年应收账款融资 8 000 亿元。 4. 健全贷款风险分担机制，鼓励发展为中小微企业增信的商业保险产品，降低政府性融资担保费率，减轻中小微企业综合融资成本负担

注：嘉木制表。

三、金融机构支持普惠金融发展

（一）大中型国有银行助力普惠信贷

2018 年 3 月，中国银保监会明确提出要发挥大型银行"量增价降"的

"头雁"作用，引导国有商业银行扩大信用贷款，增加首贷户的比例和金额，推广随借随还贷款产品，使资金更多流向科技创新、绿色发展，更多流向小微企业、个体工商户、新型农业经营主体和贫困人群，对受疫情持续影响行业、企业和个人给予定向支持，积极践行普惠金融。中国工商银行、中国农业银行、中国银行和中国建设银行阶段性完成"小微企业贷款增长 30% 以上"目标，多次出台促进普惠金融发展的惠民措施，引导金融机构加大对"三农"机构、小微企业、民营企业和个体工商户的金融支持力度，推动普惠金融向更深层次推进。

根据数据显示，截至 2019 年 12 月末，中国银行普惠贷款余额比年初新增 1 055 亿元，增幅达 35.4%。中国工商银行普惠贷款余额较年初增长 48%，高于各项贷款平均增幅近 39 个百分点，还发布"万家小微成长计划"，全面推出以"融资 + 融智 + 融商"为核心的普惠金融服务 2.0 版本。中国农业银行普惠型小微企业贷款余额为 5 109 亿元，比 2018 年增长 36.45%。中国建设银行普惠金融贷款余额为 9 025.84 亿元，较年初新增 2 925.09 亿元，先后推出面向小微企业的惠懂你移动端融资平台、个体工商户经营快贷、云电贷、抵押快贷、交易快贷等多项创新产品。

2020 年 3 月，中国银保监会明确提出要发挥国有大型银行"量增价降"作用。2020 年中国工商银行、中国农业银行、中国银行和中国建设银行阶段性完成"小微企业贷款增长 30% 以上"目标，多次出台促进普惠金融发展的惠民措施，加大对"三农"机构、小微企业、民营企业和个体工商户的金融支持力度。根据数据显示：2020 年上半年，全国银行业新发放普惠型小微企业贷款利率为 5.93%，较上年全年利率水平下降 0.77 个百分点，其中五家国有大型银行新发放此类贷款利率为 4.25%，体现出了降成本"头雁"作用。

▶▶▶【案例】

2020 年上半年，中国建设银行普惠型小微企业贷款余额达 1.26 万亿元，至 6 月末已为约 8 万户小微企业延长还款期限。截至 12 月底，中国建设银行"小微快贷"已累计为 168 余万户小微企业提供贷款支持超 4.3 万亿元。

2021 年 3 月 10 日，中国监管机构再次承诺小微企业贷款延期还本付息的政策将得到延续，工行、农行、中行、建行 4 家国有大型商业银行的普惠小微贷款将会增长 30% 以上。

（二）中小银行、保险公司发挥普惠功效

1. 我国众多股份制银行积极推进普惠金融，招商银行、民生银行、兴业银行、光大银行等股份制银行相继成立普惠金融部，积极开展普惠金融业务。针对小微企业"短、小、频、急"的资金需求，城商行、农商行、农村信用社、村镇银行等中小银行贴近城镇社区，深入偏远地区，扎根当地，服务"三农"，促进地方经济发展，收效显著。从 2020 年全国小微企业贷款余额看，贡献最大的就是农村金融机构，占比超过三分之一，加上城商行，占比更是超过二分之一，成为农村普惠金融主力军，支持疫情防控和复工复产，助力"六稳""六保"，在普惠金融拓展方面交上了不俗的答卷。

>>> 【案例】

2020 年上半年，中国光大银行为医疗卫生和生活物资保障相关企业累计投放表内外授信近 900 亿元，对批发零售、住宿餐饮、物流运输、文化旅游四大受困行业提供表内外融资支持超 1 500 亿元。截至 2020 年 6 月末，光大银行制造业贷款余额较年初增长 11.32%；民营企业授信余额已达 1.14 万亿元，较年初增速超 15%。为此，中国光大银行在 2020 年 8 月中国银行业协会 2019 年中国银行业社会责任百佳评选结果中荣获"最佳普惠金融成效奖"。

2. 疫情期间，我国利用信用保证保险的融资增信作用，通过"保险 + 贴息"方式，创新"银政保"协同模式，各类农业保险、农村小额人身保险、涉农小额贷款保证保险向贫困地区倾斜，开辟了一条独特的保险行业支持普

惠金融之路，也为今后保险助力农村普惠金融带来想象空间。

3. 下调中小银行拨备覆盖率，扩大小微企业生存空间。2020 年 4 月 21 日，国务院常务会议决定提高普惠金融考核权重和降低中小银行拨备覆盖率，不仅将普惠金融在银行业金融机构分支行综合绩效考核指标权重提升至 10% 以上，还将中小银行拨备覆盖率下调 20 个百分点，释放更多信贷资源，提高服务小微企业能力。

（三）其他六类准金融机构发挥差异化补充作用

疫情期间，其他六类准金融机构，诸如小额贷款公司、典当行、融资租赁公司、商业保理公司、融资担保公司以及地方资产管理公司积极发挥差异化作用，开发线上产品，大幅缩短融资周期，减轻金融机构信贷压力，有效缓解了小微企业"融资难、融资贵、融资慢"问题，起到拾遗补差作用。

四、农村数字化金融有序推进

当今世界，发展数字农业已成为全球共识，各国政府相继推出了数字农业发展计划。例如，美国搭建人工智能战略实施框架，提出智慧农业研究计划，欧盟发布"地平线 2020 计划"，提出利用对地观测技术为小农户搭建智慧服务平台。荷兰《数字化战略》明确数字化技术在开放式耕种、精准农业、温室园艺、畜牧养殖以及生产链各环节的应用。日本发布"机器人新战略"，启动基于智能机械 + IT 的"下一代农林水产业创造技术"，朝着数字化、智能化方向重构农业生产经营模式。根据国际咨询机构研究与市场预测，2025 年全球智慧农业市值将接近 300 亿美元。

我国农业农村部顺应数字化发展新趋势，突出数字农业农村建设的战略地位，与中央网信办联合印发《数字农业农村发展规划（2019—2025 年）》，对加快建设农村数字经济，弥合城乡"数字鸿沟"，形成新的农业生产关系的性质和形式，助推农业生产集约化布局，倒逼小农经济向规模化方向发展，建立最快速度、最短距离、最少环节的流通路径，努力克服我国农业数字化发展基础比较薄弱、数据覆盖率低、数字资源分散等弱点，补齐数字化"短板"，重点以"五化"为抓手，推进农业农村数字化，确保农业农村生产经营模式与互联网时代匹配。

（一）构建农业农村基础数据资源网

统筹建设农业自然资源、重要农业种质资源、农村集体资产、农村宅基地、农户和新型农业经营主体五类大数据，形成我国农业农村基础数据资源体系，加快生产经营数字化改造，为农业农村精准管理和服务提供了有力支撑。

（二）推进农业生产种植网络化

近年来，在黑龙江、北京、江苏等省市分别开展了大田种植、设施园艺、畜禽水产养殖国家物联网应用示范工程，安徽、上海、天津等9省市也开展了农业物联网区域试验示范工程，持续推进了"畜禽规模养殖信息云平台"和"数字奶业信息服务云平台"建设，全面实施农牧业动态监控管理系统，推动农产品生产标准化、标识化、可溯化，发展数字农情，构建农牧产品监管溯源与数据采集机制，推进农牧种业数字化，深度应用农牧种业大数据，推动农业农村全方位、全角度、全链条数字化改造，加强农产品柔性加工、区块链＋农业、人工智能、5G等新技术基础研究和攻关，不断加强互联网技术布局，形成一系列数字农业战略技术储备和产品储备，开展3S、智能感知、模型模拟、智能控制等技术应用，推进种植业生产经营智能管理，建立信息抓取、多维度分析、智能评价模型，开展涵盖科研、生产、经营等种业全链条的智能数据挖掘和分析，建设农业病虫害测报监测网络和数字植保防御体系，推动智能感知、智能分析、智能控制技术在大田种植上的集成应用，建设智能服务平台。

（三）拓展农业经营信息化

开展标准化生产、网络化经营是未来我国农业农村发展的一个趋势。2019 年，全国农村电商接近 1 000 万家，累计建设县级电子商务服务中心和县级物流配送中心 1 200 多个，乡村服务站 8.7 万多个，快递网点已覆盖乡镇超过 3 万个，快递网点乡镇覆盖率达 97.03%，农产品网络零售额达 2 674 亿元，农村网络零售额达 1.92 万亿元，创新发展的势头迅猛。因此，通过网络化就可以将分散的农民组织起来，实施"互联网＋"农产品出村进城工程，推动大数据赋能农村实体店，加强市场网络信息发布，打通农产品线上线下营销通道，帮助农民解决"春天种什么对、秋天卖什么贵"等问题。

（四）推进乡村治理数字化

近年来，农业农村部会同有关部门积极推动乡村治理数字化建设，推进"阳光村务工程"。2018 年，全国各地利用专用财务软件处理财会业务的村共 38.8 万个，占总村数的 66%，实施了信息进村入户工程，在全国建成了 27.27 万个益农信息社。当然，从总体上看，全国乡村数字治理基础设施还很薄弱，治理水平偏低，远没有达到数字化治理水平，所以发展数字农业农村是建设数字中国的一个未来趋势。特别是疫情期间，交通不便，人员交流受限，农村经济数字化恰逢其时，有利于催生新业态新模式，推进产业数字化、数字产业化，释放数字对农业农村经济放大、叠加、倍增作用，逐步实现信息发布、民情收集、议事协商、公共服务等村级事务网上运行，推动村务、财务网上公开，弥合城乡数字鸿沟，让农业、农村、农民共享数字经济发展红利，为数字中国建设提供有力"田野"支撑。

（五）打造全产业链乡村经济

依托乡村特色优势资源，保证产业链、供应链稳定，增加和健全农村社区网上服务站点，结合人居环境整治提升行动，推动"产业链＋互联网＋社区"向农村延伸，为县域及农村产业发展提供巨大驱动力，实现2021年《政府工作报告》提及的"创新供应链金融服务模式"，打通贫困地区农户、"三农"机构、农村双创组织享受政府关怀的"最后一公里"。

五、鼓励普惠金融创新与试点

（一）政府推广宽松信贷政策

2020年《政府工作报告》鼓励银行敢贷、愿贷、能贷，大幅增加小微企业信用贷、首贷、无还本续贷，2021年《政府工作报告》进一步明确了鼓励资金流向包括"科技创新"和"绿色发展"重点领域，帮扶对象从小微企业扩展到小微企业、个体工商户、新型农业经营主体，定向支持受疫情持续影响企业和贫困人员，首次提出"推广随借随还贷款"，使企业和贫困人员在授信额度内随时提款，有钱后随时提前还款，不用按固定授信额度提款和计息，有效降低小微企业和贫困人员的融资成本。

（二）国家级普惠金融试验区兴起

1. 2019年12月，国务院再次批准福建省宁德市、龙岩市和浙江省宁波市创建普惠金融改革试验区，加上2016年批复的河南兰考，国家级普惠金融改革试验区增加至4个。

2. 2020年9月14日，经国务院同意，人民银行联合国家发展改革委、工业和信息化部、财政部、农业农村部、银保监会等部门分别向江西省人民政府、山东省人民政府印发《江西省赣州市、吉安市普惠金融改革试验区总体方案》和《山东省临沂市普惠金融服务乡村振兴改革试验区总体方案》。至此，国家级普惠金融改革试验区增加至7个，为2021年全国普惠金融改革试点积累了可复制、可推广的先进经验。

➤➤➤【案例】

"江西方案"提出健全多层次多元化普惠金融体系，强化对乡村振兴和小微企业的金融支持，加强风险管理和金融生态环境建设等5个方面21项任务措施，在试验区基本建成与高质量发展要求相匹配的普惠金融服务体系，持续优化的金融基础设施。

"山东方案"提出推动农村金融服务下沉，完善县域抵押担保体系，拓宽涉农企业直接融资渠道，提升农村保险综合保障水平，加强乡村振兴重点领域金融支持和优化农村金融生态环境等七个方面26项任务措施，打造普惠金融支持乡村振兴齐鲁样板的"沂蒙高地"。

（三）开辟普惠金融创新试点

为落实《金融科技（FinTech）发展规划（2019—2021年）》，中国人民银行探索包容审慎、富有弹性的创新试错容错机制，划定刚性底线、设置柔性边界、预留充足发展空间。2019年4月批复在上海市、重庆市、深圳市、河北雄安新区、杭州市、苏州市6地金融科技创新监管试点，探索运用金融科技手段赋能"惠民利企"，纾解小微企业融资难问题，解决普惠金融"最后一公里"。

（四）互联网金融平台开发创新模式

2019年8月8日，国务院办公厅发布《关于促进平台经济规范健康发展的指导意见》，从五个方面入手，优化完善市场准入条件，降低企业合规成本，鼓励发展平台经济新业态，加快培育新的增长点，特别是对"助贷"机构准入条件提出要求，细化政策落实标准，规范普惠金融行业发展。

作为普惠金融的最早实践者，平安普惠、腾讯金融、百度金融、宜信、乐信集团、微众银行、新网银行、网商银行中和农信等多家互联网金融机构和平台，在2019年为普惠金融提供了诸多金融服务，贡献了宝贵经验和优质客户，不断加强大数据、人工智能、区块链等新技术研发，用金融科技手段提升服务中小微企业效率，助推实体经济发展。

▶▶【案例】

蚂蚁集团与山东省日照五莲县签署合作协议后，采用"政府＋蚂蚁金服＋合作银行＋运营商"合作模式，通过建立县乡村三级联动推进机制等方式，实现业务培训、平台搭建、产品上线，完成了"五莲普惠"项目的落地和推广工作，扩大了县域涉农普惠金融规模，弥补了农村普惠金融短板，为当地农民带来了便捷的信贷，为乡村振兴注入了金融活水。

正是凭借"心向小微，服务实体，普惠大众"初心，互联网金融机构和平台着力打通普惠金融服务"最后一公里"，开展线上数字化普惠金融，有效覆盖"长尾"群体，推进普惠金融向更深、更远方向发展。

▶▶【案例】

平安普惠2019年利用金融科技打造开放的聚合借贷服务模式，将普惠信贷中的环节拆分解构，形成获客、数据、风控、资金、增信等独立的业务"节点"，依托金融科技搭建统一平台，将在不同节点上各有所长的机构连接起来，形成有机生态体系的普惠信贷业务模式，解决小微群体从"0"到"1"融资难的问题，再从场景无感接入、大数据建模、智能科技、增信引擎、资金引擎等方面入手，提升使金融服务效率，一定程度上解决了普惠金融"最后一公里"的问题。

六、金融科技与普惠金融加速融合

（一）用金融科技复工复产

2020年，大数据、人工智能、云计算快速发展，催生数字技术与普惠金融服务不断融合，带动我国普惠金融数字化转型，加之新冠肺炎疫情助推数字科技延伸至"无接触金融"，普惠金融不仅在经济较为发达的城市，在偏远农村地区也得到了广泛运用，给乡村农户带来了更多的金融体验。2月26日，中国人民银行发布《关于加大再贷款、再贴现支持力度促进有序复工复产的通知》；3月2日，中国银保监会、中国人民银行、国家发展改革委、工业和信息化部、财政部发布《关于对中小微企业贷款实施临时性延期还本付息的通知》。

2020年6月1日，中国人民银行、中国银保监会、财政部、国家发展改革委和工信部发布《关于进一步对中小微企业贷款实施阶段性延期还本付息的通知》；6月3日，中国人民银行、中国银保监会等八部门发布《关于进一步强化中小微企业金融服务的指导意见》，进一步完善扶贫小额信贷有关政策。9月16日，中国人民银行办公厅发布《关于落实好中小微企业贷款延期还本付息和小微企业信用贷款支持政策的通知》，进一步缓解了中小微企业资金紧张局面。

（二）用立法保护金融科技

1. 2020年7月21日，中国银保监会印发《商业银行互联网贷款管理暂行办法》，明确了互联网贷款小额、短期的原则，对消费类个人信用贷款授信设定限额，在资金用途、贷款支付、风控模型、消费者权益保护方面提出新监管要求。

2. 2020年8月20日，最高人民法院颁布《关于审理民间借贷案件适用法律若干问题的规定》，民间借贷迎来史上最严"利率红线"，以"4倍LPR"取代了"24%和36%为基准的两线三区"的规定。具体地讲，以2020年7月20日发布的一年期贷款市场报价利率3.85%的4倍计算为例，民间借贷利率的司法保护上限为15.4%，大幅调整了民间借贷利率的司法保护上限。

3. 2020 年 9 月 7 日，中国银保监会发布《关于加强小额贷款公司监督管理的通知》，要求小额贷款公司通过银行借款、股东借款等非标准化融资形式融入资金的余额不得超过其净资产的 1 倍；通过发行债券、资产证券化产品等标准化债权类资产形式融入资金的余额不得超过其净资产的 4 倍；小贷公司贷款不得用于股票、金融衍生品、房地产市场等违规融资。

4. 2020 年 10 月，中国人民银行下发了《个人金融信息（数据）保护试行办法》征求意见稿，重点涉及完善征信机制体制建设，将对金融机构与第三方之间征信业务活动作出明确规定，加大对违规采集、使用个人信息的惩处力度。

5. 2020 年 11 月 2 日，中国银保监会、中国人民银行联合发布《网络小额贷款业务管理暂行办法（征求意见稿)》，首次对小额贷款业务进行了相关限制。至此，网络小额贷款公司正式纳入我国金融监管体系。

（三）开启金融科技监管元年

2020 年是被市场称为"金融科技监管元年"，普惠金融和金融科技加速融合，新业务、新技术大量涌现的同时也出现了新的安全风险，传统金融监管模式已经难以满足监管需要，金融监管的方式不断探索，如"监管沙盒"的创新模式应运而生。2021 年，监管层要求无论任何业态的普惠金融业务，都要按照相应的规则规范、法律法规管理，不能有例外，目的是维护公平竞争的普惠金融市场环境，强化反垄断和防止资本无序扩张，确保普惠金融创新在审慎监管的前提下进行。

（四）普惠金融大众教育不断加强

在政府相关部门以及金融机构的共同推动下，金融教育是培育普惠金融文化的主要渠道，全国各监管部门、金融机构在线上线下推出的丰富多彩的金融知识普及材料，培养了金融消费者的风险意识、信用意识和契约精神，还加强了对金融从业人员的宣传教育，强化了重视消费者权益保护的理念。

▶▶【案例】

2019 年 9 月，中国银保监会与中国人民银行、中国证监会、国家网信办四部门首次联合开展了"金融知识普及月，金融知识进万家，争做理性投资者，争做金融好网民"宣传活动，银行系统和保险机构共投入宣传人员 461 万人次，覆盖银行保险机构营业网点 30.7 万个，开展各类活动 29.3 万次，发放资料 1.8 亿份，发布和转发微信信息 5 837 万条次、微博近 900 万条次，受众消费者 9 亿人次，起到了很好的教育和宣传作用。

第二节　普惠金融监管未来趋势

一、普惠金融立法进一步完善

（一）加强金融消费者隐私保护

近年来，个人数据处理的数量、速度和种类有了快速增长，在提高消费者金融服务可得性的同时也带来了隐私保护隐患。因此，针对普惠金融模式创新特点，未来几年进一步完善金融消费者权益保护的法律法规，特别是探索建立金融消费者个人数据保护和隐私规则，强调身份识别系统的保密性、安全性，适时推出《金融消费者隐私权保护条例》，解决与数字金融服务相关的法律问题，强调身份识别系统的保密性、安全性，解决与数字金融服务相关的法律问题，选择合适时机推出正式版本。

（二）加快制定普惠金融部门法规

1. 继续加大对"非法放贷""非法集资"和"非法经营行为"惩处力

度，年内出台《关于办理非法放贷刑事案件若干问题的意见实施细则》，强化对资金贷前、贷中、贷后管理中违法行为监测，营造公平的普惠金融信贷环境。

2. 尽快出台《非存款组织条例》，进一步补齐普惠金融监管制度短板。同时，加快制定普惠金融创新领域的部门法规制定，诸如《非存款组织条例》《助贷业务监管暂行办法》，进一步补齐普惠金融监管制度短板。

3. 尽快颁布《个人信息保护条例》。目前，我国尚未建立成熟可行的个人信息保护体系，尤其针对农民、城镇低收入人群、贫困人群、老年人等金融知识欠缺和金融保护意识较弱的群体，个人信息安全与保护尤其要加强，这将成为 2021 年面临的一大挑战。

4. 继续加大对非法放贷、非法集资和非法经营行为惩处力度，强化对普惠金融贷前、贷中、贷后管理中违法、违规行为监测，不排除年内出台《关于办理非法放贷刑事案件若干问题的意见实施细则》，进一步解决普惠金融信贷领域遇到的新问题，树立国家统一监管的权威性，营造公平有序的借贷环境。

5. 继续研究互联网保险业务监管制度性安排。我国现行互联网保险监管规定主要是 2015 年 10 月由原中国保监会发布的《互联网保险业务监管暂行办法》。随着互联网金融和金融保险科技迅速发展，互联网保险领域出现了不少新问题，因此，2020 年 9 月 28 日《互联网保险业务监管暂行办法》（征求意见稿）向社会公开征求意见，预计后续还要继续修改和完善，选择合适时机推出正式法律版本。

最后还要正确处理这些部门法规与《民法典》之间的关系。《民法典》编纂虽然采取的是民商合一的立法体例，但并非所有商事法律均已纳入《民法典》，而是将大量商事单行法作为特别法保留在《民法典》之外。不少金融单行法是在没有《民法典》的背景下制定的，根据特别法优于一般法的适用原则，应该先适用这些单独的金融法律。

当然，也有例外情形。最高人民法院于 2019 年 11 月发布的《全国民商事审判会议纪要》在坚持特别法优于一般法的前提下，规定了若干例外情形，以防止原《民法总则》对《公司法》所作的修改被完全架空。由此可见，如何正确处理《民法典》与部门法律及其司法解释之间的关系仍然是一个值得关注的问题。

二、普惠金融信贷利率总体趋低

（一）政府鼓励信贷利率稳中有降

2019 年 8 月新的 LPR 改革推行以后，银行业利率持续走低，随后为应对疫情冲击，支持"六稳""六保"，银行机构面向实体经济融资价格进一步下降。根据中国银保监会《2019 年中国普惠金融发展报告》显示，2019 年上半年新发放的普惠型小微企业贷款平均利率为 6.82%，较 2018 年全年平均利率下降 0.58 个百分点。金融系统向实体经济让利 1.5 万亿元，普惠金融战略重点将聚焦到消灭绝对贫困，在监管政策和数字技术的双重驱动下，普惠金融在推动信贷利率降低方面得到了进一步强化。

但是，随着宏观经济形势逐渐恢复，2020 年整个市场利率有所回升。民间借贷利率"两限三区"产生了新的要求，民间借贷利率上限的调整势在必行。为此，最高人民法院 8 月 20 日宣布以中国人民银行授权全国银行间同业拆借中心每月 20 日发布的一年期贷款市场报价利率（LPR）的 4 倍为标准确定民间借贷利率的司法保护上限，取代原《关于审理民间借贷案件适用法律若干问题的规定》中"以 24% 和 36% 为基准的两线三区"的规定，大幅度降低民间借贷利率的司法保护上限。例如，以 2020 年 7 月 20 日发布的一年期贷款市场报价利率 3.85% 的 4 倍计算，民间借贷利率的司法保护上限为 15.4%，相较于过去的 24% 和 36% 有较大幅度的下降，分别下降了 8.6% 和 20.6%，可谓是大幅下调了民间借贷利率上限，进一步接近我国经济社会发展实际水平和市场信贷利率水平。

现行民间借贷利率设定的24%司法上限，是2015年8月6日最高人民法院以司法解释确定的，依据的是不超过国家正规金融机构利率的4倍。当时商业银行普遍基准利率在6%左右，从这个利率水平演化为24%的民间借贷利率上限，基本适合当时金融市场实际利率水准。但是，目前金融机构基准利率比2015年至少下降了30%左右，如果还继续维持24%的民间借贷利率上限，显得与当前金融市场实际利率水准和经济发展形势格格不入。以消费类信贷为例，信用卡贷款年化利率通常在18%左右，消金公司贷款利率通常在20%～24%，消金公司分期付款利率通常在15%～20%，花呗和借呗的常规利率通常在16%左右。况且，受到本次疫情影响，小微企业、个体经营户普遍艰难，获利能力下降，因此，无论是经营类贷款还是消费类贷款，现行的36%或24%的定价都是偏高的，加之中国人民银行自疫情以来已多次降准推低利率水平，民间借贷利率必须与当前不断降低的国有银行贷款利率相匹配。所以，适度调低民间借贷利率也是有说服力的，可以让更多的社会低收入群体、小微企业分享到金融市场改革红利，可降低中小微企业的融资成本，引导整体市场利率下行，有助于实体经济长期可持续发展。

2021年《政府工作报告》专门提出"适当降低小微企业支付手续费。优化存款利率监管，推动实际贷款利率进一步降低，继续引导金融系统向实体经济让利。今年务必做到小微企业融资更便利、综合融资成本稳中有降"。显然，让利实体经济、降低小微企业实际贷款利率仍是金融业开展融资服务的主基调，并对小微企业融资便利度提出了更高要求。[①] 这透露出未来低利率或将保持常态，特别是随着国有大中型银行普惠金融信贷利率将进一步降低，我国稳中趋低的利率方向发展应该是大概率事件。

---

① 参见：《瞭望农商银行发展新机遇，聚焦政府工作报告的十大关键词》，摘自《中国农村金融》，2021年3月5日。

（二）金融科技促进利率继续趋低

借助大数据、云计算等现代信息技术手段，金融机构通过设立手机银行、网上银行、电子银行、直销银行的方式，打破物理网点约束，掌握产品设计、生产制造、设备管理、运营服务等数据信息，倡导低利率普惠型小微金融，不断降低金融产品的利率水平。根据中国银保监会初步统计测算：金融机构贷款总量大幅增加的同时，贷款利率则在不断下降。2020年新发放的小微企业贷款平均利率为5.88%，比2019年下降0.82个百分点。由于贷款利率走低，全国金融系统2020年向实体经济让利1.5万亿元，其中服务收费让利3 600亿元，深受全国小微企业、农户、乡村小企业以及"三农"机构欢迎。

三、数字化监管进一步启用

（一）深化差异化监管

金融业与风险相伴相生。随着经济下行压力加大，金融机构信用风险压力加大。目前来看，部分金融机构很难依靠自身的力量达到风控监管和金融科技要求。2021年中国银保监会工作会议提出金融机构应回归本源、专注主业，从根本上遏制脱实向虚，建立有效的治理制衡机制，完善公司治理体系，加强市场约束，规范股东行为，优化股权结构，增强资本实力。

因此，推动金融监管技术标准化、数据治理、管理与应用标准逐步落地，在普惠金融系统、架构、接口、数据形成行业标准，逐步对接各省市自治区的"三农"机构、小微企业和个体工商户，进一步优化普惠金融考核目标，在监管模式、监管手段、监管法规凸显差异化导向，促使互联网金融平台优胜劣汰，减少恶性竞争，切实为小微企业和实体经济服务是2021年守住不发生系统性风险的底线。

（二）开启监管沙盒试点

2020 年 1 月 14 日，为落实《金融科技（FinTech）发展规划（2019—2020）》、《国务院关于全面推进北京市服务业扩大开放综合试点工作方案的批复》，北京市在央行支持指导下率先展开金融科技试点，开启全国金融委办公室地方协调机制，中国人民银行对 6 个拟纳入金融科技"监管沙盒"创新试点向社会公开征求意见。从相关文件来看，试点重点强调了"包容审慎"的监管框架，将"刚性底线"与"柔性边界"结合，为金融科技行业创新带来契机，对符合条件的普惠金融领域有关贷款实行免征增值税、印花税，减征企业所得税，防范各地金融风险，发挥货币财政政策的协同效应。

因此，不排除 2021 年我国普惠金融领域开始小规模实行"监管沙盒"试点，继续推广普惠金融监管沙盒试点范围，融合创新，培养一批优秀的普惠金融试点示范城市和项目，不断降低迭代和试错成本，出台更多的行业准入标准，逐步建立普惠金融监管认可的标准，旨在纾解小微企业融资难融资贵的问题，对符合条件的普惠金融领域有关贷款实行免征增值税、印花税，减征企业所得税，重点拓展人工智能、3D 传感器、人脸（指纹）识别技术、人工智能、场景化发展、机器学习、自然语言处理、交易风控、市场检查、舆情分析等场景应用，融合创新，培养一批普惠金融试点示范项目和城市，不断降低迭代和试错成本，逐步确定普惠金融监管认可的行业标准。

（三）小微企业成为重点普惠对象

2018 年 6 月 24 日，中国人民银行、中国银保监会发布了《中国小微企业金融服务报告（2018）》，这是我国政府相关部门首次公开发布的小微企业金融服务白皮书，进一步改进小微企业金融服务思路，提出了八项具体措施，贯彻落实"竞争中性"原则，优化小微企业金融资源配置，拓宽小微企业资本补充渠道，提高小微企业经营能力和融资能力。2019 年 4 月 7 日，国务院办公厅印发了《关于促进中小企业健康发展的指导意见》，从营造良好发展环境、完善财税支持政策、强化监管统筹协调六个方面入手，提出23条针对性更管用的新措施，国有商业银行2019年中小企业贷款增长30%以上，使中小企业融资紧张状况有所缓解，提振中小企业发展。2019年12月24日，国务院发布《关于进一步做好稳就业工作的意见》，要求金融监管部门、金融机构落实普惠金融定向降准政策，支持小微企业稳定就业工作。截至2020年12月，我国通过财政金融政策措施一共为3 200多万户的小微企业、个体工商户及时给予了融资的支持，融资的利率和费用显著下降。①

显然，科技与金融的深度结合将进一步助推普惠金融走深、走实。中国人民银行2019年8月印发的《金融科技（FinTech）发展规划（2019—2021年）》，明确未来金融科技工作的发展目标，重点拓展云计算、大数据、人工智能等信息技术的应用，推进智能化、场景化发展，落实机器学习、自然语言处理、知识图谱技术在交易风控、市场检查、文本提取、舆情分析等在普惠金融领域的应用，尤其是3D传感器、"数字身份"、人脸识别技术、指纹识别技术将扩展到小微企业普惠金融，深度介入银行小微信贷的贷前、贷中、贷后全流程，在远程开户、线上支付、保障网络转账中发挥更大的支撑作用。

显而易见，金融科技未来将更有效地解决小微企业融资难题，以可负担的成本及时地为小微企业提供有效的金融服务，进一步缩减融资成本，缩小数字鸿沟，解决小微企业长期面临的成本高、收益不足、效率和安全难以兼顾的问题。

四、金融科技成为普惠金融重要工具

目前线上信贷风险审核涉及的生物识别、人工智能等新兴技术还不能完全替代人工判断，现阶段金融科技网络技术的有效性和可靠性尚待实践检验，

---

① 陈雨露：《2021年普惠小微企业贷款将会增长30%以上》，摘自《人民网》2021年3月10日。

对应的数据模型、风险参数也需在实践中不断修正和完善，甚至不排除"试错纠偏"的可能性。所以，我们应该遵循金融业务规则和风险管理内在要求，不能因采用线上模式而降低风险管控标准，保持监管一致性，防止监管套利，避免"劣币驱逐良币"，继续提高普惠金融服务效能，关注金融科技对普惠金融三方面影响。

（一）金融科技推进普惠金融发展逻辑性

金融科技有助于普惠金融从模式创新转向制度创新。我们知道，金融科技和普惠金融的深度融合既顺应数字化时代要求，也是解决普惠金融现实难题的重要手段，移动互联网、大数据、云计算、智能终端等数字技术的发展，消除了时间和空间限制，促进了信息共享，扩大了金融服务覆盖面，提高了中小企业金融可得性，为中小微企业和普惠金融的发展提供了新思路。

过去十几年中，金融科技通过新方法已经为我们解决了越来越多金融市场新问题，越来越多的场景得到了实际使用，资源不断得到共享，同时信息安全越来越有保障，风控不断得到加强，引导市场参与者走向合规，降低了交易成本和金融准入门槛，所有市场主体意识到金融科技是金融市场的重要生产力，不仅能够产生经济效益，更能够规范金融秩序，让金融市场走得更远、更长久。

以打造数字普惠金融生态圈为例。近年来，金融界、科技界携手合作，加快金融与科技融合创新，金融机构、互联网机构、实体企业发挥各自优势，利用数字技术等优势，协同攻关，将先进技术运用到经济金融领域，加快产品创新，扶持特色产业，从数字支付走向数字信贷以及数字理财，经历了从传统微型信贷到电商、村淘、供应链金融过程，既取得了良好的社会效益，也为自己开拓了一片市场，切实加快了金融与科技的融合创新的步伐，构建起数字普惠金融、网络公益生态体系。

显然，这一切都是金融科技的力量。通过金融科技提升了商业银行、互联网金融平台以及互联网机构金融服务的效率，金融科技已经从民间非金融机构服务为主，转向以金融机构与互联网金融平台共同开展普惠金融业务并重的格局，代表了我国普惠金融未来的发展方向。

（二）金融科技产生普惠金融风险关联性

2018 年整个金融科技是以监管科技为引领，技术创新企业都纷纷转向监管服务，比如 BATJ 都将自己的技术与地方监管服务机构合作，搭建新的监管平台和监管系统。虽然金融科技促进普惠金融发展，可以对账户服务、存款服务、支付服务、汇兑服务、投保服务进行指导，在一定程度上缓解了弱势群体和小微企业"融资难、融资贵"问题，大幅降低了金融机构服务成本，提高了普惠金融服务效率。但是，金融科技并不是万能的，即便是大数据、云计算、人工智能和区块链建立的风险防控模型也不能改变金融固有规律，无法根除金融市场各种风险。过去十几年中，我们经历了金融科技的探索发展，有过不少经验和教训，出现过不少非法金融活动就是一个明证。

在金融市场层面，科技创新的应用普及给金融隐私保护带来更多风险挑战。金融数据的高价值导致隐私信息买卖的市场需求巨大、经济利益丰厚，不法分子为了牟利建立黑产链条，非法数据交易屡禁不止。同时，普惠金融市场跨行业、跨领域合作日益深化，跨市场资金流动成为常态，单个市场风险可以沿着资金链、信用链扩散到多个关联市场，深刻改变了风险传播方式与速率，交叉嵌套风险传播加剧，不同金融产品相互关联渗透、交叉融合，结构层层嵌套、功能不断延伸，导致金融风险复杂多变、难以识别，增加了金融体系脆弱性，给穿透式监管、防范风险带来严峻挑战。

在机构或平台层面，金融机构与互联网金融平台之间通过交叉持股、资产转移、提供担保等方式相互关联。这种复杂的网状结构易成为金融风险的"放大器"，一旦触发风险传染源，将使个别机构风险在"蝴蝶效应"作用下迅速影响其他看似不相关的多个机构，例如，智能算法的安全性长期被高估，智能算法输入输出间存在大量复杂的非线性变换和大规模神经元连接，中间分析决策过程不可见，实质上形成了"黑箱"，产生的金融风险不容忽视。所以，金融机构必须意识到技术不是万能的，不能仅靠智能算法、大数据就完全决定信贷业务审批，还要审视申请人是否具有偿还能力。

在风险监管层面，金融监管机构需要健全金融和科技融合的监管框架，把金融和科技更紧密地结合起来。但事实上，掌握普惠金融风险防范能力并非易事。即便在科技赋能金融背景下，智能风控几乎成为金融业务的标配。越来越多企业开始吹捧智能风控更加可靠安全的特质，但智能风控至少存在以下两个方面缺陷。

一是智能风控最优化方案与实操技术之间的差异问题。当今智能风控仅仅使用预测技术，最终目的是提供一个有条件的最优化方案，即在风险可控的前提下使资本回报极大化。但是，最优化方案和实操技术在智能风控中普遍缺失或较少应用是当今智能风控的最大问题。

二是智能风控在宏观指导与微观数据之间不协调问题。智能风控是主要基于人工智能、大数据和云计算为主的技术，最后演化为微观风险防范、管理和安全领域的基础是数据。但问题是，目前我国绝大多数小微企业的数据既不完善，也没有统一集中统计在国家数据库中，很容易造成认定上的差异。例如，运用智能风控技术并不能完全解决诸如图像识别、区域探测和复杂网络识别和认定，尤其在统一数据标准建设尚未完成之前，各家数据不统一，最后得出的结论也大相径庭，极易对违法犯罪认定产生错误认定，进而影响司法机构认定。又如构造收入负债模型，可以有助于防范多头共债严重的问题等，但如果各家互联网金融平台数据不统一，也同样容易造成重大差异。

所以，在今后相对较长的一段时期内，金融科技并不能解决信息不对称、信息不统一、信息不精准的问题，依托分散的智能化管理体系及数据分析体系制定不一定就是最佳风险处置方案。智能化及大数据的金融科技还需要依赖专业性人才，缩短管理过程，降低过程误差，使各种资源匹配趋于最合理，不断提高风险资产流转过程中的识别度和评估准确性。例如，跨界交易与业务外包风险依然需要有效控制。伴随着数字普惠金融跨界交易特征日益明显，业务外包大幅增加，而降低风险管控标准，信息科技风险、数字鸿沟和业务外包风险与日俱增，特别是对于当前的联合贷款、助贷业务以及 P2P 平台转型业务的风险管控没有及时跟进，留下风险隐患。为此，我们必须遵循"技术中立"原则，对科技企业等外包服务机构建立尽职调查、风险评估和持续监测制度，解决好跨界交易、交叉产品的风险防范问题，及时调整和完善监管框架，守住不发生系统性风险底线。

（三）金融科技带动普惠金融监管主导性

近年来，居民投资理财意识增强，个人和企业对多层次融资需求不断提升，商业银行、基金公司、证券公司、信托公司、保险公司、小贷公司、私募基金管理人、互联网平台、第三方财富管理机构等各类实体纷纷涉足信贷、资产管理、财富管理、投资银行等业务，事实上形成了混业经营、深度融合局面。

在这种大背景下，过去以机构监管为主的理念不完全适用，需要建立"机构监管＋功能监管＋行为监管"的监管体系，辅以配套的监管手段和工具，坚持既鼓励创新又坚守风险底线的态度，把握好创新与监管的动态平衡，对金融创新业务实行包容监管，对同类金融业务实行行为监管，对金融市场实行审慎监管。

一是坚决打破金融行业垄断，查处不正当市场竞争，确保任何金融科技企业（互联网金融平台）都不能绑架市场，不能凌驾于监管之上，必须公平参与市场竞争，维护互联网金融市场秩序。

二是扩大数字普惠金融覆盖面，提倡以线上无接触金融服务为特色的个性化金融服务，解决好跨界交易、交叉产品的风险防范问题，关注大型科技公司涉足的各类金融和科技领域，关注新型互联网金融平台"大而不能倒"

风险，重新认识跨界混业经营风险的复杂性和外溢性，及时精准拆弹，消除新的系统性风险隐患，破除对大型头部平台的盲目迷信，用辩证和批判的眼光看待，及时调整监管框架，守住不发生系统性风险底线，让更多社会低收入群体享受到普惠金融服务，激发市场主体活力和社会创造力，增强我国金融科技在全球的核心竞争力。

三是坚持所有金融活动必须接受监管，坚持金融业务必须持牌经营，树立严格遵守金融监管合规意识，坚持对各类违法违规行为"零容忍"，破除个别互联网金融平台的垄断行为。

未来，我国监管将不断强化数字化普惠金融监管，重点防控系统性风险，主要针对流动性风险、信用风险和操作性风险三个方向，尤其是目前开展的农村普惠金融信贷无抵押信贷可能产生巨大信贷风险，因为互联网金融平台很难依据网络交易判别用户的真实意图，就可能产生信贷危机。同时，普惠金融机构或平台大多将精力投入产品的创新研发中，并不完全重视内控机制。于是，这些互联网金融平台就不能保证内部系统的安全稳定运转，遇到操作失误就可能出现风险爆发的情况，外加黑客入侵、篡改用户密码、人工智能滥用、财产被盗以及个人信息大规模泄露等问题，可能出现金融风险，不容小觑，必须彻底防范。

五、普惠金融未来的挑战

（一）数字普惠金融标准化有待清晰

现阶段，数字普惠金融领域提供服务的机构多、产品种类丰富，但全国各地数字普惠金融服务的标准、渠道、质量差异很大，数字普惠金融服务模式也在服务标准、渠道、质量上大相径庭，缺乏全国统一的数字普惠金融领域服务标准与专业化的数字金融技术应用审核和验证体系。

《推进普惠金融发展规划（2016—2020）》正式收官，普惠金融作为乡村振兴战略和小微企业的重要支持手段必将继续深入发展。2021 年有望推出新一版《推进普惠金融发展规划（2021—2024）》，对我国普惠金融发展路径及如何顺应国情继续支持我国经济发展中的弱势群体提出新的目标和更高要求。随着大数据、人工智能、云计算的发展，数字技术与金融服务呈现加速融合趋势，乡村振兴战略和小微企业对数字普惠金融的依赖性趋高，普惠金融必须更加精准化和标准化。

（二）客户隐私权保护有待加强

近年来，个人数据处理的数量、速度和种类有了快速增长，在提高普惠金融可得性的同时也给金融消费者个人数据隐私保护带来了风险，加之普惠金融服务对象多为农民、城镇低收入人群、贫困人群、老年人等金融知识欠缺的特殊群体，金融权益保护意识较弱，为不法分子侵犯隐私权提供了可能。而且，目前我国在法律制度、基础设施、数字技术方面尚未建立成熟可行的隐私权保护体系，客户隐私权保护和信息安全在 2021 年面临巨大挑战。

（三）脱贫攻坚逐渐转移提升生活质量

2021 年 2 月 26 日，习近平主席在全国脱贫攻坚总结表彰大会上庄严宣告，脱贫攻坚战取得了全面胜利。中国现行标准下 9 899 万农村贫困人口全部脱贫，完成了消除绝对贫困的艰巨任务。消除绝对贫困是中国人权事业取得的历史性成就，同时从理论和实践上为解决世界范围的贫困问题提供了中国方案。

随着我国消灭绝对贫困战略目标的实现，2021 年我国普惠金融战略重点也将从聚焦消灭绝对贫困逐渐过渡到满足人民群众更高生活要求的方向。商业银行应更加坚定地回归本源，积极优化资产负债结构，推进落实精细化管理，丰富负债渠道，降低负债成本，充分下沉长尾客群，通过以量补价，实现收益覆盖风险。通过数字金融与金融信贷完美结合，践行优化金融环境、成就智慧城市、建设美丽乡村，因势利导，推陈出新。

（四）缩小普惠金融数字鸿沟

当前，生物识别、人工智能等新兴技术既不能解决所有问题也不能完全被所有用户接受，科技网络技术可靠性、广泛性以及便捷性尚需要进一步提高。因此，2021 年普惠金融将针对老年人、残疾人或轻微智障人员的使用开展改革，在远程开户、线上支付、保障网络转账等方面提供更加简单、方便和快捷的服务，普惠金融服务将更趋方便化、精准化、差异化，聚焦大数据、互联网、客户移动终端、人工智能、APP 等技术在便捷性方面的改革，缩小数字鸿沟，解决老年用户面临的使用不足、效率不高和信息安全难以兼顾问题，扩大普惠金融服务范围，提升其社会效能。

第三节 地方监管立法变化与对比分析

一、上海地方普惠金融监管特点

当前，我国地方金融组织现行监管制度法律位阶不高，除了融资担保行业出台了行政法规外，其他行业以部门规章或规范性文件为主，权威性有限，数量也少，只有山东、四川、河北、天津的地方金融监管条例由当地人民代表大会审议通过，全国大多数地方都没有颁布地方金融监管条例（北京、浙江正在征求意见过程中）。2020 年 4 月 10 日上海市第十五届人民代表大会常务委员会第二十次会议正式通过《上海市地方金融监督管理条例》（以下简称《上海条例》）于 2020 年 7 月 1 日开始施行，填补了地方金融监管执法措施不足、法律责任设定薄弱的空白点。

《上海条例》共六章四十三条，内容包括立法适用范围、市区两级监管职责、地方金融组织行为规范、监督管理措施以及风险防范与处置等。与2019 年 12 月 19 日向社会征求意见的《上海市地方金融监督管理条例（草案）》相比，《上海条例》更加关注地方金融组织各行业发展不平衡、差异性较大的特点，突出"强监管，防风险，促发展"的立法取向，增加了央地协调内容，体现了地方金融监管的协调主基调，透露出监管层对地方金融监管的未来立法走势。

（一）重视央地协同关系

长期以来，监管权集中在中央政府，地方金融监管只是中央金融监管的补充。但随着互联网金融业态突飞猛进，金融风险复杂性日益凸显，金融监管压力不断加大，地方金融监管越来越成为监管体系中不可或缺的部分。原先固有的格局已经无法适应新的金融市场需要，必须建立地方金融监管协调机制，更好落实地方金融监督管理职责，统筹地方金融改革与风险防范事项。所以，自 2002 年以来，全国各省级政府陆续成立金融工作办公室（局），地方金融监管协调机制逐渐成为全国各地方金融监管条例的必备制度性安排，成为纠正金融市场失灵的主要部门。

为此，《上海条例》第四条增加了央地金融工作协调内容，强调在两个层面在国家金融稳定发展委员会的指导下开展监管工作。市级金融工作协调机制是在金融监管、风险处置、信息共享和消费者权益保护等方面的协调，建立起金融工作议事协调机制，统筹本市金融改革发展、金融风险防范等重大事项。区级金融工作协调机制是对辖区内地方金融工作的组织领导，做好金融风险防范与处置工作，不断完善地方金融监督管理体系。

（二）厘清政府监管责任界限

《上海条例》第三十条明确了地方人民政府为地方行政区域内防范和处置非法集资工作第一责任人，地方金融管理部门应当会同有关部门、中央金融监管部门派出机构，负责制定风险突发事件应急处置预案，组织、协调、督促相关部门做好对非法集资活动的监测预警、性质认定、案件处置等工作，对非法从事地方金融业务活动开展风险防范工作，维护社会稳定。

值得一提的是，以"非法集资风险防范处置"为例，《上海市地方金融监督管理条例（草案）》并无防范和处置非法集资的"第一责任人"之说，但在《条例》中进行了增补，《上海条例》明确了要求市、区人民政府承担本行政区域内防范和处置非法集资工作"第一责任人"，这就告诉地方政府必须认真制定风险突发事件应急处置预案，组织、协调、督促相关部门做好对非法集资活动的监测预警、性质认定、案件处置等工作，要求地方政府承担本行政区域内防范和处置非法集资的主要责任。这意味着已经从中央全面监管逐渐向地方政府监管过渡，当然，中央和地方之间的监管界限和执法权限究竟应该如何把握，还有待今后在实践中进一步探讨。

另外，《上海条例》首次明确了中央金融监管部门定位，规定金融机构、地方金融组织以外的企业不得从事或者变相从事法定金融业务活动。这一点超越了《上海市地方金融监督管理条例（草案）》的规定，说明监管部门对擅自设立地方金融组织或者非法从事地方金融组织业务活动的否定态度。毫无疑问，这条规定将成为一种标准，对全国其他省市自治区制定地方金融监管条例起到了重要的参考作用。

（三）加大地方金融监管权力

首先，赋予了地方金融监管部门制定实施细则的权力。《上海条例》第十九条规定"制定和实施相应的监管细则和监管标准的权力"。这就意味着，未来全国地方金融监管机构可以根据各个省市自治区金融市场具体情况，有权认定金融机构规范与否的具体标准，有权制定配套监管细则的立改废释等相关规范性文件，强化各项配套措施的衔接与落地。

其次，加大地方金融机构现场执法权。长期以来，我国监管高层一直没有赋予地方监管机构执法权，《上海条例》开启了地方监管机构执法先河，对未来我国地方金融监管模式将产生一定的影响。《上海条例》第二十一条规定：经市地方金融监管部门负责人批准，对可能被转移、隐匿或者损毁的文件资料、电子设备等证据材料，以及相关经营活动场所、设施，可以查封、扣押，赋予了地方金融监管机构一定的执法权。地方金融机构现场执法权在我国地方性法规中并不多见，可以说，《上海条例》开启了地方金融执法权本地化的先河。

再次，提升了地方金融监管机构负责人的权限。原先《草案》只规定地方金融管理部门可以采取下列措施：（一）进入地方金融组织及有关单位经营活动场所进行检查；（二）询问地方金融组织及有关单位工作人员，要求其对检查事项作出说明；（三）检查相关业务数据管理系统等；（四）调取、查阅、复制与检查事项有关文件资料等；（五）对可能被转移、隐匿或者损毁的文件资料、电子设备等，先行登记保存；（六）查封相关经营活动场所、设施或者扣押相关财物；（七）法律法规规定的其他措施。

在《上海条例》中，前四项和最后一项继续保留，第（五）、第（六）两项行动必须"经市地方金融监管部门负责人批准"。这个前置条件说明监管层意在加大地方金融监管部门负责人的行政权力，体现了局长负责制的地方金融监管理念，使得一线监管人员可以安心开展工作，避免监管过程中出现相互推卸责任、无人负责、无法追责的局面。

最后，原先《上海市地方金融监督管理条例（草案）》规定，地方金融管理部门在依法履行职责过程中，如果发现地方金融组织存在违反国家和本市监管要求的行为或者存在其他风险隐患情况的，可以采取监管谈话、发出风险预警函、通报批评等措施。《上海条例》第二十二条在上述基础上新增"责令公开说明、责令定期报告"两项措施，毫无疑问，这也是增加了地方金融监管机构的行政权限，特别是针对地方金融组织控股股东（实际控制人）、法定代表人、董事和监事等高管人员，能够更有效开展检查、监督工作。

（四）明确地方金融机构禁止性行为

《上海条例》第十八条明确禁止地方金融组织从事下列活动：（一）吸收存款或者变相吸收存款；（二）出借、出租许可证件或者试点文件；（三）非法受托投资、自营或者受托发放贷款；（四）国家和本市禁止从事的其他活动。

显然，《上海条例》划清了地方金融机构的行为底线，严禁资金端"吸收或者变相吸收公众存款"、严禁资产端"自营或受托发放贷款以及受托投资"两大类行为，督促地方金融组织严守风险底线。对于违反规定的地方金融机构，罚则更细，执法手段更多，例如《上海条例》第二十二条，地方金融监管机构可以采取监管谈话、责令公开说明、责令定期报告、出示风险预警函、通报批评、责令改正等措施（见表8-2）。

表8-2 现行上海条例与草案条款对比

	《上海条例》	《条例》（草案）
第一章 总则		
第四条	市人民政府应当在国家金融稳定发展委员会的指导和监督下，建立金融工作议事协调机制，完善地方金融监督管理体系，落实地方金融监督管理职责，统筹本市金融改革发展、金融风险防范等重大事项。本市金融工作议事协调机制应当加强与国务院金融稳定发展委员会办公室地方协调机制在金融监管、风险处置、信息共享和消费者权益保护等方面的协作。区人民政府应当加强对本行政区域内地方金融相关工作的组织领导，建立健全地方金融监督管理机制，做好金融风险防范与处置等工作	增加"本市金融工作议事协调机制应当加强与国务院金融稳定发展委员会办公室地方协调机制在金融监管、风险处置、信息共享和消费者权益保护等方面的协作"
第六条	本市建立地方金融监督管理信息平台（以下简称监管平台），参与国家金融基础数据库建设，按照国家统一规划推动地方金融监督管理标准化建设。监管平台由市地方金融监管部门负责建设运营。市地方金融监管部门应当推动现代信息技术在监管平台的运用，通过监管平台开展监管信息归集、行业统计和风险监测预警等，实现与有关部门监管信息的互联共享，定期分析研判金融风险状况，提出风险预警和处置建议	监管科技相关内容更加完善。增加"定期分析研判金融风险状况，提出风险预警和处置建议"表述

《上海条例》	《条例》（草案）
第二章　地方金融组织行为规范	
第九条 在本市设立地方金融组织的，应当按照国家规定申请取得许可或者试点资格。市地方金融监管部门应当将国家规定的设立地方金融组织的条件、程序、申请材料目录和申请书示范文本等，在官方网站、一网通办等政务平台上公布	地方金融组织的设立详细条件概括为应当按照国家规定申请取得许可或者试点资格。新增市地方金融监管部门应当将国家规定的设立地方金融组织的条件、程序、申请材料目录和申请书示范文本等，在官方网站、一网通办等政务平台上公布
第十五条 地方金融组织发生流动性困难、重大待决诉讼或者仲裁、重大负面舆情、主要负责人下落不明或者接受刑事调查以及群体性事件等重大风险事件的，应当在事件发生后二十四小时内，向地方金融管理部门报告。地方金融组织的控股股东或者实际控制人发生前款规定的重大风险事件，地方金融组织应当自知道或者应当知道之时起二十四小时内，向地方金融管理部门报告。市地方金融监管部门应当制定重大风险事件报告的标准、程序和具体要求，并向社会公布	《条例》提出，地方金融组织发生重大事件发生后二十四小时内向地方金融管理部门报告；新增市地方金融监管部门应当制定重大风险事件报告的标准、程序和具体要求，并向社会公布
第十六条 地方金融组织解散的，应当依法成立清算组织进行清算，并对未到期债务及相关责任的承担作出安排。地方金融组织不再经营相关金融业务的，应当按照规定提出书面申请或者报告，并提交资产状况证明以及债权债务处置方案等材料。地方金融组织解散或者不再经营相关金融业务后，市人民政府或者市地方金融监管部门应当依法注销许可或者取消试点资格，将相关信息通报市场监管部门并予以公告	表述更加规范。新增地方金融组织解散的，应当依法成立清算组织进行清算，并对未到期债务及相关责任的承担作出安排
第十七条 地方金融组织的股东依照法律规定以其认缴的出资额或者认购的股份为限对地方金融组织承担责任。地方金融组织可以建立控股股东或者实际控制人承担剩余风险责任的制度安排，控股股东或者实际控制人可以出具书面承诺，在地方金融组织解散或者不再经营相关金融业务后，承担地方金融组织的未清偿债务	表述更加规范。新增地方金融组织的股东依照法律规定以其认缴的出资额或者认购的股份为限对地方金融组织承担责任

《上海条例》	《条例》（草案）
第三章　监督管理措施	
第十九条 市地方金融监管部门应当在风险可控的基础上，采取与地方金融组织创新发展相适应的监督管理措施，针对不同业态的性质、特点制定和实施相应的监管细则和监管标准	《条例》赋予地方金融监管部门制定和实施相应的监管细则和监管标准的权力
第二十条 地方金融管理部门应当每年制定地方金融组织监督检查计划，对地方金融组织的经营活动实施监督检查。监督检查可以采取现场检查和非现场监管等方式。市地方金融监管部门应当制定监督检查程序，规范监督检查行为。地方金融管理部门应当依托监管平台，开展对地方金融组织业务活动及其风险状况的分析、评价和监管	再次强调监管平台的作用。地方金融管理部门应当依托监管平台，开展对地方金融组织业务活动及其风险状况的分析、评价和监管
第二十一条 地方金融管理部门在开展现场检查时，可以采取下列措施：（一）进入地方金融组织及有关单位经营活动场所进行检查；（二）询问地方金融组织及有关单位工作人员，要求其对检查事项作出说明；（三）检查相关业务数据管理系统等；（四）调取、查阅、复制与检查事项有关的文件资料等；（五）法律、法规规定的其他措施。经市地方金融监管部门负责人批准，对可能被转移、隐匿或者损毁的文件资料、电子设备等证据材料，以及相关经营活动场所、设施，可以予以查封、扣押。地方金融管理部门开展现场检查的，执法人员不得少于二人，应当出示行政执法证件和检查通知书	现场执法内容更加标准。采取的执法手段可以是经市地方金融监管部门负责人批准，对可能被转移、隐匿或者损毁的文件资料、电子设备等证据材料，以及相关经营活动场所、设施，可以予以查封、扣押。地方金融管理部门开展现场检查的，执法人员不得少于二人，应当出示行政执法证件和检查通知书
第二十二条 地方金融管理部门在依法履行职责过程中，发现地方金融组织涉嫌违反国家和本市监管要求行为或者存在其他风险隐患的，可以采取监管谈话、责令公开说明、责令定期报告、出示风险预警函、通报批评、责令改正等措施。地方金融管理部门可以要求地方金融组织的控股股东或者实际控制人、法定代表人、董事、监事或者高级管理人员等，对业务活动以及风险状况等事项作出说明	执法手段更加多。可以采取监管谈话、责令公开说明、责令定期报告、出示风险预警函、通报批评、责令改正等措施

续表

《上海条例》		《条例》（草案）
	第四章　风险防范与处置	
第三十条	市、区人民政府承担本行政区域内防范和处置非法集资工作第一责任人的责任，制定风险突发事件应急处置预案，组织、协调、督促相关部门做好对非法集资活动的监测预警、性质认定、案件处置等工作，维护社会稳定。地方金融管理部门应当会同有关部门、中央金融监管部门在沪派出机构，对擅自设立地方金融组织或者非法从事地方金融组织业务活动开展风险防范和处置。金融机构、地方金融组织以外的企业应当遵守国家有关规定，不得从事或者变相从事法定金融业务活动	明确了市、区人民政府为本行政区域内防范和处置非法集资工作第一责任人，明确责任，明确中央金融监管部门定位，明确金融机构等不得从事或者变相从事法定金融业务活动

注：嘉木制表。

《上海条例》紧扣中央对地方金融监管从严治理的基本思路，有利于补齐地方监管短板，落实好地方金融监督管理工作，助推地方金融监管实现"及时性"和"穿透性"双突破。

二、浙江地方金融条例的亮点分析

《浙江省地方金融条例》（以下简称《浙江条例》）于2020年8月1日正式实施。这是我国第7部地方金融规范性文件。《浙江条例》明确支持云计算、大数据、人工智能、区块链等科技在金融服务和金融监督管理领域的运用，强调浙江自身地方的特殊性，强化"防范和化解金融风险"与"服务实体经济"结合，体现了监督管理和金融风险防控相适应的地方金融监管特色。

（一）承认地方金融组织合法身份

自2019年10月21日"民间非法放贷"入刑之后，很多地方合作社法律社会地位每况愈下，更多的被视为非法放贷组织，甚至有地方法院按照《刑法》第二百二十五条非法经营罪追究刑事责任。然而，这次《浙江条例》给予了相关地方金融组织的正式身份。例如，明确了农民专业合作社具有资金融通的资质，从根本上保护了这些地方企业，使其远离刑法的窥视。

为此，《浙江条例》对地方民营经济组织进行突破，用地方性法规来确定地方金融民营机构的市场地位、合法权利。运用法规具有的确定性、稳定性和强制力，让民营企业可预期，是真正的"定心丸"。这不仅有利于保护地方金融机构及其经营管理者的合法权益，有利于消除地方金融机构经营者的后顾之忧，而且也有利于规范金融监管机构的涉企监督行为，对"有形的手"进行一定的监督约束，既要"有作为"，又不能"乱作为"。

（二）强调"央地协作"关系

对于辖区内注册企业或分支机构开展互联网金融业务，《浙江条例》表示应当遵守中央金融管理部门的相关规定，要求县级以上人民政府及其有关部门应当协同中央金融管理部门派出机构共同开展互联网金融监督管理，加强信息共享、风险排查和处置方面的协作，共同做好社会稳定维护工作。

对于非金融企业因存在资金周转困难或者资不抵债引发或已经形成重大金融风险的，《浙江条例》规定非金融企业所在地设区的市、县（市、区）人民政府可以采取措施，支持企业开展资产重组，协调债权人达成债务处置共识，并指导债权人成立债权人委员会。例如，《浙江条例》强调，民间借贷如具有"单笔借款金额或者向同一出借人累计借款金额达到300万元以上""借款本息余额达到1 000万元以上"或"累计向30人以上特定对象借款"的情形，借款人应当自合同签订之日起15日内，将合同副本和借款交付凭证，报送设区的市地方金融工作部门或其委托的民间融资公共服务机构备案。这就是在立法中强调互联网金融业务风险处置的"央地协作"关系，强化中央与地方的协同、联动效应。

（三）鼓励地方金融服务实体经济

早在《草案三次审议稿》时，浙江就将第四章名称由"金融产业促进"改为"金融服务实体经济"。这次《浙江条例》延续了这种变化，并在此前基础上增设不少条款，诸如省、设区的市人民政府应当根据国民经济和社会发展规划以及上级金融产业发展规划，制定本行政区域的金融产业发展规划；县级以上人民政府推动建立和完善为小型微型企业提供融资担保的政策性融资担保体系，鼓励融资担保公司与银行业金融机构建立合作和担保责任风险分担机制。

《浙江条例》甚至还要求地方金融监督管理（工作）部门应当推动企业开展规范化股份制改制，支持企业上市、并购重组，支持企业在全国中小企业股份转让系统、区域性股权市场挂牌，引导企业通过股权投资、股票债券发行等方式融资，提高直接融资比例，改善融资结构。与此同时，《浙江条例》鼓励金融机构对其认定的信用状况良好的市场主体在贷款授信、费率利率、还款方式等方面给予优惠或者便利等，多方面加强了对地方实体经济的金融支持。

（四）设置"备案制"包容民间融资

过去，各地方履行金融监管职责时，缺乏法律层面的制度安排，在现实中面临着不同程度的执法难等问题。凡是没有许可或备案的民间金融公司很容易被公检法认定为非法集资机构，甚至涉嫌非法吸收公众存款罪或集资诈骗罪。如果民间融资的服务企业能够有一个正式身份和进行备案，民间融资机构就在很大程度上得以解放。

《浙江条例》首次明确了"备案制"，第九条规定：小额贷款公司、融资担保公司、典当行、融资租赁公司、商业保理公司、地方资产管理公司、区域性股权市场和其他地方各类交易场所、农民专业合作社以及法律、行政法规规定和国务院授权省人民政府监督管理的其他地方金融组织从事相关金融业务，应当依照法律、行政法规以及国家有关金融监督管理规定，取得相应行政许可或者办理备案。《浙江条例》第十八条又具体规定，民间借贷具有下列情形之一的，借款人应当自合同签订之日起 15 日内，将合同副本和借款交付凭证报送设区的市地方金融工作部门或者其委托的民间融资公共服务机构备案就可以了。

大家知道，江浙地区向来是中国民营经济比较发达的区域，民间金融借贷活动更是比较活跃。不同于其他省市已发布的地方金融监管条例，《浙江条例》第二章单独提起民间借贷活动的监管问题，突出金融条例"地方特色"，加大信贷支持力度，尽显对民间借贷包容性。《浙江条例》第十八条规定：（1）单笔借款金额或者向同一出借人累计借款金额达到 300 万元以上；（2）借款本息余额达到 1 000 万元以上；（3）累计向 30 人以上特定对象借款。

相比之下，近期出台的《商业银行互联网贷款管理暂行办法》中个人消费贷款上限为 20 万元的规定，《浙江条例》可谓是大手笔了，无论是借款数额，还是借款人数都远远大于商业银行互联网贷款的规定，在一定程度上缓解了民间借贷信息中介平台的业务困境，也在一定程度上保护了民间借贷机构。

（五）探索企业融资顾问制度

《浙江条例》提出了"企业融资顾问制度"，要求发挥金融顾问专业优势，为企业合理运用金融工具，优化融资结构提供咨询服务。

我们认为，这是非常必要的一项措施。因为在金融实践中，大多数企业并非金融专业出身，并不了解如何发挥融资作用，被金融市场中的名目繁多的金融产品搞得眼花缭乱，成为金融知识匮乏的牺牲者。因此，"企业融资顾问制度"不仅解决了企业的金融投资偏爱，也带动了这些企业融资周边服务业的发展。

当然，《浙江条例》也存在一定的疏漏，对于监管沙盒并没有涉及。问题是目前监管沙盒在我国正风起云涌，蓬勃发展起来，作为地方金融条例缺失如此重要内容，不能不说有些遗憾。特别是有些项目与一些主流监管规则相抵触时，需要监管机关通过沙盒监管决定取舍。据说，杭州不久将颁布关于金融监管沙盒的相关鼓励措施，北京也将开始第二批金融监管沙盒的试点工作。

在我国互联网金融发展迅猛的今天，如果继续采取"一刀切"的监管模式，可能不利于地方金融行业发展。2017 年 5 月 23 日贵州启动了区块链金融沙盒计划，成为我国首个政府主导的沙盒试验田，两年来已经取得了可喜的成果。第二批沙盒试点将从北京扩展到上海、重庆、深圳、雄安、杭州和苏州 6 市（区）进行，显然，不仅地域增加，申请主体范围也在扩展，我国沙盒监管正在加速推进，正在成为一种监管的新方法。因此，未来修改《浙江条例》时或后续其他省份地方金融条例制定时可以考虑增加监管沙盒的内容，这不仅是互联网新时代的市场需求，可全面提升执法监管效能，动态掌握各类地方金融组织的风险情况，聚焦重点监管对象，及时发现重大风险并加以处置，也体现出立法者对地方金融的包容态度，有利于营造良好的金融创新环境，焕发地方金融机构活力，全国地方金融监管也将掀开新的一页。

总之，自 2018 年以来，我国已有山东、河北、四川、天津、上海、厦门及浙江等多地省市正式发布本地区的金融监管法规，客观上进一步推动了省级金融立法工作开展。北京地区有望于 2021 年正式发布征求意见，深圳也启动了地方金融立法研究项目的招标。更为重要的是，我国地方金融立法工作进入了一个快车道，地方金融条例有力地推动全国各地政府根据有关建立地方金融协调机制的最新要求，加强与国务院金融委办公室地方协调机制协作配合，突出薄弱环节监管制度建设，努力消除地方金融监管空白，从源头上防控普惠金融市场风险点。

第四节　普惠金融监管原则与策略调整

一、突出包容性监管思维

新冠肺炎疫情暴发，全国各地防控措施不断加码。封村封路、商铺关门、工厂停工……，整个社会生产和生活几乎处于停摆的状态。各地中小企业经济蒙受巨大冲击，尤其是抗风险能力较弱的小微企业和个体经营户更是陷入了"至暗时刻"。各地监管工作遇到了前所未有的挑战。如何有效监管疫情特殊时期的小微企业，是延续先前的监管方法还是重新调整监管思路，确实成为一个棘手问题。

（一）调整监管思路，改进监管方法

在疫情期间，应及时调整监管思路，融入更理性的监管思维，改进监管方法，为普惠金融创新活动提供更宽的生存空间。明确底线思维，形成"负面清单"禁区，监管部门对中小微企业的市场准入、业务范围核准、产品研发、销售渠道、违规处理等环节进行有效监管，有助于对小微企业合理限定监管边界，同时为实现金融监管目标采取现实而灵活的手段。

（二）创新信用担保形式

创新信用模式，扩大贷款抵（质）押担保物范围，构建起小额信用贷款、抵押担保贷款、担保机构保证贷款"三位一体"的普惠型信贷产品体系，有效破解疫情期间中小微企业"贷款难、贷款贵"的抵押物瓶颈困局，实现创新激励和风险防范的协同发展，有序引导小微企业克服疫情带来的困难，快速恢复生产，进一步包容市场创新模式，丰富普惠金融产品体系，以更开放的姿态管理普惠金融创新业务，给予小微企业一定的创新空间。

二、坚持必要性监管措施

从监管角度看，所有的监督资源配置和管理权力调度应该从属于市场经济规律，是一种尊重小微企业生存权利的公共管理。既不能回到过去依靠国家行政力量全面介入经济生活的模式，也不能是烦琐的、机械的或教条的管理，应该是一种在可持续原则下对哪些经济活动需要监管、哪些活动不需要监管的一种必要性判断，凸显有限但有效的管理模式，其中包含两项相互关联、互为条件的监管原则。

（一）有限监管原则

在疫情期间，如果对中小微企业依然管得过多、过严和过深，将会压抑中小微企业的创新空间和主观能动，导致金融监管机制的配置错位，致使企业破产和市场危机，这是监管层不愿意看到的结果。所以，有必要坚持有限监管原则，体现普惠金融的自治优先、生存优先的监管思路。

（二）适度监管原则

占全国90%以上数量的中小企业的生死存亡，不仅关乎地方就业和经济活力，更关乎整体社会稳定。因此，在疫情期间，监管高层要想达成普惠金融市场利益和风险控制之间的平衡，必须适度监管，其焦点在于怎样监管。在对公共机制与市场机制基础上，应扬长避短，在有效控制风险前提下，适度扩张提供普惠金融的生存与发展空间，针对性地解决普惠金融发展中的短板问题，推动"双创"组织、"三农"机构生产力转化，最大限度地减少因疫情导致的中小微企业的经济损失。

三、强调灵活协调监管方法

强化普惠金融政策体系不是一个简单的疫情专项财政补贴可以完成的，必须运用再贷款、再贴现、差别准备金动态调整等货币工具，运用财政贴息、税收优惠、差别税率、先税后补等财税工具，还需要包括保险、证券、租赁、信托等不同金融机构之间配合支持。因此，中央到地方各级金融监管部门要统一监管目标，有效提高普惠金融资源配置效率，防止为了本地区利益抢占山头的各自为政乱局，应处理好以下三方面的关系。

（一）灵活监管措施

金融监管虽然有较强的稳定性，但在疫情时期，受到不可抗力影响，对受疫情影响严重的小微企业，监管部门应适当提高监管容忍度，在监管指标上给予一定宽限期。例如，优化小微企业、农户等普惠金融重点领域监管考核目标，放宽商业银行发行小微企业专项金融债的申请条件，提高小微企业贷款享受风险资本优惠权重的单户额度上限，降低商业银行资本占用力度，对受疫情影响严重的分支机构推动银行总行适度提高不良贷款容忍度，简化业务流程，精准做好续贷，减小受困小微企业的现金流压力，进一步提高敢贷、愿贷的积极性，落实风险管理和尽职免责的相关制度。

（二）宽严相济的试错策略

新冠肺炎疫情对于国家、社会和个体都是一场灾难，对小微企业更是一场生存考验，要充分贯彻宽严相济监管策略，除了依照最高人民法院、最高人民检察院、公安部、司法部 2020 年 2 月 6 日发布的《关于依法惩治妨害新型冠状病毒感染肺炎疫情防控违法犯罪的意见》，准确打击涉及新冠肺炎疫情的各类违法犯罪外，在处理中小微企业业务创新上，必须谨慎，注重刑法的谦抑性，防止将民事纠纷当成刑事案件追究，保护中小微的合法权益，在法律框架内结合金融政策灵活处理复杂的法律问题。

（三）辩证看待创新与试错

在抗击疫情的特殊时期，各地方银保监局和各银行业金融机构要坚持特事特办、急事急办、突破常规、精准施策的原则，鼓励大胆创新，充分体现灵活性。

例如，在贷款分类上，因疫情影响出现贷款逾期的，在一定的延缓期限内还款不计入不良贷款、不影响小微企业信用记录，对那些受疫情影响不能还款的小微企业，落实尽职免责要求，银行对经办人员和相关管理人员也应该免予追究责任。

在抗击疫情的特殊时期，对于小微企业产生的临时性自救型创新业务，监管者应该允许一定的试错机会。我们认为，现阶段可以在普惠金融领域率先开展"监管沙盒"试点，有选择地将一些符合条件的中小微企业纳入试点平台。当然，"沙盒"试验能否在疫情结束后大规模推广仍是目前无法回答的问题。监管机构可以先开始小规模试点，选择一些初创发展动力充足、创新产品、服务良好、商业模式和营销方式先进的中小微企业，探索税收政策、价格杠杆、货币政策，探索新的监管边界，帮助这部分中小微企业渡过目前经营困难期。

在新冠肺炎疫情期间，无论监管原则、监管手段如何调整，重点就是运用包容、开放的监管理念对中小微企业开展业务指导，服从大局，确保中小微企业生存，有序推进中小微企业在疫情期间的恢复性发展。

从金融监管角度看，所有管理权力调度和监督资源配置都必须服从市场经济规律，是一种尊重企业生存权利基础上有限的公共管理，对哪些企业活动需要优惠，哪些经营活动不需要优惠，需要有一个必要性判断，凸显有限但有效的管理模式。

我们建议，对纳入重点医疗防控物资、防护产品应急需求、普通零售批发、轻工制造、住宿餐饮、百姓生活必需品生产、物流运输和销售的小微企业，给予一定优惠政策支持外，包括初创发展动力充足、创新产品、服务良好，商业模式和营销方式先进的小微企业，对其他非重点行业小微企业必须有所选择地施以金融财政优惠政策，不能一哄而上，不分良莠，为完成上级任务而忽视信贷自身的准则。

同时，对于接受信贷财政优惠政策以后，依然无法恢复生产销售，且依然存在延迟交货、延期还贷、合同逾期等严重失信行为，应该考虑将其列入失信名单，不必继续施以信贷财政优惠支持，尊重市场发展的自身规律。我们不仅要考虑当下，更要放眼未来，对小微企业、民营企业的支持要考虑到一些极端情况，要从坏处着眼，好处着手。

四、普惠金融监管未来走向

中国人民银行在 2020 年发布《中国金融科技创新监管工具》白皮书，对我国金融科技创新监管实践进行了阶段性总结，提出包容审慎富有弹性的创新试错容错机制，组织开展金融科技创新监管试点，制定了金融科技创新应用测试规范，打造了符合我国国情与国际接轨的创新监管模式。

（一）创新的监管底线

目前，创新的监管底线主要有三个层面：一是刚性底线，以现行法律法规、部门规章、基础规范性文件等为准绳，明确守正创新红线；二是柔性边界，运用信息披露、公众监管等柔性监管方式，让金融消费者能够参与到金融科技的治理，营造适度宽松的发展环境；三是创新空间，在守住安全底线基础上，给真正有价值的创新预留足空间。摒弃"一刀切"的简单模式，增强监管包容性；破解"一管就死、一放就乱"的困局，提高监管适用性，引入"多元联动"的公众监督机制，提升监管有效性，设置创新"刚性门槛"，强调监管审慎性。[①]

在业务运作方面，严防打着金融科技旗号从事非法集资金融诈骗，这样的违法犯罪活动，明确风险的底线和安全的标准，保障真正有价值的科技创新成果能够得到充分迭代，打造机构自治、公共监督、行业自律、政府监管，四位一体的金融科技治理体系。

在运行机制方面，按照《全球数据安全倡议》，坚持发展和安全并重原则，建立了涵盖事前审慎把关、事中动态监控、事后综合评估的管理机制，防范风险外溢，保障创新平稳开展，采取措施防范利用信息技术侵害个人信

---

① 参见：《央行发布〈中国金融科技创新监管工具〉含 30 多项监管规则、引入辅导机制》，载自中关村互联网金融研究院网站，2020 年 10 月 26 日。

息，构建更加开放、公正、非歧视性的营商环境，推进 5G 应用、人工智能、量子计算等技术快速发展，不断完善数据系统，给智能风控提供更加完善技术支撑，前景还是可期的。①

在创新服务方面，主要有五大块：一是拓展试错容错空间，营造"允许出错、及时纠错、快速改错"的创新氛围。因为要创新肯定就是要有一定的出错概率，在监管沙盒封闭环境里，有问题要及时迭代改正，支持创新主体在风险可控的真实市场环境中大胆创新测试。二是政产用对接，发挥"一端连市场、一端连政府、一端连用户"优势，协同赋能金融科技创新发展。三是创新成果转化，搭建展示平台提升创新影响力，强化政策扶持力度降低创新转化成本。四是开展创新辅导，引入合作关系分析法（CRA）、数据流式分析法（DFA）、资金链式分析法（CCA），提升安全与普惠水平。五是确保金融创新在审慎监管的前提下进行，监管机构将持续关注金融科技相关风险的复杂性和外溢性，及时精准拆弹，消除新的系统性风险隐患，对新模式、新风险早发现、早预警、早介入、早处置，不断完善现代金融监管体系，健全宏观审慎、微观审慎、行为监管三支柱，将监管全面覆盖至金融创新领域，为能够切实满足国民金融需求的金融企业创造健康发展的条件。这对加强银行保险机构与互联网平台、科技公司联合开展金融活动提出了更高要求。

（二）审慎监管下的守正创新

1. 从金融监管角度看，鼓励金融科技企业服务实体经济，支持遵从审慎监管的前提下守正创新。

一是坚决打破金融行业垄断，查处不正当市场竞争，确保任何金融科技

---

① 2020 年 9 月 8 日国务委员兼外交部长王毅在"抓住数字机遇，共谋合作发展"国际研讨会高级别会议上发表题为《坚守多边主义　倡导公平正义　携手合作共赢》主旨讲话，提出《全球数据安全倡议》，主要内容包括：积极维护全球供应链的开放、安全和稳定；反对利用信息技术破坏他国关键基础设施或窃取重要数据；采取措施防范制止利用信息技术侵害个人信息，反对滥用信息技术从事针对他国的大规模监控；要求企业尊重当地法律，不得强制要求本国企业将境外数据存储在境内；未经他国允许不得直接向企业或个人调取境外数据；企业不得在产品和服务中设置后门。

企业（互联网金融平台）都不能绑架市场，不能凌驾于监管之上，必须公平参与市场竞争，维护互联网金融市场秩序。

二是扩大数字普惠金融覆盖面，提倡以线上无接触金融服务为特色的个性化金融服务，解决好跨界交易、交叉产品的风险防范问题，及时调整监管框架，守住不发生系统性风险底线，让更多的社会低收入群体享受到普惠金融服务，激发市场主体创造力，增强我国金融科技在全球的核心竞争力。

三是坚持所有金融活动必须接受监管，坚持金融业务必须持牌经营，树立严格遵守金融监管合规意识，坚持对各类违法违规行为"零容忍"，破除个别头部互联网金融平台的垄断行为。

2. 从金融机构（互联网金融平台）角度看，必须坚守服务实体经济和人民群众的底线。

一是金融机构或互联网金融平台都必须完善公司治理，按审慎监管要求整改违规信贷、保险、理财等金融活动，进一步降低借贷利率，为社会低收入群体提供可得的普惠金融服务。

二是金融科技主导进一步调整，统一的技术标准、管理与应用标准将逐步落地，在系统、架构、接口、数据等技术领域形成行业标准，特别在机器学习、自然语言处理、知识图谱技术在交易风控、市场检查、场景分析上不能违反现行法律法规和监管政策。

三是有利于服务实体经济、有利于便利人民群众生产生活，使金融科技成为助推国内国际双循环的重要力量。强调互联网金融平台必须依法持牌，回归支付本源，合规经营个人征信业务，提升交易透明度，严禁不正当竞争，为老百姓提高金融服务。

3. 从司法角度看，公安机关、检察机关将紧盯没有金融业务经营资质、打着"私募基金""互联网存款"幌子、借助互联网实施的非法集资案件，聚焦黑客入侵、人工智能滥用、网络信贷高利率以及个人信息大规模泄露等违规行为，进一步清理整顿数字普惠金融领域的违法行为。

参考文献

［1］陈宗胜，沈扬扬，周云波．中国农村贫困状况的绝对与相对变动——兼论相对贫困线的设定［J］．管理世界，2013（1）．

［2］孙久文，夏添．中国扶贫战略与2020年后相对贫困线划定——基于理论、政策和数据的分析［J］．中国农村经济，2019（10）．

［3］叶兴庆，殷浩栋．从消除绝对贫困到缓解相对贫困：中国减贫历程与2020年后的减贫战略［J］．改革，2019（12）．

［4］胡联，缪宁，姚绍群等．中国农村相对贫困变动和分解：2002—2018［J］．数量经济技术经济研究，2021，38（2）．

［5］孙继国，韩开颜，胡金焱．数字金融是否减缓了相对贫困？——基于CHFS数据的实证研究［J］．财经论丛，2020（12）．

［6］郭峰，王靖一，王芳等．测度中国数字普惠金融发展：指数编制与空间特征［J］．经济学（季刊），2020，19（4）．

［7］苏基溶，廖进中．中国金融发展与收入分配、贫困关系的经验分析——基于动态面板数据的研究［J］．财经科学，2009（12）．

［8］丁志国，谭伶俐，赵晶．农村金融对减少贫困的作用研究［J］．农业经济问题，2011，32（11）．

［9］叶志强，陈习定，张顺明．金融发展能减少城乡收入差距吗？——

来自中国的证据［J］．金融研究，2011（2）．

［10］刘玉光，杨新铭，王博．金融发展与中国城乡收入差距形成——基于分省面板数据的实证检验［J］．南开经济研究，2013（5）．

［11］朱一鸣，王伟．普惠金融如何实现精准扶贫？［J］．财经研究，2017，43（10）．

［12］张勋，万广华，张佳佳等．数字经济、普惠金融与包容性增长［J］．经济研究，2019，54（8）．

［13］王修华，赵亚雄．数字金融发展是否存在马太效应？——贫困户与非贫困户的经验比较［J］．金融研究，2020（7）．

［14］方观富，许嘉怡．数字普惠金融促进居民就业吗？——来自中国家庭跟踪调查的证据［J］．金融经济学研究，2020，35（2）．

［15］曹恺燕，周一飞．数字普惠金融对产业结构升级的影响［J］．现代商业，2019（31）．

［16］许崇正，高希武．农村金融对增加农民收入支持状况的实证分析［J］．金融研究，2005（9）．

［17］雷晓燕，周月刚．中国家庭的资产组合选择：健康状况与风险偏好［J］．金融研究，2010（1）．

［18］余新平，熊皛白，熊德平．中国农村金融发展与农民收入增长［J］．中国农村经济，2010（6）．

［19］吴卫星，吕学梁．中国城镇家庭资产配置及国际比较——基于微观数据的分析［J］．国际金融研究，2013（10）．

［20］卢亚娟，张龙耀，许玉韫．金融可得性与农村家庭创业——基于CHARLS数据的实证研究［J］．经济理论与经济管理，2014（10）．

［21］周光友，施怡波．互联网金融发展、电子货币替代与预防性货币需求［J］．金融研究，2015（5）．

［22］魏昭，宋全云．互联网金融下家庭资产配置［J］．财经科学，

2016（7）.

[23] 单德朋，王英. 金融可得性、经济机会与贫困减缓——基于四川集中连片特困地区扶贫统计监测县级门限面板模型的实证分析 [J]. 财贸研究，2017，28（4）.

[24] 尹志超，耿梓瑜，潘北啸. 金融排斥与中国家庭贫困——基于CHFS数据的实证研究 [J]. 财经问题研究，2019（10）.

[25] 杨波，王向楠，邓伟华. 数字普惠金融如何影响家庭正规信贷获得？——来自CHFS的证据 [J]. 当代经济科学，2020，42（6）.

[26] 周利，廖婧琳，张浩. 数字普惠金融、信贷可得性与居民贫困减缓——来自中国家庭调查的微观证据 [J]. 经济科学，2021（1）.

[27] 董晓林，徐虹. 我国农村金融排斥影响因素的实证分析——基于县域金融机构网点分布的视角 [J]. 金融研究，2012（9）.

[28] 郭田勇，丁潇. 普惠金融的国际比较研究——基于银行服务的视角 [J]. 国际金融研究，2015（2）.

[29] 胡国晖，雷颖慧. 基于商业银行作用及运作模式的普惠金融体系构建 [J]. 商业研究，2012（1）.

[30] 胡利琴，陈锐，班若愚. 货币政策、影子银行发展与风险承担渠道的非对称效应分析 [J]. 金融研究，2016（2）.

[31] 李建军，王德. 搜寻成本、网络效应与普惠金融的渠道价值——互联网借贷平台与商业银行的小微融资选择比较 [J]. 国际金融研究，2015（12）.

[32] 李明选. 互联网金融产业及其对传统金融冲击影响的研究 [D]. 上海：上海社会科学院，2015.

[33] 李涛，徐翔，孙硕. 普惠金融与经济增长 [J]. 金融研究，2016（4）.

[34] 刘澜飚，沈鑫，郭步超. 互联网金融发展及其对传统金融模式的

影响探讨［J］．经济学动态，2013（8）．

［35］孟娜娜，粟勤，雷海波．金融科技如何影响银行业竞争［J］．财贸经济，2020，41（3）．

［36］邱晗，黄益平，纪洋．金融科技对传统银行行为的影响——基于互联网理财的视角［J］．金融研究，2018（11）．

［37］唐国储，李选举．新巴塞尔协议的风险新理念与我国国有商业银行全面风险管理体系的构建［J］．金融研究，2003（1）．

［38］王颖，曾康霖．论普惠：普惠金融的经济伦理本质与史学简析［J］．金融研究，2016（2）．

［39］祝继高，胡诗阳，陆正飞．商业银行从事影子银行业务的影响因素与经济后果——基于影子银行体系资金融出方的实证研究［J］．金融研究，2016（1）．

［40］孙久文，夏添．中国扶贫战略与2020年后相对贫困线划定——基于理论、政策和数据的分析［J］．中国农村经济，2019（10）．

［41］叶兴庆，殷浩栋．从消除绝对贫困到缓解相对贫困：中国减贫历程与2020年后的减贫战略［J］．改革，2019（12）．

［42］孙继国，韩开颜，胡金焱．数字金融是否减缓了相对贫困？——基于CHFS数据的实证研究［J］．财经论丛，2020（12）．

［43］郭峰，王靖一，王芳等．测度中国数字普惠金融发展：指数编制与空间特征［J］．经济学（季刊），2020，19（4）．

［44］张勋，万广华，张佳佳等．数字经济、普惠金融与包容性增长［J］．经济研究，2019，54（8）．

［45］黄倩，李政，熊德平．数字普惠金融的减贫效应及其传导机制［J］．改革，2019（11）．

［46］周雨晴，何广文．数字普惠金融发展对农户家庭金融资产配置的影响［J］．当代经济科学，2020，42（3）．

［47］易行健，周利．数字普惠金融发展是否显著影响了居民消费——来自中国家庭的微观证据［J］．金融研究，2018（11）．

［48］傅秋子，黄益平．数字金融对农村金融需求的异质性影响——来自中国家庭金融调查与北京大学数字普惠金融指数的证据［J］．金融研究，2018（11）．

［49］钱鹏岁，孙姝．数字普惠金融发展与贫困减缓——基于空间杜宾模型的实证研究［J］．武汉金融，2019（6）．

［50］李建军，李俊成．普惠金融与创业："授人以鱼"还是"授人以渔"？［J］．金融研究，2020（1）．

后　记

近年来，我国监管层加快脚步，出台了一系列法律监管政策和措施，对普惠金融市场乱象予以整治，诸如禁止未经批准跨省开展网络小额贷款业务，叫停违规互联网存款，明确商业银行与合作机构共同出资发放贷款的出资比例要求，强调互联网保险业务持牌经营原则，强化反垄断和防止资本无序扩张，着力构建公平有序的市场秩序，促进金融业稳健发展。

之所以如此，是因为此前大量金融科技创新业务游离在监管体系之外，不少互联网金融平台打着"普惠金融创新"旗号，干着集资诈骗勾当，导致多少年轻人背负起本不该背负的经济负担，盘剥社会低收入群体，甚至打起了在校学生的主意……

我国在校大学生逾 4 000 万人，部分小贷公司、互联网金融平台或网贷机构以大学校园为目标，通过和科技公司合作等方式进行诱导性营销，大学生贷款占其比例超过六成，发放针对在校大学生的互联网消费贷款，引诱大学生过度超前消费，导致部分大学生因贷款追星、医美、购买奢侈品等背上数十万元不等的贷款，导致部分大学生陷入高额贷款陷阱。诸如"为治青春痘广西一学生背上近十多万元贷款警方已介入调查""学生为了买苹果去贷款而强逼家长付款偿还"等新闻层出不穷，社会公众和广大家长对小贷公司、互联网金融平台或网贷机构引诱大学生借贷多有不满和反对。显然，这些社会问题不仅严重影响在校学习，影响学生正常成长，侵犯其合法权益，甚至引发犯罪，更拖累学生家长，引发社会争议和家庭矛盾。

对此，笔者一直存有疑问，针对没有第二还款来源和个人征信的大学生精准营销行为算不算过度消费？真的有必要对学生也展开凌厉信贷攻势吗？发放高利率的互联网金融平台、小贷公司或网贷机构的社会责任又在哪里？

当然，长久的疑问在今天总算有了答案。不久前，中国银保监会、国家网信办、教育部、公安部、中国人民银行等五部门下发《关于进一步规范大学生互联网消费贷款监督管理工作的通知》，禁止小额贷款公司、非持牌机构对大学生发放贷款，不得将大学生设定为互联网消费贷款的目标客户群体，不得针对大学生群体精准营销，不得向大学生发放互联网消费贷款。放贷机构外包合作机构要加强获客筛选，不得采用虚假、引人误解或者诱导性宣传等不正当方式诱导大学生超前消费、过度借贷，不得针对大学生群体精准营销，不得向放贷机构推送引流大学生。显然，这是继《商业银行互联网贷款管理暂行办法》《网络小额贷款业务管理暂行办法》之后，对互联网贷款作出的最新监管规定，体现了金融科技创新监管环境的逐步完善。我感觉非常有必要，也很及时。

普惠金融的服务对象是特殊群体，不能完全等同于商业化金融，就是不能忽视服务对象的个体身份，更不能超越服务对象的经济承受能力。无论是小贷公司、互联网金融平台，还是银行业金融机构及其合作机构都必须有限度地开发互联网消费信贷产品，遵循小额、短期、风险可控的原则，针对不同的借款主体采取差异化营销策略，严禁诱导借款人申请超出自身经济能力的消费贷款，更不得使用欺骗性、引人误解或诱导性宣传等不当商业化手段。否则，就不是普惠金融，而是打着普惠金融旗号的高利贷行为。最可气的是，现在我们身边的一些无良非持牌机构，假借高校研究机构的牌子，打着普惠金融研究机构旗号，为周边那些发放高利贷的小贷公司、互联网金融平台或网贷机构"摇旗呐喊"，更有一些打着国外留洋的金字招牌，瞒心昧己，面对穷人心中没有一丁点怜爱之心，与国外财团、外资银行内外勾结，为高利贷鼓吹，舍正而从邪，更有甚者，长期与不法非持牌机构或网贷机构暗中勾结，为剥削者呐喊。

说到这里，我不得不谈到金融监管。对我国普惠金融创新业务究竟应该如何监管？如何正确对待那些党豺为虐的伪善之士？这与其说是一个普惠金融发展问题，倒不如说是一个涉及普惠金融创新与监管相互关系问题。

笔者认为，我国普惠金融发展必须处理好创新与监管关系。审慎监管不意味着拒绝创新，但金融创新绝不能抛开金融监管。金融机构、互联网平台需要妥善处理好金融创新与防范风险的关系，自觉维护公平公正的市场竞争秩序。增强金融普惠性，服务长尾客户。同时，在监管政策执行过程中，监管机构需要将良性金融创新与伪创新区分开来，更好地保护金融机构创新发展的能动性，逐步提升监管科技水平，提高风险防控能力，将互联网金融平台创新发展与假发展区别开来，更好地保护金融消费者权益，支持国内实体经济发展。

正因为有这方面的思考和担忧，笔者从 2020 年 1 月开始动笔。本只想回上海过春节，但不巧的是，当时适逢新冠肺炎疫情暴发，我被困在上海无法返回北京。记得那几个月，天天只能蜗居家中，除了隔三岔五去小区外的农工商超市或联华超市"抢购"一些生活必需用品之外，我整天就在家里的电脑前，一个字一个字地敲击着键盘。其间，中国普惠金融研究院还经常召开视频会议，讨论和研究课题，我都一次不落地参加，有时感觉比在北京上班时还要忙碌一些。中国人民大学财政金融学院 2018 级硕士研究生毕业答辩也在线上如期进行。为了不耽误同学们按时毕业，从审阅硕士毕业论文到线上进行毕业论文答辩，我都争分夺秒，认真准备。尽管各自都远在天边，互不照面，但我没有一天敢懈怠。记得 5 月 30 日网上答辩工作全部结束的那天，我如释重负，在上海遥祝人大学子们能够战胜疫情，顺利走上工作岗位。

与此同时，我每天上午还要抽空去上海市第八人民医院看望病重住院的老母亲，给在病床上的妈妈洗脸、清洁口腔、洗脚、洗头、剪指甲等，尽一个儿子应该尽的陪护义务。然后赶紧打车回家，打开电脑，继续埋头梳理我的思考和担忧。在沪期间，周波青老师多次提供了生活上的帮助和便利。记得春节前后是上海疫情最厉害的时候，我家口罩已经用完了，但当时全上海的口罩全部脱销，情急之下只得求助周老师。3 月 11 日周老师专门从浦东送来一些口罩，让我平安度过最难熬的那一段时日。当时，接过周老师送来的口罩，感激之情油然而生，更感觉到一种可以隔绝与战胜新冠病毒的希望。就这样，每天在上海家中夜以继日地写作，经常写到凌晨依然毫无倦意，有时会走到外面大街上，在漫天繁星之下，一片寂静中等待着黎明的曙光……

6 月全国疫情开始缓解，我才得以返回北京。在行李箱中就多了一份厚厚的稿件。本想着能让老母亲看见这本在她身边写成的书，但种种原因，直至老母亲 9 月去世都未能如愿。我深感自责和愧疚，幸得葛琦同志资助，本书才得以付梓。今天，我将此书献给母亲顾毓琴女士，寄托儿子内心的一片思念。

我还要特别感谢孙奇志女士，在我悲痛万分的那段日子里。孙女士在北京帮助我处理母亲后事。可以讲，没有孙女士鼎力相助，我不可能按时完成书稿后续的整理和修改工作。感谢我生命过程中的这位贵人，我心存感激，祝愿天下所有的好人生活幸福。

当然，本书的出版还得到了中国金融出版社肖丽敏主任的大力支持，责任编辑赵晨子女士做了大量艰苦细致的文字整理工作，在此表示感谢。当然，书中的部分数据、图表也借鉴了中国人民大学中国普惠金融研究院联合贷款、助贷课题组研究报告，感谢张亦辰、王硕和赖丹妮等研究人员的帮助，我的硕士研究生孔昭阳、白雪以及岳会成同学帮助寻找资料、制表和勘验数据，一并表示感谢。

最后，感谢中国人民大学财政金融学院赵锡军副院长为本书撰写序言。赵老师多次指导本书写作，对本书个别观点进行了指导和修改，帮助我在编撰过程中少走了不少弯路。同时，还要感谢杜晓山老师为研究基地系列丛书写了《总序》。在业内有着"中国小额信贷之父"美誉的杜老师，对普惠金融领域深耕多年，主张普惠金融应该是可负担、能持续的金融，必须多为小微企业和低收入群体提供可得的金融服务。杜老师多次与我交流普惠金融领域的研究成果，对我的一些不成熟的学术观点耐心指出问题，我深受启发和鼓舞。今天杜晓山老师、赵锡军老师专门拨冗写序，不仅是对北大普惠金融与法律监管研究基地的鼓励，更是对我的一种鞭策。

由于我的学术水平有限，书中存在不妥之处，特别是我国普惠金融发展日新月异，涉及的创新业务变化较快，部分学术观点具有阶段性描述特征，未必能够完全跟上金融市场步伐，仅供参考，加之时间仓促，书中难免有所疏漏，欢迎各位业内同仁和广大读者批评指正。

顾雷　谨识
2021 年 4 月 12 日北京立水桥